LIMA BARRETO E O DESTINO DA LITERATURA

FUNDAÇÃO EDITORA DA UNESP

Presidente do Conselho Curador
Herman Jacobus Cornelis Voorwald

Diretor-Presidente
José Castilho Marques Neto

Editor-Executivo
Jézio Hernani Bomfim Gutierre

Conselho Editorial Acadêmico
Alberto Tsuyoshi Ikeda
Célia Aparecida Ferreira Tolentino
Eda Maria Góes
Elisabeth Criscuolo Urbinati
Ildeberto Muniz de Almeida
Luiz Gonzaga Marchezan
Nilson Ghirardello
Paulo César Corrêa Borges
Sérgio Vicente Motta
Vicente Pleitez

Editores-Assistentes
Anderson Nobara
Henrique Zanardi
Jorge Pereira Filho

R.J. OAKLEY

LIMA BARRETO E O DESTINO DA LITERATURA

© 2011 Editora UNESP

Fundação Editora da UNESP (FEU)
Praça da Sé, 108
01001-900 – São Paulo – SP
Tel.: (0xx11) 3242-7171
Fax: (0xx11) 3242-7172
www.editoraunesp.com.br
www.livrariaunesp.com.br
feu@editora.unesp.br

CIP – Brasil. Catalogação na fonte
Sindicato Nacional dos Editores de Livros, RJ

O11L

Oakley, R. J. (Robert John)
  Lima Barreto e o destino da literatura / R.J. Oakley. – São Paulo : Editora Unesp, 2011.
  240p.

  Inclui bibliografia
  ISBN 978-85-393-0101-0

  1. Barreto, Lima, 1881-1922 – Crítica e interpretação.   2. Literatura brasileira – História e crítica.   I. Título.

11-1205.   CDD: 869.93
                                                                    CDU: 821.134.3(81)-3

Editora afiliada:

Asociación de Editoriales Universitarias
de América Latina y el Caribe

Associação Brasileira de
Editoras Universitárias

A Elizabeth, Helen e Jane;
e à memória de Francisco de Assis Barbosa,
amigo e mestre.

AGRADECIMENTOS

No longo percurso deste estudo, encontrei o auxílio, direto ou indireto, de várias pessoas e instituições. Sou grato, antes de tudo, a três saudosos amigos: Francisco de Assis Barbosa, que, além de me guiar em minhas leituras sobre a obra e a época de Lima Barreto, nunca deixou de ter confiança nos rumos desta obra (o ensaio-palestra "O destino da literatura" era um de seus textos barretianos prediletos); Plínio Doyle, em cuja maravilhosa biblioteca em Ipanema passei muitas horas, tanto deliciosas quanto úteis; e Milton Cavalcanti de Araújo, por nossas peregrinações no subúrbio carioca.

Minha gratidão à Anglo-Brazilian Society e ao St. Antony's College, Oxford, pelo apoio financeiro que permitiu, tantos anos atrás, minha primeira viagem para o Brasil; à Biblioteca da Universidade de Birmingham e, também, à Biblioteca Nacional no Rio de Janeiro.

Finalmente, agradeço à Editora Edward Mellen por ter-me permitido publicar esta versão brasileira, bem revisada e atualizada, do livro que fora editado em inglês com o título de *The case of Lima Barreto and realism in the Brazilian "Belle époque"* (Lewiston/Queenston/Lampeter: the Edwin Mellen Press, 1998).

Ardeat qui vult incendere

Marco Túlio Cícero

SUMÁRIO

Apresentação   1

Alfa e ômega: um capítulo introdutório   3
A encruzilhada   25
Leitores e escritores em *Recordações do escrivão Isaías
    Caminha*   49
Tristes fins: Policarpo Quaresma e uma nova Califórnia   81
A síndrome javanesa   117
O herói intelectual fala: *Vida e morte de M. J. Gonzaga de
    Sá*   143
O destino da inteligência (I)   169
O destino da inteligência (II)   195

Conclusão   209
Referências   217

APRESENTAÇÃO

Quando esbarrei, por acaso, com a obra romanesca de Afonso Henriques de Lima Barreto, quarenta anos atrás, era ainda escasso o interesse crítico por sua produção literária. Constituíam exceções a impressionante biografia escrita por Francisco de Assis Barbosa e um punhado de artigos e ensaios esparsos apaixonados, mas de curto fôlego. Hoje em dia, Lima Barreto recebe a atenção que merece. Ele deixou bem claro, texto após texto, que seu ideal artístico se compunha de três fatores: o desejo fervoroso de comunicar-se plena e satisfatoriamente com um leitor virtual; a necessidade de se ter muita inteligência, além de talento, para realizar essa comunicação; e finalmente, essas condições supõem uma meditação sobre a razão de ser fundamental da arte que, para o escritor, representava penetrar e articular o significado da existência e, assim fazendo, criar uma solidariedade humana. A crítica sobre o autor, de amigos a estudiosos contemporâneos, está há muito tempo consciente desses fatores, que foram estruturando sua obra; mas poucos acharam necessário debruçar-se sobre o possível relacionamento entre tais elementos e a forma dos trabalhos ficcionais que o escritor carioca nos legou ao morrer, em novembro de 1922. O presente estudo tenta enveredar por esse caminho. Lima Barreto acreditava, como vários escritores e pensadores do século XIX que ele admirava, que o conteúdo vale mais que a forma. Teria ele razão? Talvez sim; talvez não. Os formalistas russos, em contrapartida, já no fim do século XIX, declaravam que forma e conteúdo eram indissociáveis. Este livro propõe-se a iluminar um pouco mais o vínculo entre esses dois conceitos na prosa de ficção de Lima Barreto e, simultaneamente, dar enfoque, ou pelo menos mais atenção do que tem sido habitual, à bagagem cultural europeia que ele absorveu através da leitura e que o acompanhou ao longo de sua vida de escritor.

Alfa e Ômega:
um capítulo introdutório

Em abril de 1921, Afonso Henriques de Lima Barreto abandonou sua cidade natal pela terceira e última vez na vida, para viajar de trem para o estado de São Paulo. Um jovem médico com ambições literárias – Ranulfo Prata, que exercia sua profissão na cidadezinha paulista de Mirassol – tinha-o convidado a morar em sua casa por um tempo indeterminado. Prata tinha em vista afastá-lo do álcool e, mediante descanso, um regime alimentar bem equilibrado e uma atmosfera rural saudável, regenerá-lo fisicamente.

Nas primeiras semanas, tudo andou bem: um copo de leite todas as manhãs, refeições na hora certa, a ração diária equilibrada, passeios a pé frequentes e, após vários dias neste novo regime, Lima começou a apresentar um aspecto físico melhor: aparentemente, a tentativa de cura estava começando a ter resultados positivos. De fato, o farmacêutico Antônio Brandão Júnior conta que durante o primeiro mês em Mirassol Lima Barreto se portou muito bem. Mas as bebedeiras, que tanto exasperavam Ranulfo Prata, recomeçaram, e a história teve, então, uma reviravolta ainda mais lastimável.

Mirassol está a poucos quilômetros de São José do Rio Preto, a maior cidade daquela região do estado de São Paulo. Literatos amigos do doutor Prata em Mirassol e Rio Preto, onde muita gente ficou sabendo da estada do romancista, cismaram em organizar uma

4 R.J. OAKLEY

conferência em Rio Preto. Não sabiam, todavia, que Lima Barreto, por mais ilustre que fosse como escritor, não era um exímio palestrante e, na verdade, nunca tinha sequer pronunciado uma conferência na vida. Era um homem tímido, e sabe-se que esta timidez fora exacerbada por sua marginalização intelectual e social. Tudo leva a crer que sua pose boêmia era um mecanismo de defesa com o qual ele se protegia do meio circundante, e seu alcoolismo funcionava de modo semelhante. No entanto, surpreendentemente, Lima Barreto consentiu em dar a palestra. Pôs-se a trabalhar e dentro de poucos dias havia terminado seu texto. No entanto, como o dia da conferência estava se aproximando, ele começou a ficar apreensivo e, na manhã do dia fatídico, desapareceu. Doutor Prata e outros o procuraram em toda parte pelas ruas de Mirassol, até finalmente darem com o escritor nos fundos de um botequim, completamente bêbado.[1]

Escusado dizer que a conferência não aconteceu; mas o texto de Lima Barreto sobreviveu e foi publicado antes do fim daquele ano de 1921, no periódico carioca *Revista Sousa Cruz*, com o título "O destino da literatura". Seguindo as ideias de Taine, Brunetière e, especialmente, dos escritos anarco-estéticos de Jean-Marie Guyau e de Tolstoi no ensaio *O que é a Arte?*, publicado em 1898, Lima Barreto afirmava que a beleza estética depende da "substância da obra", que é o pensamento que o artista investe nela. Tal noção há de se vincular ao problema do destino humano neste mundo; ou seja, a importância da literatura reside não na forma, mas em seu conteúdo. Lima Barreto frisa nesse texto que o mais importante se encontra na

exteriorização de um certo e determinado pensamento de interesse humano, que fale do problema angustioso de nosso destino em face do

---

1 Sou grato a Antônio Esteves da Unesp de Assis (São Paulo) por ter indicado os depoimentos de Antônio Brandão Júnior e Ariovaldo Corrêa, redescobertos recentemente, mas publicados em 1960. Ver Corrêa, *Homens e coisas de Mirassol*, p.58-65.

LIMA BARRETO E O DESTINO DA LITERATURA 5

Infinito e do Mistério que nos cerca, e aluda às questões de nossa conduta na vida.[2]

O exemplo de tal obra de arte, um "pensamento de interesse humano",[3] é *Crime e castigo* de Dostoievski, romance cujo argumento ele começa a esboçar, contendo-se de repente para observar que uma coisa é um resumo e outra bem diferente é o romance em si; porquanto é preciso "que esse argumento se transforme em sentimento".[4] Este "sentimento" é algo

> que agitou o autor ou que ele simplesmente descreve, a arte literária se apresenta com um verdadeiro poder de contágio que a faz facilmente passar de simples capricho individual para traço de união, em força de ligação entre os homens.[5]

O sentimento barretiano aqui é um desejo ardente de comunicar uma ideia, ou ideias, à humanidade e pela humanidade. Esta é a primeira necessidade fundamental sobre a qual se baseia o conceito de arte barretiano. A segunda, mais pessoal, é a necessidade de uma inteligência considerável. Nossa superioridade sobre os animais, explica ele, é decorrente do fato de sermos sociais; ou seja, possuirmos o dom da comunicação através da linguagem,

> com a qual nos é permitido somar e multiplicar a força de pensamento do indivíduo, da família, das nações e das raças, e, até, mesmo, das gerações passadas graças à escrita e à tradição oral que guardam as cogitações e conquistas mentais delas e as ligam às subsequentes.[6]

---

2 Lima Barreto, *Obras de Lima Barreto*, v.13, p.120. Todas as citações à obra de Lima Barreto referem-se à sua obra completa, intitulada *Obras de Lima Barreto*, organizada sob a direção de Francisco de Assis Barbosa, com a colaboração de Antônio Houaiss e M. Cavalcanti Proença (17v.).

3 Ibid.

4 Ibid., v.13, p.61.

5 Ibid., v.13, p.62.

6 Ibid., v.13, p.66-7.

6 R.J. OAKLEY

Lima Barreto com certeza teria em mente também o papel central da inteligência no retrato da sociedade frutífera e bem-sucedida entre culturas primitivas feito por Petr Kropótkine em sua obra mais célebre e mais influente, *Ajuda mútua*, que Lima Barreto possuía na versão francesa, muito divulgada no Brasil da *Belle époque* e intitulada *Entr'aide* [Mútuo].[7] Naquele livro, Kropótkine declarara que a sociabilidade e a inteligência marcham sempre lado a lado. A arte possui a concentração mais alta desse poder de associação e "trabalha pela união da espécie", e assim fazendo também trabalha "para o seu acréscimo de inteligência e de felicidade".[8] Inteligência e felicidade que Lima Barreto assevera que caminham juntas e supõem duas finalidades: penetrar o sentido da vida e, mediante tal compreensão, promover a solidariedade humana. É a mesma visão da arte autêntica no presente e no futuro oferecida por Tolstoi nos capítulos 15 a 20 de *O que é a arte?*. O talento necessário para que esses ideais sociais e espirituais se realizem é o que Tolstoi chama "percepção religiosa".[9] Ao compor o ensaio *O que é a arte?*, o escritor russo arquitetava sua própria versão, muito pessoal, do anarquismo – uma filosofia anarco-cristã do amor universal:

> E se uma percepção religiosa existe entre nós, então os sentimentos tratados pela nossa arte deveriam ser examinados na base dessa percepção religiosa; e como foi o caso sempre e em toda parte, a arte que comunica sentimentos decorrentes da percepção religiosa de nosso tempo, deveria ser escolhida dentre toda a arte medíocre, deveria ser saudada, valorizada e, acima de tudo, promovida, ao passo que qualquer arte que negue aquela percepção, deveria ser condenada e menosprezada, e toda a arte restante não deveria nem distinguir-se nem promover-se. A percepção religiosa de nosso tempo [...] é a consciência de nosso bem-estar,

---

7 Kropótkine, *Mutual Aide:* a factor of Evolution [Ajuda mutual: um fator de evolução], p.312.

8 Lima Barreto, op. cit., v.13, p.67.

9 Tolstoi, *What is art? and Essays on art* [O que é a Arte? e ensaios sobre a arte], p.234.

LIMA BARRETO E O DESTINO DA LITERATURA 7

tanto material quanto espiritual, individual e coletivo, temporal e eterno, e baseia-se no desenvolvimento da fraternidade entre os homens – na harmonia amorosa que partilham entre si.[10]

Esse, conclui Lima Barreto, é o destino da literatura, missão quase divina, de tal maneira que em seu livro *Os heróis*, publicado em 1841, Thomas Carlyle chegou a chamá-lo de sacerdócio. No decorrer deste estudo vamos ver que a sentença de Carlyle causou em Lima Barreto uma impressão muito forte. Ainda que tivesse sido criado e educado no Brasil – país em que, no fim do século XIX, a filosofia predominante era o positivismo comteano – aqui Lima Barreto está se voltando, sem sombra de dúvidas, ao pensamento europeu pré-positivista: o idealismo alemão pós-kantiano. Kant e seus sucessores mais atentos e mais imediatos estavam convencidos de que, embora a própria natureza da razão humana imponha limites ao que ela pode fazer, ela tem a capacidade de traçar a realidade empírica como automanifestação da razão infinita. O idealismo alemão tentava contemplar a totalidade das coisas como produto do pensamento, não simplesmente do pensamento em si, mas algo por trás e para além do sujeito do conhecimento – uma inteligência supraindividual ou sujeito absoluto. Para o idealismo metafísico alemão, a realidade, a coisa em si, que, segundo a filosofia kantiana, não pode ser conhecida, era o processo da autoexpressão ou a automanifestação do pensamento infinito ou razão infinita. Mais do que isso, o ser deveria identificar-se com aquele pensamento, enquanto o pensamento produtivo seria a apreensão humana da natureza em desenvolvimento, de si própria e da história. O conhecimento humano do processo do mundo apresenta-se como a finalidade do processo e dá sentido a ele. A consciência de si, por sinal, apenas existe como consciência individual, argumentavam os idealistas alemães. Daí que o eu absoluto se manifeste numa comunidade de sujeitos finitos, dos quais o

---

10 Ibid., p.234-5. Todas as traduções para o português de obras publicadas em línguas estrangeiras e citadas neste estudo são de nossa autoria.

8 R.J. OAKLEY

sacerdote das letras carlyleano é só um. Cada um desses sujeitos finitos deveria esforçar-se por atingir a liberdade intelectual e espiritual verdadeira. Esta caça da liberdade verdadeira é um idealismo eticodinâmico.

O conceito do sacerdócio das letras carlyleano está associado diretamente ao primeiro dos pensadores pós-kantianos, Johannes Gottlieb Fichte (1762-1814), especialmente a uma de suas obras mais célebres, populares e divulgadas: a série de ensaios *Bestimmung des Gelehrten* [Vocação do estudioso], de 1794, desenvolvidos e ampliados alguns anos depois em uma segunda série intitulada *Über das Wesen des Gelehrten* [Sobre a natureza do estudioso], de 1806. Nos dois textos, Fichte frisa a importância da liberdade individual que se manifesta na ação. Que cada um seja obrigado a atingir a liberdade por si só pressupõe o progresso moral do homem: ele abandona sua condição bestial, superando a escravidão dos desejos com o fim de constituir uma sociedade civil na qual surge a possibilidade de uma vida moral. Mas Fichte declara que esta ação moral livre deve ter conteúdo; e dessa forma, ele concebe nesta meditação sobre a natureza do estudioso o conceito de uma vocação moral. Fichte cria uma concepção da sociedade humana formada por uma multiplicidade de vocações convergindo num fim ideal comum: o estabelecimento de uma ordem mundial moral.

O estudioso, para o filósofo alemão, é um guia da humanidade. Ele é o "Lehrer des Menschengeschechtes" [O mestre da raça humana]. Esta é sua vocação sagrada. Fichte declara, arvorando-se em estudioso ideal paradigmático: "Ich bin ein Priester der Wahrheit" [Sou um sacerdote da verdade].[11] Nesta noção do estudioso verdadeiro, ideal, perfila-se a noção carlyleana do herói – modelo que há de inspirar e guiar a humanidade. Fichte frisa que

> o estudante honesto especialmente se considera a criação do pensamento de Deus, fazendo com que a Ideia Divina do universo possa entrar

---

11 Fichte, *Sämmtliche Werke* [Todos os trabalhos], v.6, p.331 e 333.

LIMA BARRETO E O DESTINO DA LITERATURA 9

em sua alma e brilhar nele com uma clareza constante, e através dele manter uma influência sobre o mundo circundante.[12]

A literatura, na percepção tolstoiana do papel que ela adquire na sociedade, é obviamente uma daquelas vocações morais. A noção de vocação literária como manifestação do estudioso como guia da humanidade é remetida a *Über das Wesen des Gelehrten*, obra em que Fichte sustenta que os mestres ideais se dividem em duas espécies: a primeira ensina o resto da humanidade, e a segunda propaga uma concepção a que Fichte chama de *Ideia Divina do mundo*, numa forma completa, acabada: na escrita. Tais estudiosos são autores.[13] Contudo, nos últimos parágrafos de seu ensaio-palestra, no qual Lima Barreto cita a expressão achada em Carlyle, o termo *literatura* amplia-se para abranger qualquer forma de palavra escrita. Destarte, através da linguagem, nós nos compreenderemos uns aos outros e, mediante esta compreensão mútua, nosso senso natural de solidariedade se fortalecerá, "e, por aí, nós nos chegaremos a amar mais perfeitamente na superfície do planeta que rola pelos espaços sem fim".[14] Ao chegarmos aos últimos parágrafos, nos quais Lima Barreto cita a noção das letras como sacerdócio, percebemos que se trata não só do destino da literatura, mas também do destino da linguagem em si. É verdade que dentre os seis heróis paradigmáticos de Carlyle, vários são escritores, mas nem todos. O denominador comum no panteão carlyleano é o do herói como mensageiro do divino para a massa humana. Aqui, Carlyle segue estritamente a visão fichteana do estudioso ideal. Existem, declara Fichte, dois tipos de estudioso neste mundo: o falso e o verdadeiro. O primeiro age segundo sua percepção das meras aparências; este é um fracassado, um *stümper*, em alemão. Mas o outro, o verdadeiro, age segundo uma verdade muitas vezes escondida, caminhando sempre *nach der*

---

12 Ibid., p.385.
13 Ibid., p.416.
14 Lima Barreto, op. cit., v.13, p.68.

10 R.J. OAKLEY

Wahrheit [à procura da verdade]. Literalmente, este, o autêntico, procura a verdade e seu escopo é sempre a verdade. Tal estudioso é o verdadeiro sábio e "ist [...] zur Erkentniss der Idee wirklich gekommen"[15]; ou seja, "este alcançou verdadeiramente conhecimento da Ideia". Esta Ideia é a Ideia Divina do Mundo: *Die göttliche Idee von der Welt.* Os seis papéis heroicos descritos por Carlyle em *Os heróis* são os seguintes: Deus; profeta; poeta; sacerdote; homem de letras e rei. Cada um deles é, no sentido fichteano, um estudioso, de um jeito que lhes é peculiar. De seu homem de letras arquetípico, o doutor Johnson (romancista e erudito inglês do Século das Luzes), Carlyle declara: "Foi em virtude de sua sinceridade [...] que Johnson foi um profeta".[16] No panteão carlyleano, é um poder profético que distingue o herói, e esse poder reside em sua sinceridade – a ação fichteana *nach der Wahrheit* –, percepção com a qual concorda Tolstoi, analisando-a, porém, com maior sutileza. O destinatário, o contemplador de uma obra de arte, declara Tolstoi, deveria contagiar-se pelo estado de alma do artista. O grau de contágio depende de três fatores: a intensidade de individualidade no sentimento transmitido; o grau de lucidez de expressão; e o grau de sinceridade da parte do artista. Destes três ingredientes, afirma o escritor russo em *O que é a arte?*, o maior é a sinceridade; porquanto, se o sentimento é sincero, ele "há de impelir o artista a descobrir uma clara expressão pelo sentimento que tenciona transmitir".[17]

Carlyle afirma, em seu ensaio sobre o herói e o heroico na história, que uma sociedade sã é uma sociedade que presta atenção em seus heróis. Ora, para ser eficaz, o herói pede atenção: precisa ser ouvido ou lido. A tese aqui propugnada é a de que a prosa de ficção de Lima Barreto exprime uma tentativa de dramatizar *qua* artista tolstoiano, o destino do escritor neste mundo e, ao mesmo tempo, o escritor tem a obrigação de cumprir seu destino fichteano, carly-

---

15 Fichte, op. cit., p.353.
16 Carlyle, *Os heróis*, p.173.
17 Tolstoi, op. cit., p.229.

LIMA BARRETO E O DESTINO DA LITERATURA **11**

leano e tolstoiano de profeta pelo bem da humanidade. Para Lima Barreto, o ato de escrever *nach der Wahrheit* é o destino supremo do escritor.

Na época de sua estada em Mirassol, Lima Barreto estava começando, ou prestes a começar, a compor um romance intitulado *Clara dos Anjos* e, ainda que não o soubesse, esta seria sua derradeira obra de prosa de ficção extensa. A última página do texto, publicado em 1923, termina com a informação de que o romance fora escrito durante os meses de dezembro de 1921 e janeiro de 1922 (Lima Barreto morreu em novembro de 1922). Em sua obra completa há três versões de uma prosa de ficção com esse mesmo título: um romance inacabado escrito em 1904; um conto publicado em 1919; e a terceira, um romance "acabado" publicado postumamente. *Clara dos Anjos* – texto primitivo que sobrevive em forma fragmentária – foi seu primeiro romance, pois datava do começo de sua carreira como escritor, em 1904. Assim como a obra de 1921-2, esta também trata de uma mulata seduzida por um branco no subúrbio carioca; mas aí terminam as semelhanças. O maior biógrafo de Lima Barreto, Francisco de Assis Barbosa, observou que *Clara dos Anjos* (1904) devia ser uma obra muito mais ambiciosa.[18] Os planos e fragmentos remanescentes tratam dos primeiros trinta e cinco anos da vida de Clara. Depois da sedução, ela é explorada por uma série de homens (nos primeiros anos do século XX). Quando Lima Barreto volta ao tema, em 1919, para escrever seu conto, o núcleo não passa do processo de sedução de uma mulata adolescente, e a narrativa termina com o reconhecimento por parte de Clara de sua desonra. O leitor teria o direito de esperar que, ao recorrer novamente à forma romanesca, nesta terceira versão de *Clara dos Anjos* Lima Barreto lançasse mão, ao menos, do tipo de enredo esboçado na sinopse de 1904; mas não é o que acontece: ele amplia consideravelmente a simples história de 1919. Ao invés de retratar uma época inteira através das fortunas e adversidades da luta pela vida travada pela pobre mulata, Lima

---

18 Barbosa, *A vida de Lima Barreto (1881-1922)*, p.141-5.

12 R.J. OAKLEY

Barreto serve-se do panorama mais amplo da forma romanesca para se debruçar minuciosamente sobre os mínimos detalhes da sedução. Explicar como e por que ele o fez poderia nos deixar em condições de encarar seu último romance sob um novo ponto de vista.

No melhor estudo até hoje publicado sobre a versão de *Clara dos Anjos* de 1921-2, Vera Regina Teixeira[19] segue a pauta de Francisco de Assis Barbosa ao contemplar o romance acabado à luz das duas ficções precedentes. Comparando-o com o tratamento dado à população negra do Rio suburbano no texto homônimo de 1904, Teixeira assinala uma evolução no pensamento de Lima Barreto ao longo dos anos: a miséria e a injustiça social são vistas como as grandes forças niveladoras. Gostaríamos de sublinhar, ainda mais do que Teixeira, esta evolução. Lima Barreto era mulato, e, por isso mesmo, sabe-se que a discriminação e o preconceito raciais constituíram uma temática constante em sua escrita, desde o início de sua carreira. Esta temática ainda perdura no romance de 1923, mas de um modo bem mais discreto. Teixeira não analisa a ação da narrativa, mas seu ensaio tem o mérito de demonstrar que a atitude de Lima Barreto para com a questão de raça no Brasil tinha evoluído muito entre 1904 e a elaboração do texto de 1921-2. Durante todo aquele período no subúrbio, "onde veio passar o resto de seus dias, observa a convivência de gente de todas as cores unidas pela miséria nivelante". Teixeira soube observar que o romance de 1921-2 "é a história de várias tragédias que assolam homens e mulheres desgraçados...".[20] Clara, sua mãe (Engrácia), o amigo da família (Marramaque), Flores, o poeta, Meneses, o dentista clandestino, Cassi Jones, o sedutor e até Manuel (seu pai), exibem, todos, vidas nas quais o fracasso desempenha um papel fundamental. Teixeira assinala também o estado de isolamento e incomunicação em que vivem. O isolamento emocional, intelectual e psicológico deles reforça-se, o que precipita cada tragédia individual na narrativa; ou seja, o narrador dá-se ao trabalho de descrever meticulosamente como a insuficiência psicológica, cultural e

---

19 Teixeira, *Luso-Brazilian Review* [Revista Luso-brasileira], v.17.

20 Ibid., p.47.

LIMA BARRETO E O DESTINO DA LITERATURA 13

intelectual produzem o fracasso e um desfecho trágico. Beatriz Resende observa com razão que nas narrativas ficcionais Lima Barreto recusa, muitas vezes, o trágico, sabendo que "a história [...] se repete como farsa".[21] O romance póstumo *Clara dos Anjos* é uma exceção porque se trata de uma narrativa em que a missão sacerdotal barretiana atinge sua máxima expressão; e esta missão é trágica. O romance que Lima Barreto começou a compor naquela altura martela continuamente as limitações fatais de uma inteligência medíocre e de uma falta de compreensão, que todos os personagens exibem, num meio desfavorável. O texto oferece-nos um retrato de mediocridade, fraqueza humana, falta de capacidade, em um cenário miserável no cerne do qual se trava a luta entre a generosidade e o egotismo, a sinceridade e a falsidade, a inteligência e a estupidez, a coragem e a covardia. Esses vários conflitos e oposições entrecruzam-se no drama de José Castanho de Meneses. No conto *Clara dos Anjos* de 1919, Meneses aparece fugazmente, mas não desempenha papel efetivo na ação. No romance escrito em 1921-2, porém, ele assume uma posição crucial na estrutura do enredo dado que se deixa utilizar como terceiro pelo sedutor, Cassi Jones. Seu papel, além do mais, torna-se espacial e simbólico.

Se compararmos o retrato de Meneses em 1919 com a descrição introdutória de 1921-2, veremos que o acréscimo principal diz respeito a sua extrema miséria. É importante reparar que se conserva no romance póstumo o abismo entre as pretensões de Meneses e a realidade. Sua carreira, que é esboçada posteriormente no romance, narra uma vida de ambições desmedidas e de fracasso total. Ele é, mais do que ninguém no romance, a metonímia máxima do subúrbio carioca – "refúgio dos infelizes". É significativo que aquele hino melancólico reproduzido nas antologias de prosa de ficção brasileira preceda imediatamente a biografia de Meneses:

> Mais ou menos é assim o subúrbio, na sua pobreza e no abandono em que os poderes públicos o deixam. Pelas primeiras horas da manhã,

---

21 Resende, *Lima Barreto e o Rio de Janeiro em fragmentos*, p.135.

14 R.J. OAKLEY

de todas aquelas bibocas, alforjas, trilhos, morros, travessas, grotas, ruas, sai gente, que se encaminha para a estação mais próxima; alguns, morando mais longe, em Inhaúma, em Caxambi, em Jacarepaguá, perdem amor a alguns níqueis e tomam bondes que chegam cheios às estações. Esse movimento dura até as dez horas da manhã e há toda uma população da cidade, de certo ponto, no número dos que nele tomam parte. São operários, pequenos empregados, militares de todas as patentes, inferiores de milícias prestantes, funcionários públicos e gente que, apesar de honesta, vive de pequenas transações, de dia a dia, em que ganham penosamente alguns mil-réis. O subúrbio é o refúgio dos infelizes. Os que perderam o emprego, as fortunas; os que faliram nos negócios, enfim, todos os que perderam a sua situação normal vão se aninhar lá; e todos os dias, bem cedo, lá descem à procura de amigos fiéis que os amparem, que lhes deem alguma coisa, para o sustento seu e dos filhos.[22]

Meneses, o dentista clandestino branco, e não a heroína negra epônima, é o paradigmático infeliz – traço do romance de 1921-2 que demonstra o quanto se havia modificado *Clara dos Anjos* nos dezoito anos que decorreram entre a primeira e a terceira versão da história.

Na obra de 1904, o meio não passava de acompanhamento, uma espécie de pano de fundo para a ação. No romance póstumo, no entanto, o espaço físico no qual se movem estes personagens faz parte orgânica do mundo romanesco. Esse espaço não pode dissociar-se dos personagens, nem estes dele. Como assinalou Osman Lins, o papel do espaço em Lima Barreto é peculiarmente intenso,[23] e o *Clara dos Anjos* de 1921-2, obra da maturidade de Lima, não constitui exceção: nele, o espaço é físico, social, econômico e psicológico. Meneses, tal como Flores e Marramaque, representa toda aquela gente que, por uma razão ou outra, acaba no subúrbio, espaço dos vencidos. Ali são apanhados na armadilha da pobreza, uma espécie de teia de aranha, que Lima Barreto descreve como um labirinto:

---

22 Lima Barreto, op. cit., v.5, p.118.
23 Lins, *Lima Barreto e o espaço romanesco*.

LIMA BARRETO E O DESTINO DA LITERATURA **15**

Por esse intrincado labirinto de ruas e bibocas é que vive uma grande parte da população da cidade, a cuja existência o governo fecha os olhos, embora lhe cobre atrozes impostos, empregados em obras inúteis e suntuárias noutros pontos do Rio de Janeiro.[24]

Wolfgang Kayser dividiu o romance em três tipos: romance de ação, romance de personagens e romance de espaço, e salienta o que para ele seria uma vinculação importante entre romances de personagens e romances de espaço. Kayser cita a reação de Charles Bovary à morte de Ema no fim do romance de Flaubert: "A culpa é da fatalidade". Kayser opina sobre esta fatalidade, que realmente não existe "en el sentido de un sino desgraciado que viene de fuera, sino 'fatalité' como necesidad presente en el espacio, inevitable[25]".[26] Flaubert procurou, em outras palavras, uma harmonização entre tragédia no sentido aristotélico e o modo mimético de sua própria idade, a época do realismo clássico; e, naturalmente, Kayser estabelece criteriosamente a distinção entre o conceito de tragédia tal como Aristóteles o apresenta na *Poética* e a reformulação mimética da teoria sobre o trágico no século XIX, transposta assim para o universo do romance realista. Neste sentido, podemos falar do conceito de fatalidade da raça e da cor no romance de Lima Barreto: Clara é negra; Cassi Jones é branco, e mesmo que ele estivesse disposto à atitude ditada pela honra e a casar-se com ela, teria que se defrontar com a oposição implacável de sua família à união com *gente de cor*. Mas não é neste aspecto do enredo que Lima Barreto investe sua energia criativa; é sobre Meneses que o fardo da fatalidade flaubertiana pesa tão cruelmente – algo muito mais vasto e problemático do que a simples exploração sexual de mulatas pobres. É no drama de Meneses que meticulosamente se traça aquela incontornável cadeia de causa-efeito.

---

24 Lima Barreto, op. cit., v.5, p.11.
25 "...no sentido de uma sina desgraçada que vem de fora, mas 'fatalité' como necessidade presente no espaço, inevitável."
26 Kayser, *Interpretación y análisis de la obra literaria* [Interpretação e análise da obra literária], p.488.

A miséria e a profissão de dentista clandestino são os elementos que individualizam Meneses como adjuvante principal do sedutor Cassi Jones. A importância estrutural de Meneses na intriga do romance publicado em 1923 fica patente se estabelecermos a estrutura actancial e a correspondente distribuição de funções pelos personagens principais da intriga, baseada nas pesquisas de Propp e Greimas.[27] Propomos a seguinte repartição de ações:

Sujeito – Cassi
Objeto – Clara
Destinador – Meneses
Destinatário – Cassi/Clara
Adjuvante – Lafões/Meneses
Oponente – Joaquim/Marramaque

De fato, na narrativa, privilegiam-se, sobretudo, a fraqueza e a mediocridade de Meneses e suas limitações como homem de ciência e como ser humano ao se traçarem impiedosamente os passos que o conduzem à posição de terceiro naquele drama sórdido de sedução. Se empregarmos a terminologia utilizada por Aristóteles na *Poética*, sua função central de adjuvante principal dá a Meneses o papel de quem provoca a catástrofe. É imprescindível destacar que o narrador está consciente do papel peculiarmente trágico de Meneses, como fica claro no trecho em que relata a biografia do dentista. O pequeno romance é notável pelo número de biografias que contém. O comprimento e o pormenor da biografia de Meneses só são excedidos pela de Cassi Jones. Os anos de miséria não são culpa dele, e o resvalar gradual em direção à penúria atrai sobre si o peso da fatalidade, cujas consequências ele sente e antevê vagamente:

> Ganhou dinheiro, não o guardou, mas, se assim foi, motivo não houve em desperdício de sua parte. O irmão em breve adoecia e morria; o

---

27 Greimas, *Sémantique structurale* [Semântica estrutural], p.174-86.

LIMA BARRETO E O DESTINO DA LITERATURA **17**

cunhado seguia-se-lhe logo. Custeou o tratamento de ambos... A toda a hora, naquele casebre dos subúrbios, onde morava com a irmã e o palerma do sobrinho, ele esperava, adivinhava, construía uma catástrofe que lhe devia cair sobre os ombros...[28]

Meneses aceita o suborno para entregar a Clara uma carta escrita por Cassi Jones. Ele utiliza-se de sua posição privilegiada, única, devida ao fato de estar visitando o lar da família dos Anjos para tratar dos dentes da Clara. Quando, finalmente, acorda de seu sonho de alcoólatra, descobre no bolso o suborno de Cassi e recorda que concordou em tornar-se mensageiro dele. Meneses é tomado de assalto por um sentimento de destino côsmico:

> Teve vontade de rasgar a nota, de dizer que não faria o prometido; mas já estava sem força moral, temia tudo [...] Toda a criação estava contra ele, conjugava-se para perdê-lo...[29]

As peripécias trágicas da vida arrastaram-no à beira do desastre. No romance de Lima Barreto a catástrofe é dupla: a sedução de Clara e a morte de Marramaque. Meneses entrega para Clara as cartas e os versos de Cassi; quando ela lhe escreve explicando como Marramaque tinha falado a seu pai com energia, prevenindo-o contra Cassi, avisando-o sobre o tipo de homem que ele era, é Meneses que entrega também a carta para Cassi, selando, assim, o destino de Marramaque. Os amigos de Cassi esperam Marramaque e espancam-no até a morte. Informado sobre o assassinato deste, Meneses vê-se subita e estreitamente envolvido nas duas catástrofes e sofre aquilo que Aristóteles designa como "reconhecimento trágico" – ação pela qual o protagonista, até certo ponto ignorando a realidade da situação em que se encontra, chega a descobrir toda a verdade. Para ser trágico, o reconhecimento deve chegar tarde demais. Em outras palavras, Meneses é o protagonista trágico da obra. Aristóteles de-

---

28 Lima Barreto, op. cit., v.5, p.126.
29 Ibid., v.5, p.149.

clara, aliás, que o personagem trágico não é uma pessoa preeminentemente virtuosa e justa; todavia, declara também que não é por maldade que este personagem cai em desgraça, mas por algum erro, defeito ou falha humana.[30] Meneses é assim: o "bom" que cai. O narrador faz questão de sublinhar que Meneses sustentava a irmã e seu filho imbecil resolutamente enquanto "jamais ato algum de sua vida incidira na censura de sua consciência".[31] Noutra ocasião o narrador nos informa: "Tudo ele foi; tudo sofreu, mas sempre inquebrantavelmente honesto".[32] O leitor assiste ao espetáculo do "bom" aristotélico, implacavelmente subvertido por uma conjugação de imperativos socioeconômicos e motivações humanas, algumas evitáveis e outras inevitáveis.

Depois de tentar uma explicação da importância orgânica de Meneses do ponto de vista espacial e dramático, chegamos, por fim, à importância simbólica dele. Lima Barreto empenha-se muito em descrever a falha de Meneses. É muito mais do que o vício do álcool: Lima analisa as causas psicossociais do alcoolismo de Meneses. Meneses é descrito como "um velho hidrópico, com a mania de saber todas as ciências...".[33] Em certo sentido, a sua vida foi toda um longo sonho, culminando no desejo de ser engenheiro. Em contrapartida, ele não tem nem a vontade nem a capacidade de realizar tal sonho. Talvez Meneses seja na prosa de ficção barretiana, o último exemplo marcante do bovarismo – conceito que, como se sabe, Lima Barreto descobriu em 1904, ano em que leu pela primeira vez o estudo psicológico do francês Jules de Gaultier, *Le bovarysme* [O bovarismo].[34] Tomando como ponto de partida de sua tese precisamente os romances de Flaubert, Gaultier afirma haver descoberto uma fraqueza universal na natureza humana – fraqueza que define como

---

30 Aristóteles, *The Poetics. Longinus, On the Sublime. Demetrius, On Style*, [Poética. Longino, sobre o sublime. Demétrio, Sobre o estilo], p.47.
31 Lima Barreto, op. cit., v.5, p.126.
32 Ibid., v.5, p.123.
33 Ibid., v.5, p.79.
34 Gaultier, *Le bovarysme*.

LIMA BARRETO E O DESTINO DA LITERATURA 19

uma virtude e um vício ao mesmo tempo. Esta fraqueza é uma *faculté*: "Cette faculté est le pouvoir départi à l'homme de se concevoir autre qu'il n'est."[35]; ou seja, o [...] poder dado ao ser humano de se conceber diferentemente do que é [...]. Embora as ideias de Gaultier o impressionassem muito, Lima Barreto evidentemente não as utilizou nos esboços para a primeira versão de *Clara dos Anjos*. Até 1921, todavia, veremos que estas teorias se tornaram parte integrante do mundo romanesco do escritor brasileiro.

Afinal de contas, Meneses é trágico porque nele se materializam uma série de peripécias trágicas, como já vimos. Vimos também que, segundo a teoria dramática de Aristóteles, o personagem trágico, embora não seja nada perfeito, é, muitas vezes, bom. Cassi Jones tinha procurado um pequeno elo frouxo na cadeia de solidariedade humana. Fazem face a ele a hostilidade do pai de Clara, a integridade artística do poeta Leonardo Flores, a coragem moral de Marramaque. Cassi é incapaz de modificá-los. Finalmente, Cassi consegue provocar a mudança de Meneses. O bovarismo de Meneses é que possibilita esta modificação. A fraqueza de Meneses é, aliás, um tipo de bovarismo. O bovarismo, muitas vezes, segundo a tese de Jules de Gaultier, é uma espécie de devaneio ou um sonhar acordado – capaz de durar a vida inteira. A vítima do bovarismo está consciente de uma distância, um hiato, entre suas aspirações e sua capacidade em realizá-las. Assim, a vítima ilude-se, agarrando-se de modo fetichista aos aspectos levianos, superficiais, da posição a que aspira na vida.[36] A ambição de Meneses em ser engenheiro é um sonho no qual não há lugar para a esperança; mas, no meio da sordidez em que vive, ele mantém, zelosamente, seu arquivo e sua biblioteca sobre o tema.

Os sintomas que restam dessa doença psicológica são uma profunda insinceridade e uma falta de engajamento; ou seja, mesmo que a vítima seja "boa" como Meneses, nunca gozará de autêntico suces-

---

35 Ibid., p.13.
36 Ibid., p.18-9.

20 R.J. OAKLEY

so no caminho que escolheu na vida e sempre lhe faltará a coragem suficiente para tomar consciência do fracasso e arcar com as consequências.[37] Evidencia-se, então, até que ponto Lima Barreto estava atraído pelas teorias de Gaultier, o que se explica do mesmo modo que sua inspiração por Tolstoi e pela ideologia fichteana de Carlyle. Um homem como Meneses é, obviamente, a antítese do estudioso fichteano ideal que possui *conhecimento da Ideia*. Impelido pela necessidade, Meneses tenta obter versos a Flores às ordens de Cassi; mas para Flores, idealista engajado e poeta de autêntico talento, a arte não se vende. Assim sendo, Meneses e Flores oferecem ao leitor um contraste dos mais gritantes: Flores nega-se a vender versos de qualidade; Meneses consente em vender versos isentos de valor artístico, que, em seu desespero para ganhar dinheiro, ele próprio tem que compor. O efeito dessa situação patética não é outro senão o de lembrar aos leitores de *O que é a arte?* que o oposto do artista sincero é apontado por Tolstoi – para quem em sua época a arte "virou meretriz [...] como ela, a arte está sempre decorada, como ela, é sempre vendável, e como ela, a arte é atraente e nociva".[38]

Também é gritante o contraste entre Meneses e Marramaque. Apesar de ser um *poète manqué* [poeta capenga], a vida dele era um contato constante com a palavra escrita, o que confere um alto nível de consciência e lhe permite conformar-se com seu fracasso como poeta. Por meio do estudo assíduo da engenharia durante um longo período de tempo, Meneses teria podido adquirir o mesmo grau de conscientização, mas isso não acontece. Posto isto, o bovarismo, ou um tipo de mente semelhante ao estado mental descrito por Gaultier, permite-lhe ir vivendo nesse estado de ilusão, que vai subvertendo sua cosmovisão.

A missão do personagem "bom" é árdua. É preciso ter força, e *Clara dos Anjos* é um romance saturado de fraquezas e imperfeições humanas. Esse fatalismo amplo e fundo está presente já nos esboços

---

37 Ibid., p.86-90.
38 Tolstoi, op. cit., p.166.

LIMA BARRETO E O DESTINO DA LITERATURA 21

da obra de 1904, especialmente na cosmovisão do estudante Marco
Aurélio:

> Marco Aurélio, orgulho, bondade, talento, tristeza em ver "a gen-
> te" sem força, sem coragem, sem ânimo de trabalhar e de lutar, os ho-
> mens; as mulheres, sem dignidade, sem grandeza, sem força para resis-
> tir às seduções, mergulhadas na prostituição.[39]

Na figura de Marco Aurélio, é-nos possível vislumbrar os con-
tornos da personalidade de Meneses no romance de 1921-2. Em seus
fracassados estudos de medicina, vê-se a mesma melancolia e sentimento de derrota:

> Lembrava-se bem do seu curso perdido, das suas esperanças de po-
> sição e consideração, há dez anos passados, quando um dia voltava com
> os preparatórios feitos, para a casa e a alegria que causara ao pai. Ele se
> pôs a recordar o curso, os processos de aprovação, a venalidade, dos len-
> tes, sua covardia diante do poder e da força.[40]

Medita sobre o destino de um velho servo, preto africano que
tinha sido transportado por meio mundo rumo à escravidão:

> E ele então começou a perguntar-se por que estranhas leis aquela
> humilde vida tivera que atravessar léguas e léguas, desertos e oceanos,
> para vir acabar aqui tão tristemente, depois de encher um semisséculo
> de trabalho. Havia mesmo leis que se servissem da cupidez e da perver-
> sidade humana para tal fazer, ou era o Acaso, só o Acaso? E ele não
> soube responder e fatigou-se de pensar.[41]

Ele vincula esse destino forçado com seu próprio fracasso, que
atribui, em parte, a uma insuficiência pessoal e obscura fatalida-

---

39 Lima Barreto, op. cit., v.14, p.64.
40 Ibid., v.14, p.66.
41 Ibid.

22 R.J. OAKLEY

de, tão indecifrável como a do africano e com certeza mais complexa que um fracasso devido à mera hostilidade de examinadores universitários.

Com a biografia melancólica do ex-escravo, o narrador lava metaforicamente suas mãos no que diz respeito à questão racial no Brasil. Perante tais problemas, o empenho e a inteligência humanas ameaçam naufragar. Na incapacidade de Marco Aurélio para compreender – seja a tragédia do africano, seja o significado de seu próprio fracasso –, podem-se antecipar a incompreensão e a rendição ao destino por parte de Meneses. Quando chega a hora da crise de consciência, o velho dentista observa com resignação: "Contra a força não há resistência, pensou ele; o mais sábio era submeter-se".[42]

Iniciado em 1904 e concluído em 1922, *Clara dos Anjos* é verdadeiramente o alfa e ômega de Lima Barreto: não há apenas *uma versão*, mas três. Se incluirmos, aliás, os planos e esboços de 1904, teríamos mais de meia dúzia – série de textos dos quais, de um ponto de vista óbvio, o último pouco se assemelha com os fragmentos de 1904. Porém, o romance póstumo, apesar de demonstrar o quanto a arte e o pensamento de Lima Barreto tinham evoluído até os anos 1921-2, revela mesmo assim a extraordinária coerência de seu pensamento e de sua estética ao longo dos anos. Essa obra, de prolongada gestação, explica, entretanto, tudo o que ocorreu: os romances e os contos pelos quais ele se tornou famoso – merecidamente famoso. Lima Barreto ia abandonar, muito cedo, sua história da escravidão no Brasil, o romance do cortiço carioca e outro da fazenda. Naquele ponto ia encontrar-se numa encruzilhada artística e pronto para assumir seu próprio destino: uma longa meditação através da prosa de ficção sobre o destino do discurso pró-tolstoiano no Brasil da República Velha. A sorte de Meneses exprime eloquentemente aquele destino. Essa sorte é também nosso último olhar de relance de Lima Barreto como um praticante do realismo. Para alguns comentaristas da história do romance no século XIX, o princípio da causa-

---

42 Ibid., op. cit., v.5, p.151.

lidade tem sido um ingrediente fundamental do texto realista clássico.[43] Nosso ensaio tentará examinar esse ponto em determinados relatos barretianos, nos quais o princípio de causalidade tem uma forte tendência a atuar – o ponto em que se opera a luta de discursos. Lima Barreto acreditava com paixão na visão tolstoiana do destino da literatura, mas entendeu que na vida real esse destino era pavorosamente problemático.

---

43 Ver os estudos de Lukács, *Studies in European Realism* [Estudo sobre o realismo europeu], p.56; Terdiman, *The Dialectics of Isolation* [Dialética do isolamento], p.4-59 e Dufour, *Le réalisme* [O realismo].

A ENCRUZILHADA

Chegou o momento de contemplar o ambiente da *Belle époque* carioca que persuadiu Lima Barreto de que o destino do discurso escrito havia de ser uma temática estruturante de sua prosa de ficção. Na primeira entrada de seu diário, Lima Barreto anuncia a intenção de escrever uma história da escravidão no Brasil. Uma entrada do ano seguinte esboça um plano para um ensaio sobre o pano de fundo cultural da sociedade brasileira a partir da chegada da corte portuguesa de Dom João VI, exilada no Rio de Janeiro, em 1807. As últimas palavras desse plano são importantes pelo que têm de proféticas ao se referirem à grandiosa empreitada do ano anterior: "Capacidade dessa gente para civilizar-se. Modo de proceder do rei".[1] A História da Escravidão no Brasil ficou sem ser escrita; mesmo que Lima Barreto tivesse a capacidade de compor tal obra, parece que a vocação de escritor criativo era mais forte. Numa breve entrada do diário daquele ano, ele declara que Clara dos Anjos, heroína de seu romance projetado, ia ser seduzida no aniversário da Abolição no Brasil, em 13 de maio. O romance possuiria uma forte dimensão histórica, que seria, portanto, um protesto contra as prolongadas perse-

---

1 Lima Barreto, *Obras de Lima Barreto*, v.14, p.43.

26 R.J. OAKLEY

guição e marginalização do negro brasileiro, para além da queda da monarquia em 1889. Em claro contraste com o romance definitivo publicado em 1923, nas páginas iniciais, essa primeira versão de *Clara dos Anjos* aborda com insistência a infância de Clara e as circunstâncias de seu entorno familiar, especialmente de seu pai, e as relações paternalistas entre a sua família e o padrinho e benfeitor, Carlos Alves da Silva. O primeiro capítulo do esboço de romance é uma análise breve, mas competente, do desenvolvimento e do caráter dessas relações como típicas de uma revolução social, efetuada, em parte, devido às experiências de muitos soldados brasileiros negros na Guerra do Paraguai. Lima Barreto parece ter pensado em elaborar um romance que trataria das complexidades da condição do negro no Brasil em fins do século XIX – estado de coisas que, apesar do progresso suposto pela emancipação, permanecia sem modificação radical já que a República Velha estava conservando e mantendo ativamente a exploração e a marginalização da parte negra da nação, pelo visto excluída definitivamente do processo social e político.

A temática de mudanças aparentes na sociedade brasileira mascarando uma inércia real iria acompanhar a prosa de ficção barretiana muito depois de a questão racial ter sido secundarizada. De toda maneira, é evidente a indecisão de Lima Barreto no que diz respeito ao rumo que sua prosa de ficção deveria tomar, não só na natureza fragmentária da primeira versão de *Clara dos Anjos* como também em outros esboços do mesmo ano. Num desses esboços, Marco Aurélio Brandão da Silva, filho de Clara, é criado pela família Silva, tendo a mãe da Clara sido escrava deles. Noutro, não há personagem com nome de Clara, mas, ao invés disso, a irmã de Marco Aurélio, Alice, é que sofre a sorte de Clara dos Anjos. Marco Aurélio chama-se aqui Tito, já que no esboço anteriormente mencionado, de título "Marco Aurélio e seus irmãos", o protagonista se chama Tito e Marco na mesma passagem. Vê-se que Lima Barreto está titubeando se deveria seguir a história da mulata seduzida e abandonada por um rapaz branco ou tratar da mesma temática de condição socioeconômica do negro através de um *bildungsroman* narrando as ambições, as provas e os fracassos de um mulato na *Belle époque* ca-

LIMA BARRETO E O DESTINO DA LITERATURA **27**

rioca. Por motivos em parte autobiográficos e em parte estéticos e ideológicos, o germe da obra em desenvolvimento que se tornaria *Recordações do escrivão Isaías Caminha* já está presente no discurso de Marco Aurélio, obscuro empregado burocrático de um hospício de alienados, a relembrar seus fracassos na vida. Em um mínimo desvio de ênfase da situação presente de Marco Aurélio para as circunstâncias de seu passado triste, deparamo-nos com uma biografia muito semelhante à do dentista clandestino, Meneses, da versão de *Clara dos Anjos* composta nos anos 1921-2, enquanto a alteração da narração da terceira para a primeira pessoa nos apresenta o romance autobiogáfico de ilusões perdidas com o qual Lima Barreto resolveu estrear em 1909. Não é gratuita qualquer referência a *Recordações do escrivão Isaías Caminha* como um processo em desenvolvimento. É claro que vários planos, esboços e fragmentos normalmente reunidos em *Clara dos Anjos* podem igualmente ser considerados preparativos para *Recordações*.

Já em 1904 e 1905, as peripécias da vida privada de Lima Barreto estavam interferindo em suas atividades literárias: a seu fracasso acadêmico juntaram-se a crescente gravidade da doença mental de seu pai e sua irritação para com o ambiente da repartição na qual trabalhava no Ministério da Guerra. Sobre seu trabalho, escreveu em janeiro de 1905, queixando-se de sua vacuidade e da retórica oca dos documentos que era obrigado a copiar. Estava ficando impaciente com os círculos literários que vinha frequentando:

> Eu tenho notado nas rodas que hei frequentado, [...] uma nefasta influência dos portugueses [...] Ajeita-se o modo de escrever deles, copiam-se-lhes os cacoetes, a estrutura da frase.[2]

Antônio Arnoni Prado demonstrou que o posicionamento de Lima Barreto contra a literatura superficial de seu tempo era tanto ideológico como estético. Essa postura é a pedra angular de sua re-

---

2 Ibid., v.14, p.100.

28 R.J. OAKLEY

belião contra a literatura oficial que viria a ser superada pelo modernismo depois da Primeira Guerra Mundial.[3] Neste momento precoce, Lima Barreto queixa-se da dependência persistente e escravizante da tradição literária da antiga potência colonial, Portugal – subserviência contra a qual os modernistas reagiriam de modo enérgico apenas uma década depois. Além do mais, visto que *Recordações do escrivão Isaías Caminha* haveria de ser em parte uma sátira agressiva do mundo literário no Rio por causa de sua falta de sinceridade e compromisso, a atitude de Lima Barreto perante essa questão ajuda muito não só a explicar a gênese de *Recordações* como também a avaliar a importância deste romance de estreia no Brasil da *Belle époque*.

Para o jovem Lima Barreto, a literatura brasileira contemporânea carecia de humanidade, de uma análise da atualidade brasileira e de uma qualidade épica. Em outro apontamento de 1905, ele utiliza-se da palavra "epopeia".

> Veio-me a ideia, ou antes, registro aqui uma ideia que me está perseguindo. Pretendo fazer um romance em que se descrevam a vida e o trabalho dos negros numa fazenda. Será uma espécie de *Germinal* negro, com mais psicologia especial e maior sopro de epopeia. Animará um drama sombrio, trágico e misterioso, como os do tempo da escravidão.[4]

Ainda que nos informe que tenciona deixá-la de lado por ora, dada a dificuldade da tarefa, a obra maior sobre a escravidão com fortes dimensões históricas não desapareceu de sua vida, mas foi incorporada a um romance histórico sobre os últimos dias do Império brasileiro. Lima Barreto insiste que essa obra deve possuir uma qualidade épica. A referência a *Germinal* revela o desejo de criar algo que saiba retratar, com o rigor científico do autor do ciclo *Rougon-Macquart*, a desgraça do escravo negro no Brasil. A crítica francesa tinha acolhido como "épico" o romance *Germinal* quando veio à luz, e o próprio Zola referiu-se a ele, em mais de uma ocasião, como

---

3 Prado, *Lima Barreto: o crítico e a crise*.
4 Lima Barreto, op. cit., v.14, p.84.

LIMA BARRETO E O DESTINO DA LITERATURA 29

"poème épique" [poema épico] ou "épopée" [epopeia]. Lima Barreto sentiu-se atraído pelos romances do ciclo *Rougon-Macquart* por causa de seu enfoque historicista. No que diz respeito à França do Segundo Império, e por causa também da vastidão do empreendimento de Zola como um todo, era natural que ele sonhasse em emular Zola tal como, meia geração antes dele próprio, seu compatriota Aluísio Azevedo (1857-1913) tinha feito. O distinto discípulo brasileiro do naturalismo de Zola não só havia adotado com sucesso em sua prosa de ficção a estética naturalista, mas também concebera, em 1885, um ciclo romanesco análogo em torno do Segundo Reinado intitulado *Brasileiros antigos e modernos*, do qual só um romance chegou a ser finalizado: *O cortiço* (1890). Como muitos de sua geração, Lima Barreto devia ter-se impressionado com a grandeza de determinados romances de Zola, como *Germinal, L'assommoir* [A taberna] ou *La terre* [A terra], em cada um dos quais o escritor francês tentou desenvolver a situação não só de indivíduos, mas também de comunidades inteiras, num meio minuciosa e nitidamente retratado: o da zona mineira da França Oriental, o dos bairros proletários de Paris e o dos camponeses na roça francesa, respectivamente. A crítica já assinalou muitas vezes que o brilho artístico das duas obras-primas de Aluísio Azevedo – *O cortiço* e seu predecessor *Casa da pensão* (1884) – reside principalmente em seu retrato de uma coletividade. Embora se concentre na classe média, *Casa de pensão*, assim como *O cortiço*, trata dos bairros sórdidos da capital, ambiente que havia inspirado os romances urbanos de Zola, como *Le ventre de Paris* [O ventre de Paris], *Pot-bouille* [A roupa suja] e *L'assommoir*.[5] A assumida ambição de Lima Barreto de criar uma obra ficcional com maior sopro épico, como o de *Germinal*, é um óbvio namoro com o realismo-naturalismo historicista num momento em que o movimento naturalista no Brasil tinha praticamente terminado seu percurso natural. Por outro lado, *Recordações do escrivão Isaías Caminha*, ini-

---

5 Bosi, *História concisa da literatura brasileira*, p.153; Sodré, *O naturalismo no Brasil*, p.189; Miguel-Pereira, *Prosa de ficção – de 1870 a 1920*, p.153.

30 R.J. OAKLEY

ciado no mesmo ano de 1905 e publicado em Lisboa quatro anos depois, é a antítese do realismo neorromântico dos naturalistas.

O sucesso do romance naturalista pioneiro de Aluísio Azevedo, *O mulato* (1881), devia-se, por um lado, à obsessão por anormalidades humanas e, por outro, em grande parte, a um enredo romântico. Com exceções esporádicas, aquela mistura incômoda do romantismo brasileiro decadentista e do pessimismo fisiológico de Zola constituiria os ingredientes fundamentais do naturalismo brasileiro. Até mesmo no Aluísio da maturidade, uma sexualidade mórbida é o ponto crucial às desventuras do protagonista de *O cortiço*. A sexualidade animalesca é tanto força principal para a corrupção quanto indício da presença do mal, como na obra anterior, *Casa de pensão*, em que o jovem estudante Amâncio Vasconcelos é também destruído pela obsessão sexual. Até o maior romancista do século XIX no Brasil, Machado de Assis, inimigo acérrimo da escola naturalista, também lançou mão de uma forte temática sexual como causa fatal da queda do protagonista em *Quincas Borba* (1891), embora o fizesse de um modo mais suave e mais hábil. Ninguém saberá se a forte presença da temática sexual no realismo-naturalismo influiria muito no projeto barretiano de romance da fazenda; mas a ausência quase total dessa temática em sua prosa de ficção vai emergir no decurso deste estudo como indício eloquente de uma orientação estética nova e radical. É uma reação que manifesta novamente o leitor de *O que é a arte?*. Com certeza, Lima Barreto planejava, desde o começo de 1905, uma história dramática que seria, em suas palavras "sombria, trágica e misteriosa"[6] com os tons neorromânticos de uma obra naturalista, apesar do protesto violento contra o Império brasileiro escravocrata e da matéria documental rigorosa que tal obra devia conter. A grande admiração que Lima Barreto sentia pelo Zola de *Germinal* foi provocada pela exposição incansável do destino dos oprimidos em um ambiente minuciosamente retratado. Tal romance deveria ser um documento social organizado cientificamente à

---

6 Lima Barreto, op. cit., v.14, p.84.

LIMA BARRETO E O DESTINO DA LITERATURA 31

maneira do ciclo *Rougon-Macquart*. Lima Barreto viu-se, por sinal, na necessidade de escrever um documento social que denunciasse, como o de Zola, um império; mas um estudioso de Zola ressalta que

...para denunciar eficazmente, faz falta uma documentação rigorosa que só se reune através de um trabalho árduo: o idealismo e o naturalismo caminham juntos e reforçam-se... Do encontro entre as duas coisas nasce a tensão necessária para a obra.[7]

Só em 1870 Zola iniciou sua saga de uma família francesa no Segundo Império na ocasião da queda de Napoleão III. Da mesma forma, os esboços barretianos para *Clara dos Anjos* e as pesquisas dele rumo a um romance da fazenda iniciaram-se após a Abolição e a queda da Monarquia no ano seguinte. Aí acabam as semelhanças, já que Zola tinha vivido todo o período que narraria no decorrer de seu ciclo novelístico, ao passo que, no ano da queda do Império brasileiro, Lima Barreto tinha apenas oito anos. Em segundo lugar, ao retratar ambientes e vidas peculiares como a zona mineira de *Germinal*, as estradas de ferro de *La bête humaine* [A besta humana] ou o mercado parisiense de *Le ventre de Paris*, toda a matéria bruta estava diante de si. Lima Barreto não tinha outra alternativa senão contar com a imaginação criadora e uma documentação laboriosamente recuperada nas bibliotecas: um depoimento de segunda mão. No entanto, a evidência de seu *Diário íntimo* leva a crer que o próprio Lima Barreto sentia falta de um depoimento pessoal e, para suprir esta falta, entre 1903 e 1905 foi abandonando o passado, à procura de outra realidade – a do tempo histórico presente do Brasil e, assim fazendo, tornou-se mais genuinamente realista.

A segunda entrada em que Lima Barreto se utiliza da palavra "epopeia" fornece-nos outra pista para descobrir o porquê do abandono de uma prosa de ficção dedicada exclusivamente à causa do mulato no Brasil em favor do mundo romanesco, cujo ímpeto seria

---

7 Euvrard, *Émile Zola*, p.21.

32 R.J. OAKLEY

muito diferente. As expressões usadas aqui são fortes: "um vendaval de epopeia" e "um grande sopro humano". Ele afirma que seus contemporâneos não possuem estas características: muitos escritores brasileiros são notáveis por sua frivolidade. A literatura deles é uma literatura de "palavrinhas" e "coisinhas".[8] É uma literatura burguesa, provinciana, de preocupações superficiais, e uma cópia servil de modelos estrangeiros. Lima Barreto sente a necessidade de evitar o caminho naturalista. O mais interessante é o fato de que, no início de 1905, ano de decisão crucial para o futuro de nosso escritor, é-nos possível entrever uma transformação nos ideais literários, que até então se manifestaram em projetos historicistas vagos. O novo rumo será profundamente humano, ambicioso em suas análises; "épico" talvez, mas num sentido nacional e popular, ou seja, contemporâneo. O novo rumo é tolstoiano, de acordo com o que Tolstoi chama, no capítulo 18 de *O que é a arte?*, de "percepção religiosa do nosso tempo".[9] Lima Barreto declara que "Não há dentre eles um que conscienciosamente procure escrever como o seu meio o pede e o requer".[10] Assim, não existia no Rio de Janeiro uma literatura seriamente engajada com a realidade circundante: "O chique era mesmo ignorar o Brasil ou delirar por Paris numa atitude afetada e nem sempre inteligente".[11] O cronista e memorialista Gilberto Amado, olhando para trás para seus primeiros tempos no jornalismo carioca antes da Primeira Guerra Mundial, opina sobre o mundo literário na capital:

> Haveria muito o que arrolar e comentar sobre a *Belle époque* no país próspero na superfície, indiferente aos problemas substanciais – miséria da população, mortalidade infantil, falta de escolas, de comunicações.[12]

---

8 Lima Barreto, op. cit., v.14, p.100.
9 Tolstoi, *What is Art? and Essays on Art*, p.234.
10 Lima Barreto, ibid.
11 Broca, *A vida literária no Brasil – 1900*, p.92.
12 Amado, *Mocidade no Rio e primeira viagem à Europa*, p.97.

LIMA BARRETO E O DESTINO DA LITERATURA 33

É de conhecimento de todos que o escritor que melhor encarnava, para Lima Barreto, este ambiente cultural, e especialmente literário, era Henrique Maximiano Coelho Neto (1864-1934). Maranhense de origem, estudou direito, mas cedo criou reputação na capital como jornalista, romancista e contista. Ascendeu rapidamente no mundo literário e tornou-se um gigante literário de sua época. A começar com *Rapsódias* (1891), sua obra ficcional completa chega a mais de cem volumes e abrange de fantasia e romances históricos extravagantes e românticos até um realismo do dia a dia e histórias que giram em torno de sucessos históricos do passado recente. Coelho Neto viria a ser o bode expiatório de Lima Barreto por toda sua carreira, e, até certo ponto, a crítica barretiana feroz ao escritor maranhense é injusta. Posto isto, resta salientar, porém, que a crítica na atualidade concorda com a opinião de Lima Barreto já que, ainda hoje, a vasta produção de Coelho Neto permanece por cantar, por ler e, em grande parte, esquecida, apesar do fato de suas melhores obras evidenciarem uma integridade artística que excede a mera capacidade de agradar a seu público em vida. É uma ironia que seu romance talvez mais bem-sucedido, *Turbilhão* (1906), comungue em suas primeiras páginas, de um tema presente na estreia romanesca de Lima Barreto, *Recordações do escrivão Isaías Caminha*; ou seja, o esplendor e a miséria de um estudante e jornalista jovem no Rio de 1900.[13]

Coelho Neto, como ficcionista, pode ser considerado uma espécie de *aboutissement* da *zeitgeist* literária do fim do Império e dos primeiros anos da República Velha. As profundas modificações socioeconômicas provocadas no Brasil pela campanha para a abolição da escravatura, a participação do país na Guerra do Paraguai – que lançou as bases para um exército profissional e politicamente consciente –, o grande número de imigrantes que chegaram a partir dos últimos anos da Monarquia e uma enorme injeção de capital e tecnologia estrangeiros foram acompanhados por uma imensa onda de ideias

---

13 Oakley, *Matraga*, v.17, p.82-8.

34 R.J. OAKLEY

novas vindas da Europa, ideias essas que podem ser descritas, de um modo geral, como representantes do triunfo de uma perspectiva científica e mecanicista da realidade: principalmente através das obras de Darwin, Spencer e do positivismo comteano. Em termos literários, a revolução de ideias manifestou-se na superação de um Romantismo sentimental pelo Parnasianismo, especialmente na poesia lírica, e no rápido aumento da atividade naturalista na prosa de ficção. Os elementos mais realistas e mais engajantes na poesia europeia pós-romântica tiveram pouca repercussão. Os poetas aplaudidos eram Hugo, Gautier, Leconte de Lisle. Ao movimento simbolista brasileiro, que se desenvolveria na década de 1890, faltava o caráter vanguardista dos melhores dos simbolistas e *poètes maudits* franceses. Os poetas brasileiros do período pós-romântico do fim do Império abraçaram, com poucas exceções, as formas, e não o espírito, de seus mestres europeus, os quais estavam, de fato, esforçando-se para entenderem uma época nova.

Em 1907 o crítico e esteta contraditório, Elysio de Carvalho, publicou uma coletânea de ensaios na qual exprimiu bem o espírito decadentista do Brasil finissecular. Carvalho soube compreender o ambiente que produziu o jornalismo supersofisticado de um Paulo Barreto ou a poesia, na maior parte de importação simbolista ou penumbrista – a não ser a de algumas vozes isoladas vanguardistas *avant la lettre*, como Cruz e Sousa, Augusto dos Anjos, Pedro Kilkerry e alguns mais. A análise de Elysio de Carvalho do que ele contemplou como a estética decadentista que reinou no Rio de Janeiro da virada do século foi publicada precisamente no momento em que Lima Barreto assestou sua mira para atacar o ambiente artístico e ideológico da *Belle époque* carioca. Carvalho retrata a cultura de uma cidade que aceitava, com um fanatismo inquietante, o gosto parisiense em quase tudo. Seus artistas vivem num mundo irreal:

> O decadentismo preconisa, portanto, o culto do irreal, prega a arte do sonho, proclama o ideal puro. Os seus cultores só procuram, no mundo, o estranho, o sutil, o bizarro, o raro, a essência quinta dos fenômenos [...]

LIMA BARRETO E O DESTINO DA LITERATURA 35

O único fim da poesia, segundo eles, é a emoção, e esta deve obter-
-se não por meios comuns e vulgares.[14]

De Paulo Barreto (1881-1921) mesmo, cujas crônicas e contos
publicados sob o pseudônimo "João do Rio", fizeram furor, Carvalho escreve:

Temperamento doentio, sensibilidade exacerbada, [...] intensidade
cerebral de visão febril, nervosa impressionabilidade artística, atormentado pela preocupação malsana do raro, do macabro, do horripilante e
até do sórdido [...]
Os seus livros exprimem com entusiasmo a sedução do maravilhoso [...] Paulo, como essas crianças que escutam com avidez os contos
mágicos que lhes enchem a alma de terror, ama tudo, na arte, como na
vida, que traz o cunho do *novo*.[15]

Elysio de Carvalho põe João do Rio entre parêntesis com Coelho
Neto, por ter-se prostituído em troca de renome na imprensa carioca da moda e de aceitação nas altas esferas da sociedade. Em contrapartida, num ensaio sobre o problema da cultura no mesmo volume,
Carvalho define no contexto literário a cultura como

a unidade de estilo que preside a criação artística, e a disciplina dos sentimentos e das ideias que se constata em Stendhal e em Emerson, e a
maneira distinta, a elegância dos gestos e das palavras de um Anatole
France, o eco de um grande século de gosto europeu, e o espírito de
harmonia perfeita e beleza serena que reina nas criações super-humanas de Beethoven.[16]

Revela aí sua própria ambivalência para com a função da literatura, apontando explicitamente a qualidade do clima literário brasileiro conservador. Demonstra que um gosto pelo novo, pelo esqui-

---

14 Carvalho, *As modernas correntes estéticas na literatura brasileira*, p.151.
15 Ibid., p.130-1.
16 Ibid., p.184-5.

36 R.J. OAKLEY

sito, exageros de todos os tipos imagináveis, não passava de um pós--romantismo extravagante, ao passo que ele mesmo, continuamente, admira uma versão elegante do mesmo fenômeno. A harmonia devia ser "perfeita", a beleza, "serena", a música de Beethoven, "super-humana". Outro gigante literário, e orientador de modas da época, Afrânio Peixoto (1876-1947), cujo romance de vida de alto nível, *A esfinge* (1911), foi um grande êxito de vendas, opinou que a literatura era "o sorriso da cidade".[17] Ele queria dizer que, em sua opinião, a prosa de ficção e a poesia só funcionam bem em épocas felizes, se bem que sua expressão foi extraída do contexto original nos fins dos anos 1930, com o fim de resumir sua própria contribuição superficial à história da literatura brasileira e o espírito estéril e frívolo da *Belle époque* brasileira. Outro *best-seller* da época era o romance *Exaltação*, publicado em 1916, de Albertina Berta. Agradecendo calorosamente a remessa de um exemplar naquele mesmo ano, Lima Barreto escreveu-lhe o seguinte:

> O seu livro é bem um poema em prosa, e um poema de mulher, de senhora, pouco conhecedora da vida total, dos altos e baixos dela, da variedade de suas dores e das suas injustiças. Vivento à parte, em um mundo muito restrito, a senhora, muito naturalmente, não podia conhecer senão uma espécie de dor, a dor de amar; e, dessa mesma, a senhora faz dela uma Exaltação.[18]

As condições para tal insulação da realidade eram perfeitas no Rio de Janeiro de 1900-1920. A decadência aristocrática e superficialmente estável do Império havia sido propícia para o florescimento de uma prosa de ficção realista-naturalista vigorosa, embora imitativa, e para o estudo de fôlego, longo, paciente e sutilíssimo das classes alta e média sustido por Machado de Assis durante um período de cerca de quarenta anos. Com a vinda da República, então, a capital estava abrindo-se à totalidade da corrente de influência europeia,

---

17 Peixoto, *Panorama da literatura brasileira*, p.5.
18 Lima Barreto, op. cit., v.16, p.284.

que chegara por meio de uma colonização em massa. Houve uma explosão de orgulho nacional de uma jovem república ansiosa por rivalizar não só com seus pares na América Latina, mas também com os Estados Unidos e o Velho Mundo, em seu modo de vida e em seus hábitos. A sociedade grã-fina ansiava, por exemplo, por uma literatura que refletisse suas aspirações de refinamento elegante em uma risonha terra de promessas. Coelho Neto, Afrânio Peixoto, João do Rio, todos eles duramente retratados em *Recordações do escrivão Isaías Caminha*, forneciam a prosa de ficção, o jornalismo e as belas letras sofisticados e exigidos por esta sociedade superconsciente de si. Coelho Neto, em especial, encarnava o ideal antitolstoiano em sua procura da palavra que emocionasse por si só, subordinando o conteúdo à forma:

> Ninguém na literatura brasileira encarna mais dramaticamente o problema de forma do que esse escritor que mourejou durante mais de quarenta anos, que passou a vida a escrever e que, entretanto, não logrou descobrir o segredo do estilo, o equilíbrio entre a ideia e a expressão.[19]

Assim, Lúcia Miguel Pereira encaixa Coelho Neto na história da prosa de ficção da República Velha. Ela cita o crítico mais bem conceituado da época, José Veríssimo, que destacou Lima Barreto em 1907 ao ler os primeiros capítulos de *Recordações do escrivão Isaías Caminha* quando foram publicados em *Floreal*, revista de pouca duração fundada por Lima e outros naquele ano. Acerca de Coelho Neto, Veríssimo escreveu no mesmo período que, sendo escritor de natureza romântica, ele namorava o naturalismo, o realismo, o regionalismo, o romance gótico e a fantasia, demonstrando

> que esta mistura incoerente de tendências estéticas não é nele o resultado do ecleticismo contemporâneo, mas antes o efeito de um engenho que se compraz em experimentar-se em modos e gêneros diversos.[20]

---

19 Miguel-Pereira, op. cit., p.262.
20 Veríssimo, *Estudos de literatura brasileira*, p.4.

38 R.J. OAKLEY

É nos ataques a Coelho Neto que a postura barretiana no que diz respeito à função de uma literatura séria se evidencia com uma clareza que não se encontra em nenhuma outra ocasião. Não era que Lima Barreto negasse o talento dele. De jeito nenhum. Coelho Neto estava no banco dos réus por falta de engajamento no sentido moderno, ideológico, da expressão. Lima Barreto escreveria muito mais tarde, em 1918:

> O senhor Coelho Neto, [...] não se impressionou com as mais absorventes preocupações contemporâneas que lha estavam tão próximas.
> As cogitações políticas, religiosas, sociais, morais, do seu século, ficaram-lhe inteiramente estranhas. Em tais anos, cujo máximo problema mental, problema que interessava todas as inteligências de quaisquer naturezas que fossem, era uma reforma social e moral, o senhor Neto não deu para o estudo das soluções apresentadas um pouco do seu grande talento.[21]

Uma entrada no diário de Lima Barreto, datada 15 de maio de 1908, aponta a teimosa coerência desta atitude através dos anos. Lima acaba de visitar a casa de Goulart de Andrade, jovem poeta parnasiano gozando da glória de seu livro de estreia, que lê em voz alta seu novo drama. Para Lima Barreto, a peça carece de paixão:

> A paixão, para ele, existe depois da poesia – ele só sente o verso.
> Poeta, antes da poesia, eu devo ter as paixões, as emoções para exprimi-las em verso; os costumes, as paixões, os sofrimentos, as emoções, o entrechoque delas no cenário do mundo. O estilo, na frase dalguém, é um acompanhamento.[22]

Durante a visita, Goulart de Andrade leu de um volume recente de Coelho Neto:

---

21 Lima Barreto, op. cit., v.13, p.75.
22 Ibid., v.14, p.133-4.

LIMA BARRETO E O DESTINO DA LITERATURA 39

Há alguma coisa boa, diferente do Neto comum, cantador de condessas, baronesas, [...] Esse Neto de pacotilha que tem medo de dizer as suas amarguras contra "a sociedade que nos esmaga".[23]

O ataque a uma literatura sem compromisso para com a realidade circundante que a produz é uma crítica que, como já presenciamos, teria sua expressão derradeira no romance póstumo *Clara dos Anjos*. Deparamo-nos, então, com sua primeira obra maior, *Recordações do escrivão Isaías Caminha*. No decurso desta reunião em casa de Goulart de Andrade, Lima Barreto revelou-lhe um pouco acerca do que se tratava em seu romance: "Contei-lhe *Isaías Caminha*. Achou graça, mas ficou apreensivo. Não tinha razão: eu sou amigo dele e sei ser amigo até a última hora".[24] Referindo-se à sua visita à casa de José Veríssimo, um pouco antes do Natal do ano anterior, para agradecer ao ilustre crítico pelas palavras animadoras que ele tinha dedicado aos primeiros capítulos publicados em *Floreal*, Lima Barreto ficou impressionado pela ênfase do crítico no valor da sinceridade na literatura:

> Falou da nossa literatura sem sinceridade, cerebral e artificial. Sempre achei a condição para obra superior a mais cega e mais absoluta sinceridade. O fato interior que a determina é irresistível e o poder de comunicação que transmite a palavra morta é de vivificar.[25]

Era lógico que a postura de José Veríssimo, no que diz respeito ao engajamento literário, encontraria eco em Lima Barreto. Wilson Martins observou que a atitude ideológica de José Veríssimo residia mais ou menos entre a de Tolstoi e a de Kropótkine.[26] A noção de uma sinceridade intelectual, que já vimos ser decorrente do idealismo alemão, aquele "conteúdo de sentimento" tolstoiano que promove "a transmissão de emoção" – no capítulo 16 de *O que é a arte?*

---

23 Ibid., v.14, p.134.
24 Ibid.
25 Ibid., v.14, p.125.
26 Martins, *História da inteligência brasileira*, v.5, p.187.

e no qual a obsessão pela forma, pelo decoro, pelo ornamento da arte é considerada o inimigo mortal – tem sua expressão positiva para Lima Barreto em José Veríssimo, Carlyle, Tolstoi e Guyau; ao passo que o êxito espectacular de Coelho Neto no Brasil da *Belle époque* encara a expressão oposta. Guyau tinha escrito em *L'art au point de vue sociologique* [A arte do ponto de vista sociológico] que a sinceridade "é o princípio de toda emoção, de toda simpatia, de toda vida".[27] Ao compor sua prosa de ficção seguindo tal crença, Lima Barreto está convencido de que é necessário universalizar sua arte construindo um poderoso instrumento tanto para a comunicação como para a edificação. Assim sendo, seu compromisso para com seus personagens e o mundo deles há de deixar uma forte impressão em seu leitor. Destarte, a arte promove a solidariedade. Guyau exprime isso sucintamente na passagem seguinte de *L'art*:

> O interesse que dedicamos a uma obra de arte é a consequência de uma associação que se estabelece entre nós, o artista e as personagens da obra; é uma sociedade nova cujos afetos, prazeres, sofrimentos e tudo o mais nós adotamos.[28]

Finalmente, e acima de tudo, o conceito barretiano de sinceridade na arte naquele momento já ganhava fôlego com a leitura de *Os heróis* de Carlyle – o momento da fundação de *Floreal* e a publicação das primeiras páginas de *Recordações do escrivão Isaías Caminha*. Ao relatar sua conversa com José Veríssimo, Lima Barreto revela que acabara de ler *Os heróis*. Um dos seis heróis carlyleanos é o profeta Maomé,

> que ele diz ser um sincero, acrescentando: "Devo dizer que a sinceridade, uma grande, profunda e genuína sinceridade, é a primeira característica de todos os homens em qualquer via heroica".[29]

---

27 Guyau, *L'art au point de vue sociologique*, p.67.
28 Ibid., p.19.
29 Carlyle, *Os heróis*, p.49.

LIMA BARRETO E O DESTINO DA LITERATURA   41

Sabe-se que para Carlyle, o *Corão* como livro é a quintessência da sinceridade, ainda que esteja mal escrito; mas

> nisto existe um mérito muito diferente do mérito literário. Se um livro procede do coração, ele conseguirá atingir outros corações [...] Dever-se-ia dizer que a característica primária do Corão é a sua genuinidade, a de um *bona-fide* livro [...] É o fermento confuso de uma grande alma humana rude; rude, não ensinada, que nem sequer sabe ler; mas fervorosa, séria, lutando veementemente para se exprimir por palavras.[30]

No livro sagrado, é preciso frisar a ausência da retórica oca. A exploração da retórica é condenada por Lima Barreto como imoral e reacionária. Ele nota, em novembro de 1904, como o conselheiro Rui Barbosa, que rotula de "o letrado beneditino das coisas de gramática, artificiosamente artista e estilista",[31] havia sido o autor num voo de retórica, de uma extraordinária mentira que dizia respeito à revolta que teve lugar no Rio em 14 de novembro daquele ano (provocada em parte pelo decreto da vacina obrigatória contra a varíola na capital):

> Referindo-se ao dia 14, que fora cheio de apreensões, de revoltas e levantes, e a nota trazida a 15, da vitória da "legalidade", disse assim, da manhã de 15: "fresca, azulada e radiante", quando toda a gente sabe que essa manhã foi chuvosa, ventosa e hedionda.
> Eis até onde leva a retórica...[32]

Vamos ter a ocasião de constatar que a Revolta da Vacina desempenhou um papel importante na elaboração de *Recordações do escrivão Isaías Caminha*. Lima Barreto não objetou que os motins fossem sufocados, mas sim à maneira do governo agir. A linguagem de Rui Barbosa é aqui fustigada por sua persuasão sutil, que consegue,

---

30 Ibid., p.68.
31 Lima Barreto, op. cit., v.14, p.15.
32 Ibid., op. cit., v.14, p.51.

ao abrilhantar e justificar a brutalidade das autoridades, apresentá-la como um ato de patriotismo.

Lima Barreto denuncia a linguagem "oficial", quer literária, quer política, quer escrita, quer falada. Rejeitar a linguagem cultural e política da classe dirigente acompanha uma equação de linguagem e ideologia, e para o escritor é ao descobrir o bovarismo que esse repúdio se torna claro e adquire uma forma. No caso mais célebre da própria Madame Bovary, o bovarismo é uma deficiência seguida a par e passo de uma incapacidade de rivalizar com o modelo em vista. O modelo de Ema Bovary é de uma dama extraordinária feita para uma paixão romântica igualmente extraordinária. Na realidade burguesa provinciana na qual ela se movimenta, Ema fica longe do paradigma que criou para si. Madame Bovary é um exemplo extremado, escreveu Jules de Gaultier, visto que sua energia lhe dá o impulso para não somente conceber-se diferente de si mesma, mas também para tentar modificar seu ambiente, de modo a harmonizar-se com a ilusão: "Depois de ter falsificado sua própria sensibilidade ela tem, então, que falsificar as condições às quais está sujeita".[33] Madame Bovary é uma "idealista" que está a um passo de tentar reformar a realidade coletiva.[34] Gaultier mantém que o bovarismo aumenta à medida que a civilização vai evoluindo, dado que

> com o aumento da riqueza coletiva, aumenta também a dificuldade que o indivíduo tem de distinguir por entre tudo o que adquiriu no passado [...] por entre todas as noções que se lhe abrem, entre aquelas que devem representar para ele objetos de conhecimento e espectáculo das que podem ser para ele objetos de prática.[35]

Em uma de suas anotações de 1904 acerca do livro de Gaultier, Lima Barreto ressalta o quanto na análise de *Bouvard et Pécuchet*

---

33 Gaultier, *Le bovarysme*, p.23.
34 Ibid., p.32.
35 Ibid., p.67.

LIMA BARRETO E O DESTINO DA LITERATURA 43

[Bouvard e Pécuchet] o bovarismo se torna mais que uma questão de orgulho ou vaidade pessoal, já que estes dois personagens epônimos não têm motivos vis. Mas

> o que se revela neles é a desproporção entre o trabalho legado pela inteligência das gerações passadas e o fraco poder intelectual do indivíduo para apreendê-lo rapidamente. É a grandiosa imagem da Ciência, da literatura, que perturba a consciência deles.[36]

Em janeiro do ano seguinte, Lima Barreto chega à conclusão de que, devido a essa ilusão, "a vontade humana acredita intervir no turbilhão de causas e efeitos que as envolvem".[37] Um pequeno passo separa essa convicção de uma descrença total em qualquer ideal utópico. Esta descrença vai ser um traço marcante do pensamento barretiano e um fator que ajudará a estruturar, até ao fim da carreira, sua prosa de ficção. Lima Barreto imediatamente se apercebe da importância das ideias de Gaultier em relação à sua própria situação de escritor radical e militante em um ambiente profundamente conservador. O bovarismo, observa ele, deturpa a realidade, que ele chama de "o fato":

> A constatação, verificação do fato, tende na linguagem a se formular em regra moral, porque a ilusão do fato, engendrada pelo reflexo da atividade na consciência, é tão forte que domina as formas de linguagem.[38]

Arnoni Prado concluiu, com razão, que na tensão entre o falso e o utópico é possível localizar com precisão uma postura antiacadêmica e as sementes da cruzada barretiana contra a retórica.[39] Ou seja, as normas literárias e políticas de sua época são para ele inseparáveis e, ideologicamente, uma só. Em seu pequeno comentário sobre o

---

36 Lima Barreto, op. cit., v.9, p.57.
37 Ibid., v.14, p.93.
38 Ibid.
39 Prado, op.cit., p.20.

44 R.J. OAKLEY

bovarismo em 1904, Lima Barreto cita o caso de um colega de repartição que, a seu ver, sofre de bovarismo:

> Aquele contato diário com a pena, com o papel e o tinteiro; o constante elogio dos diretores pela sua caligrafia, despertaram-lhe na alma uma curiosa imagem. Acreditou-se escritor, literato; e o humilde escriba para quem o talhe da letra era a única preocupação, pôs-se febrilmente a escrever versos, romances, contos.[40]

Eis aqui o *reductio ad absurdum* do literato da época: apaixonado pela ideia de ser considerado um literato ao invés de namorado da literatura em si. Brito Broca explicou bem o ambiente intelectual e social que produziu uma mentalidade dessas. Ser literato era considerado chique. Tão premente era o desejo do prestígio que estava na moda em certos casos que todas as energias vitais eram consumidas na assunção de algo que não passava de uma pose:

> O que nos surpreende hoje é como puderam muitos desses escritores realizar obras realmente apreciáveis quando se dispersavam tanto em *viver* literatura.[41]

Muitos, por sinal, como o colega de Lima Barreto, só conseguiram a pose literária. Lima sabia perfeitamente que a obra de Coelho Neto era, em sua totalidade, robusta; mas Lima objetava ao prestígio do escritor maranhense baseado só em seu êxito mundano como *bardo de condessas*, asseverando que a futilidade da vida de salão e café devia diluir e corromper a força potencial de seu talento. Gilberto Amado comenta a vida artística da *Belle époque* carioca:

> Mundanismo e Estecismo comandavam, sob o signo da Futilidade, não só o movimento social como o literário também. E ainda político. Ser mundano constituía título, razão de prestígio.[42]

---

40 Lima Barreto, op. cit., v.9, p.59.
41 Broca, op.cit., p.45.
42 Amado, op.cit., p.98.

LIMA BARRETO E O DESTINO DA LITERATURA 45

O sucesso de João do Rio dependia quase tanto de seu estilo de vida estético, de sua imagem de *dândi*, e de sua boêmia pseudoaristocrática, como de sua produção literária. O crítico literário e historiador social Gondin da Fonseca comenta sobre o êxito de João do Rio, declarando que ele fez "furor com o seu fraque curto, o seu chapeu melon, a sua ironia e o seu monóculo".[43] João do Rio viria a ser satirizado em *Recordações do escrivão Isaías Caminha* como um zero à esquerda pela futilidade de sua pose. Os costumes sociais não passavam de mais uma forma da retórica, da ilusão com que a capital brasileira se enganava. Lima Barreto considera este gênero de atividade como um exemplo de autoilusão que satura todos os aspectos da vida nacional. Ou seja, o bovarismo tornou-se a doença nacional.

No plano político, Lima Barreto cita em seu comentário de 1904, "Casos de bovarismo", o exemplo do filantropo rico que sonha com um martírio social:

> Batia-se pelas reformas; idealizava perseguições, criava falanstérios. Em rodas de amigos só falava no sofrimento dos pobres; e, pela sobremesa, contaram-me, depois de farto jantar em viandas e vinhos, roía um pedaço de pão velho para, afirmava, nunca se esquecer dos que passam e curtem fome.[44]

Como exemplo do bovarismo político e ideológico, Lima cita o político brasileiro Barbosa Lima. A avaliação de Barbosa Lima pelo historiador Afonso Arinos de Melo Franco é um depoimento eloquente sobre a exatidão da escolha barretiana como exemplo do bovarismo na política brasileira daquele tempo:

> Barbosa Lima surgiu moço, com a República, enchendo-a de rumor e glória com a sua eloquência, sua bravura, sua personalidade às vezes chocante, pelo contraste de atitudes. Havia em Barbosa Lima traços de

---

43 Fonseca, *Santos Dumont*, p.159.
44 Lima Barreto, op. cit., v.9, p.60.

46 R.J. OAKLEY

autoritarismo militar e positivista [...] e de liberalismo anárquico e socializante [...] todas essas inspirações culturais giravam vertiginosamente dentro de um ebuliente talento, servido por formidável eloquência.[45]

O que nos interessa aqui não é o acordo entre nosso escritor e o historiador, mas a coincidência de determinado traço marcante em Barbosa Lima e a atualidade da escolha por parte de Lima Barreto, que observa em seu diário, em 28 de outubro de 1904:

> O Barbosa Lima descompôs o Medeiros [de Albuquerque]; não há negar que o Medeiros é vil como uma serpente, mas o Barbosa Lima tem sido de uma felicidade pasmosa, tendo sempre como adversário fofos literatos (no mau sentido!), que não podem arrancar-lhe aquela máscara de matemático e de filósofo.[46]

Lima Barreto coteja neste trecho um político de eloquência demagógica e um pilar do mundo literário oficial. Barbosa Lima era para o escritor um bom exemplo do positivismo utópico que ele considerava ser uma energia impulsionadora por detrás, com a chegada da República. Barbosa Lima é

> utópico, granítico, recheado de positivismo, cheio de ideias sentimentais, mas, no fundo, cruel e covarde moral. É uma das mais belas flores do bacharelismo de Exército, bacharelismo cheio de espírito de casta e da fofa ciência.[47]

o que deixa bem claro o vínculo entre a política e a literatura da época, segundo a ótica de Lima Barreto. Assim, a literatura e a ciência brasileiras são condenadas por serem "fofas"; ou seja, flácidas, insubstanciais, de pouco peso, como todos os sonhos do bovarismo. É importante salientar que, naquele mesmo ano, os poderes demagó-

---

45 Franco, *Rodrigues Alves: apogeu e declínio do presidencialismo*, v.1, p.397.
46 Lima Barreto, op. cit., v.14, p.43-4.
47 Ibid., v.14, p.44.

LIMA BARRETO E O DESTINO DA LITERATURA 47

gicos de Barbosa Lima estavam sendo usados em oposição à campanha do doutor Oswaldo Cruz para livrar o Rio de Janeiro da febre amarela, da peste e da varíola. Barbosa Lima era um dos principais opositores da campanha de vacinação obrigatória do povo e, assim, contribuiu com o desassossego civil que dividiu o centro da cidade em novembro de 1904. O jovem Lima Barreto, atento aos sucessos na capital e estarrecido pela violência – que as forças governamentais empregavam indistintamente para com culpados e inocentes, depois de dominados os distúrbios provocados pelas vacinas obrigatórias –, confessa que durante um mês ele escondeu seu diário. O jovem futuro romancista está cheio de maus presságios no que diz respeito a seu plano de um romance sobre a Escravidão:

> Temo muito pôr em papel impresso a minha literatura. Essas ideias que me perseguem de pintar e fazer a vida escrava com os processos modernos do romance, [...] virá, eu prevejo, trazer-me amargos dissabores.[48]

De fato, os maus presságios fazem muito mais do que angustiar o escritor: eles desviam-no de sua cruzada em favor do afro-brasileiro rumo a uma missão literária muito diferente. *Recordações do escrivão Isaías Caminha* foi concebido como uma maneira de articular, a partir de outra perspectiva e num contexto mais atual, as preocupações que tinham sugerido o romance, abortado, sobre a Escravidão e a exploração da raça afro-brasileira, e o romance inacabado, *Clara dos Anjos*. Ele nem imaginava que o desvio de energia da concepção original de *Clara dos Anjos* para a narrativa que iria se concretizar em *Recordações do escrivão Isaías Caminha* constituiria o primeiro passo na estrada que viria a conduzi-lo do alfa de 1904 a um ômega bem diferente em 1921-2. Em *Recordações*, Lima Barreto deseja comunicar-se com seu leitor virtual; mas ele estudou e viu, como seu mestre Tolstoi em *O que é a arte?*, o efeito

---

48 Ibid., v.14, p.84.

nefasto da palavra oca ou de qualquer discurso que não fosse conduzido em direção ao bem da humanidade:

> A arte do nosso tempo (baseando-se numa percepção religiosa que exige a união do homem), exclui do mundo da arte de bom conteúdo o que quer que seja que transmita sentimentos (exclusivos) que não unam os homens, mas sim os separem.[49]

Lima Barreto contempla a arte e a política de seu tempo como desonestas entre si (bovarismo), bem como para com os demais (retórica). Só o artista ou o político verdadeiramente militante, comprometido, é capaz de preencher o vazio que ele vê a seu redor. Este discípulo brasileiro de Tolstoi e Carlyle está consciente de que seu engajamento pode acarretar sua própria marginalização inexorável, e é possível acompanhar esta trajetória na gestação e na sorte do protagonista do romance em que ele viria a depositar todas suas esperanças a partir do ano seguinte de 1905: *Recordações do escrivão Isaías Caminha*.

---

49 Tolstoi, op. cit., p.241.

LEITORES E ESCRITORES EM RECORDAÇÕES DO ESCRIVÃO ISAÍAS CAMINHA

A intenção da obra que inaugurou Lima Barreto como romancista era, segundo ele mesmo declarou, demonstrar por meio dos fracassos do herói o preconceito e a hostilidade que o negro enfrentava na sociedade brasileira no início do século XX. Frisamos aqui os intentos do autor, precisamente por ser tão gritante a diferença entre esses propósitos declarados (e os do narrador) e as intenções evidenciadas no romance publicado no fim de 1909. Não poderia haver exemplo mais claro da chamada "falácia intencional" do que as tentativas, feitas ao longo dos anos, de explicar e avaliar *Recordações do escrivão Isaías Caminha* com base na temática racial que ele contém. O crítico francês, Pierre Macherey, tentou demonstrar que, embora um autor tome decisões, não são necessariamente as intenções declaradas que prevalecem, mas, antes, outras intenções impostas sobre ele por uma teia de circunstâncias das quais ele poderá ter tão somente um vago conhecimento:

> É, sem dúvida, o autor quem decide, mas sua decisão está, como sabemos, determinada... Em larga medida, o próprio autor também encontra a solução e contenta-se em no-la transmitir. Mais do que *inventar*, ele *descobre* sua história.[1]

---

1 Macherey, *Pour une théorie de la production littéraire* [Para uma teoria da produção literária], p.61 [grifo nosso].

50 R.J. OAKLEY

No processo da elaboração de *Recordações do escrivão Isaías Caminha*, Lima Barreto "descobriu" sua solução e encontrou seu caminho.

O narrador-protagonista, Isaías Caminha, declara que não é ambição literária que o impele a dar ao mundo suas memórias, mas que, mediante elas, espera modificar a opinião de seus pares; fazê-los pensar de um modo diferente, para que sejam menos hostis quando encontrarem gente como ele, com ambições como as que ele tinha havia dez anos.[2] Em seu prólogo, Isaías informa-nos que resolveu contar trechos de seu passado para refutar a tese que um dia ele tinha lido num fascículo publicado por uma revista nacional: o mulato era inferior e estava fadado a fracassar na vida por falta da capacidade de resistência inerente ao mestiço. Isaías Caminha, coletor de taxas federais em Caxambi no estado de Espírito Santo, passa em seguida a recordar sua infância e as ambições de moço de tentar a sorte na capital. Munido de uma carta de apresentação a um deputado federal, ele parte de trem, com destino ao Rio de Janeiro. Numa parada, apeia para comprar algo para comer, e um branco, posicionado atrás dele na fila, é servido antes. No hotel no Rio, depois de um roubo em um dos quartos, Isaías é o único cliente a receber ordens para se apresentar na delegacia para ser interrogado como suspeito. Vendo seu dinheiro desaparecer velozmente, solicita a um padeiro o posto de entregador. Ao vê-lo, o padeiro rejeita-o sem explicação. É importante para a tese fundamental deste estudo salientar que as declarações feitas por Lima Barreto de que *Recordações do escrivão Isaías Caminha* é um romance sobre o tema do preconceito racial se baseiam nesses três eventos e em mais dois ou três, quase todos eles narrados nos primeiros sete capítulos.

O estudioso norte-americano Robert Herron salientou, há quarenta anos, a contradição revelada aqui entre as intenções declaradas de Isaías Caminha em seu prólogo por um lado e, por outro, a narrativa subsequente na qual o protagonista evidencia pusilanimi-

---

2 Lima Barreto, *Obras de Lima Barreto*, v.1, p.120.

LIMA BARRETO E O DESTINO DA LITERATURA 51

dade no que diz respeito aos obstáculos que lhe surgem no caminho, o que consequentemente o faz correr o risco de apoiar a tese que jurou combater. Herron chega à conclusão bem argumentada de que não se trata aqui de um romance social.[3] A angústia e a incerteza reveladas pela narrativa como tese determinista acerca do efeito que a sociedade tem sobre um mulato marginalizado evaporam-se, e o livro torna-se um romance psicológico que relata a procura do sentido da vida por parte de determinado indivíduo; ou seja, um romance existencial.

Na realidade, *Recordações do escrivão Isaías Caminha* pode ser considerado um romance social, psicológico ou existencial. Em todo caso, a intenção inicial de Lima Barreto era criar um romance de ilusões perdidas. Ele teria gostado de ser o Balzac carioca – depois de abandonar muito cedo em sua carreira a estética naturalista. Lima oferece a seu leitor um herói balzaquiano que é fraco e titubeante, sujeito a qualquer tipo de pressão social, econômica, cultural e racial. No pior dos momentos que o destino lhe reservou, Isaías vê-se reduzido à penúria e perto da fome. É então que um jornalista romeno que conheceu em seu hotel, um tal Gregoróvitch Rostóloff, consegue para Isaías o posto de contínuo na redação de um jornal chamado *O Globo*. É possível apontar com precisão o ponto da narrativa em que a análise psicológica do herói desaparece para ser substituída por uma sátira do mundo jornalístico e literário: o fim do capítulo 6. No seu ensaio pioneiro, Lúcia Miguel Pereira mapeou o modo como Lima Barreto parece perder o fio do que, a seu ver, era um estudo admiravelmente bem escrito de um provinciano muito ingênuo, e do choque que ele vive ao esbarrar com a sociedade carioca, hostil e indiferente para com um indivíduo sem influência ou apoio nenhum.[4] Assim que Isaías Caminha entra no mundo da imprensa, o que até aqui tinha sido uma narrativa introspectiva centrada na

---

3 Herron, *Lima Barreto's Isaías Caminha as a Psychological Novel* [Isaías Caminha de Lima Barreto como romance psicológico]. In: *Luso-Brazilian Review*, v.8, p.26-38.
4 Miguel-Pereira, *Prosa de ficção – de 1870 a 1920*, p.302-6.

52 R.J. OAKLEY

angústia do herói se torna um veículo para uma sátira em grande escala à imprensa carioca. Como já repararam vários críticos, de óbvio centro de interesse Caminha passa a espectador, através de cujos olhos contemplamos o mundo jornalístico, à medida que os poucos trechos de introspecção que subsistem vão mostrando o jovem abandonando suas ideias e ambições literárias e acadêmicas, engolindo seu desagrado, consentindo com a imoralidade de seu novo ambiente e compactuando com ela. Tem-se tornado prática comum analisarem o resto do livro numa relação de difícil coexistência com as primeiras cem páginas. Desde então, o romance é tendencialmente julgado com base na comparação entre a primeira e segunda partes. Quando considerado em sua totalidade, o livro oferece uma perspectiva diferente.

Antes de sair de casa, o tio apresenta Isaías ao Coronel Belmiro, fazendeiro local, homem bonachão que lhe dá uma carta destinada a apresentá-lo ao dr. Castro, deputado federal. O evento deixa claro que o jovem já se sujeitou à triste realidade de sua situação desamparada: sem contatos, patronato nem influência, ele não tem chance nenhuma de vingar na capital. Os primeiros capítulos giram em torno desta carta, culminando na recusa do deputado Castro em auxiliá-lo. É apenas a compaixão de Rostóloff que lhe abre as portas do mundo do jornalismo. Uma vez aí instalado, começa um novo processo psicológico: seu desdém inicial pela mediocridade dos jornalistas, a quem ele é obrigado a servir, evapora-se quando começa a saborear sua relativa notoriedade na humilde casa de cômodos onde mora.

É aqui que a história se torna *roman à clef*. Sabe-se que o jornal no qual Isaías Caminha trabalha é, na realidade, o *Correio da Manhã*, sob outro nome. As figuras importantes do famoso jornal carioca fundado em 1901 por Edmundo Bittencourt (1866-1943) desfilam em caricatura pelas páginas da segunda metade do livro. Bittencourt, sob o nome ficcional de Ricardo Loberant, torna-se um personagem de relevo. No decorrer do romance, Lima Barreto resume o fenômeno histórico do novo estilo de jornal até então desconhecido no Brasil: violento, sensacionalista, agressivo, populista, contestatário e que os historiadores marxistas consideram como tí-

LIMA BARRETO E O DESTINO DA LITERATURA 53

pico de uma sociedade capitalista emergente. Bittencourt reina no jornal e é retratado como uma força quase sobrenatural, demoníaca, autônoma, capaz de desafiar e amedrontar até o governo nacional. Essa curiosa independência do jornal de Ricardo Loberant tem um efeito significativo: transforma seu proprietário em uma figura medonha. O narrador ressalta que todos os jornalistas de Loberant dependem inteiramente dele para sentirem-se inspirados, como se fossem títeres aos quais somente o titereiro é capaz de insuflar vida. Contudo, o próprio Loberant, sob o palavreado vociferante, a implicância e os dinâmicos acessos de energia, é de uma mediocridade amedrontadora, detentor de um poder imenso.

Lima Barreto frisa inúmeras vezes o domínio e o poder absoluto de Ricardo Loberant: "Ele pairava sobre o jornal como um sátrapa que desconhecesse completamente qualquer espécie de lei, fosse jurídica, moral ou religiosa".[5]

Detém poder na redação de seu jornal e fora dela. O narrador cria a visão de um mundo inteiro a girar em torno dele: um desfile constante de gente, muitos deles figuras de elite da época, indo e vindo, entrando e saindo de seu escritório que se torna "alvo de uma peregrinação".[6] Loberant é o poder personificado. Quando começa a interessar-se pessoalmente por Isaías, fazendo dele um protegido, promovendo-o ao posto de repórter, completa-se o processo pelo qual o jovem é totalmente absorvido por aquele poder.

Desde o início da história, a relação de Isaías Caminha com o mundo existente para além da casa familiar define-se pelo contato com fontes de poder – desde o paternalista proprietário coronel Belmiro a Ricardo Loberant, magnata jornalístico – e sempre em termos da palavra escrita. Visto em sua totalidade, o romance trata do poder da palavra escrita; contudo, poderemos verificar que é precisamente a natureza desse poder que faz com que a história mude

---

5 Lima Barreto, op. cit., v.1, p.180.
6 Ibid., v.1, p.190.

54 R.J. OAKLEY

de direção. É relevante mencionar aqui, novamente, a tentativa de Pierre Macherey de demonstrar como um romancista pode iniciar sua obra com o intuito de provar uma tese e, no entanto, acabar sustentando outra, que é, quando não totalmente oposta, muito diferente do projeto inicial. O livro

> começa paradoxalmente a mudar de direção: desvia-se do modelo que tinha atribuído a si próprio para permitir a ascensão de uma verdade inédita; deste modo não diz uma só coisa, mas sim várias ao mesmo tempo; [...] Esta mudança não foi certamente desejada pelo autor. Poderemos mesmo dizer que lhe escapou.[7]

Evidentemente, é isto que se verifica em *Recordações do escrivão Isaías Caminha.*

Sugerimos que ao escrever *Recordações do escrivão Isaías Caminha* Lima Barreto queria ser um Balzac carioca. A análise marxista de seus principais romances por Carlos Nelson Coutinho leva-o a comparar e contrastar *Recordações* com sua evidente contrapartida na Comédia Humana balzaquiana, *Ilusões perdidas.*[8] Sem dúvida, nesse romance, através da passagem do herói pelo mundo da imprensa parisiense, existe uma narrativa épica no sentido lukacsiano. Coutinho deixa implícito que Lima Barreto tentou manter um relacionamento semelhante entre seu protagonista e o ambiente pelo qual ele transita, mas sem sucesso; e que faz falta na narrativa qualquer cadeia de causalidade estruturante. Nossa leitura da trajetória de Isaías Caminha e de suas relações com os outros personagens leva a crer que tal relação existe, mas que sua contingência é decorrente do relacionamento de Isaías com o poder. Seu fracasso como arrivista mulato e provinciano constitui o primeiro estudo romanesco barretiano de fôlego no que diz respeito ao poder na sociedade carioca da *Belle époque*; mas dado que o pseudonarrador, que já atingiu a maturidade, não é só um antigo jornalista, mas também um memoria-

---

7 Macherey, op.cit., p.63.
8 Coutinho, *Realismo e antirrealismo na literatura brasileira*, p.1-56.

LIMA BARRETO E O DESTINO DA LITERATURA 55

lista, o estudo do poder há de se perceber como uma interrogação quanto ao destino da palavra escrita. O escrivão obscuro e provinciano que rabisca sua autobiografia à noite, em segredo, e que, com uma única exceção, nada diz acerca de suas atividades e interesse literários, é precisamente o mesmo rapaz solitário que trabalhou como contínuo em *O Globo*. Lima Barreto, consciente de que sua obra ameaçava o poder político brasileiro vigente e que este poder depende de uma retórica de insinceridade literária, vai criar um cronista do Rio de Janeiro republicano e, logicamente, conduzi-lo precisamente para o centro desse mundo de ilusão linguística: a redação do jornal popular mais influente de seu tempo. Eis, portanto, os fatores que conferem a *Recordações do escrivão Isaías Caminha* sua estrutura peculiar. A força todo-poderosa no Brasil da época era a imprensa. Ao compor os primeiros capítulos do romance, a consciência deste fato constitui uma força irresistível que toma conta da narrativa, transformando-a de modo violento. *Recordações do escrivão Isaías Caminha* não é obra de um simples mulato ressentido. Nicolau Sevcenko entendeu o processo intelectual sofrido por Lima ao declarar que ao

> contrário da versão que se tornou difundida, de que Lima Barreto atacava a imprensa porque era um ressentido contra a má aceitação de sua obra, o fato de que ele fez esse ataque logo no primeiro livro que publicou e que foi o segundo cronologicamente que escreveu, deixa claro o quanto essa investida era deliberada e fazia parte de seu projeto literário como um todo.[9]

Enquanto protoescritor e protointelectual e à medida que penetra na cidade e que se lhe revelam os segredos dela, Isaías está aprendendo o poder da palavra de subverter e controlar as massas populares e submetê-las à vontade de uma série de indivíduos. As aventuras de Isaías Caminha no Rio são a aprendizagem de um escritor. Suas

---

9 Sevcenko, *Triste de fim de Policarpo Quaresma*, p.319.

56 R.J. OAKLEY

tentativas para reviver e descrever por meio da escrita suas experiências demonstram eloquentemente as limitações do escrito e do artístico. Isaías-narrador, tentando evocar e definir marcos históricos através da arte, defronta-se com a contradição que desafia frequentemente a crítica literária e o escritor criativo: a arte tem a capacidade de comunicar poderosamente, mas não deixa de possuir, ao mesmo tempo, seu próprio sistema retórico que pode ser usado e abusado.

Percebe-se essa problemática atuando na imaginação de Lima Barreto no momento da Revolta da Vacina de 1904. O abismo que existia entre governador e governado é tão grande que o governo, depois de declarar que aqueles que se insurgiram contra a vacina antivariólica

> com armas na mão, são vagabundos, gatunos, assassinos, entretanto ele se esquecee que o fundo dos seus batalhões, [...] que mantêm a opinião dele, é da mesma gente.[10]

Lima Barreto decidiu logo durante os distúrbios – não é por acaso que eles aparecem no romance – que a retórica demagógica e utópica de políticos como Barbosa Lima tinha concorrido para o descontentamento popular e para a violência e desordem decorrentes, e que Rui Barbosa, ainda que fosse uma grande figura da política brasileira (o próprio Lima Barreto admirava-o muito), tinha mentido ao povo e a ele mesmo quando saudou o fim da revolta, como se ele representasse o amanhecer de uma nova era.[11] A descrença na retórica e o que Lima Barreto veio a considerar uma espécie de bovarismo contribuem ao caráter memorialístico e panfletário desse romance, que o escritor começaria a compor no ano seguinte. A chave para a suposta incapacidade de Lima Barreto em afastar-se do circunstancial reside no conhecido dilema do escritor possuído pelo medo

---

10 Lima Barreto, op. cit., v.14, p.47-8.
11 Ibid., v.14, p.51.

LIMA BARRETO E O DESTINO DA LITERATURA **57**

de não ser capaz de comunicar toda a verdade que carrega dentro de si, porque esse desabafo obriga ao uso da retórica que o ato da criação artística implica. Tal ato supõe um modo de escrever literário que há de "sugerir", em termos taineanos, aspectos da experiência real em vez de simplesmente afirmá-los: é a diferença entre o poema e o panfleto.

Os pormenores banais da vida de Isaías Caminha deveriam ser transmudados numa linguagem que pudesse ser entendida por outros não só para o bem do autor do discurso, mas também para o bem do putativo leitor:

> Se me esforço por fazê-lo literário é para que ele possa ser lido, pois quero falar das minhas dores e dos meus sofrimentos ao espírito geral e no seu interesse, com a linguagem accessível a ele.[12]

Ele, memorialista, convida seu leitor a ler o texto como um fato, não como ficção.[13] Por isso, esse romance é uma narrativa em primeira pessoa: o livro que está escrevendo é fonte de tormentos para Caminha. Pergunta-se "se ele me não vai saindo um puro falatório?! Eu não sou literato, detesto com toda a paixão essa espécie de animal".[14] A verdade literária não se pode perder na retórica, que supõe sua tentativa de emular a procura "[do] segredo de fazer"[15] que ele vê nas obras-primas que povoam suas estantes. Por outro lado, ele tem horror à possibilidade de criar a arte inferior do panfletista que José Medeiros e Albuquerque afirmou ver no romance *Recordações do escrivão Isaías Caminha* quando este veio à luz no final de 1909.[16]

Em 1906, Lima escreve a um amigo em Nova Iorque, relatando sua experiência na redação de cartas:

---

12 Ibid., v.1, p.120.
13 Barthes, *Le degré zéro de l'écriture* [O grau zero da escrita], p.25-32.
14 Lima Barreto, op. cit., v.1, p.119.
15 Ibid., v.1, p.120.
16 Albuquerque, Crônica literária: Isaías Caminha. In: *A Notícia*, 15 dez. 1909.

58 R.J. OAKLEY

> Escrevo uma; sai-me cheia de "histórias", de efes e erres, pedante em suma; rasgo. Tento outra; acabada que é, leio-a; acho-a desfrutável, cheia de efusões de sentimentalidade.[17]

Se são esses os esforços quando se trata de correspondência, o que acontecerá no caso da obra de arte? Ele tenta preservar a verdade de sua visão poética da vida brasileira. Concentra-se na realidade contemporânea, filtrando-a através do olhar ingênuo do estudante do Espírito Santo, humilde e futuro escritor, que prefacia sua história em 1905, declarando que ele não é um literato, e pedindo desculpas a seu leitor pela ausência de estilo e falta de talento.[18] A citação faz-nos perceber o caráter circunstancial do romance e a intenção anunciada por Lima Barreto ao crítico Gonzaga Duque, em fevereiro de 1909, de enviar para ser publicado em Lisboa *"Recordações do escrivão Isaías Caminha*, um livro desigual, propositalmente mal feito, brutal por vezes, mas sincero sempre".[19] No primeiro número de sua revista *Floreal* (25 de novembro de 1907), Lima justifica suas credenciais como editor por sua atividade e combatividade.[20] Haveria de

> escapar às injunções dos mandarinatos literários, aos esconjuros dos preconceitos, ao formulário das regras de toda a sorte, que nos comprimem de modo tão insólito no momento atual.[21]

Havia apenas dois anos, João Ribeiro, o primeiro entre os tais entendedores, membro da Academia de Letras e ilustre historiador, filólogo e crítico, publicou o que se podia considerar a opinião oficial. Nela, censura os escritores da nova geração pelo "uso e abuso nosso desse mau português que não é língua reconhecida e aceita".[22]

---

17 Lima Barreto, op. cit., v.16, p.145.
18 Ibid., v.1, p.42.
19 Ibid., v.1, p.169.
20 Houve apenas quatro números da revista lançada por Lima Barreto, a qual morreu no último dia do ano 1907.
21 Lima Barreto, op. cit., v.13, p.181.
22 Ribeiro, *Páginas de estética*, p.11.

LIMA BARRETO E O DESTINO DA LITERATURA 59

Horroriza-o que um jovem escritor possa acusar a gramática de ser
não literária, enquanto

outros se escusam da inépcia ou preguiça com a notícia de que há mister
da evolução da língua! A língua evolui! Mas quem lhes deu a autoridade a esse grande papel de serem as molas desse movimento espiritual de
todo um povo?.[23]

A ambivalência relativa a tudo aquilo que Lima Barreto representava enquanto autor revela-se, no entanto, em outro ensaio de
seu livro *Páginas de estética*: "Não reside o estilo na beleza ou na
graça, polida ou tosca, pouco importa".[24] Para Lima Barreto, o inimigo do escritor no momento da criação é a estética conservadora
vigente no Brasil de seu tempo. Ele afirma, em 1907, que *Floreal*
tem o dever de publicar, custe o que custar, porquanto seus colabo-
radores, autores militantes, escrevendo com arrojo para o bem de
todos, não detêm poder no mundo editorial dado que a via mais comum de acesso às máquinas de impressão está bloqueada pela imprensa nacional, que tem o público em suas mãos, à qual se deve,
por isso, resistir a todo o custo.[25] Arnoni Prado insiste que a vocação
literária de Lima Barreto estava intimamente relacionada com seu
intuito de combater a estética do sistema literário vigente e todas as
formas de poder que a sustinham – acima de tudo, a imprensa.[26] Para
o Lima Barreto de *Floreal* e *Recordações do escrivão Isaías Caminha*,
era uma absoluta necessidade apresentar um depoimento da realidade brasileira da primeira década do século XX, escolhendo cuidadosamente os aspectos daquela realidade que serviam esses propósitos. Contudo, frisamos a pouca semelhança entre o romance
publicado em 1909 e aquelas intenções originais de Lima Barreto.
Por um lado, hostil às noções pré-concebidas de como escrever ro-

---

23 Ibid., p.11-2.
24 Ibid., p.41.
25 Lima Barreto, op. cit., v.13, p.182-3.
26 Prado, *Lima Barreto: o crítico e a crise*, p.29.

60 R.J. OAKLEY

mances, mas por outro lado, atormentado pelo medo de que seu romance não fosse artístico, Lima Barreto, preso assim numa contradição, permitiu que o romance, nas palavras de Pierre Macherey, encontrasse a forma e a voz que lhe convinham.

Tolstoi, Carlyle, Guyau, Taine e Brunetière foram as fontes dos poucos preceitos literários aceitos por Lima Barreto. O *Honoré de Balzac* de Brunetière integrava o que ele chamava de seu "Inventório" da "Biblioteca Limana", por ele elaborado em 1917.[27] Não lhe poderão ter escapado as observações desse autor no ensaio sobre o romance autobiográfico:

> Por muito diferentes que eles sejam sob todos os outros pontos de vista, todos estes romances são parecidos entre si no fato de que os heróis de aventuras contam aí a sua própria história; e não se deve duvidar de que, dentro da evolução do gênero, esta predileção pela forma do relato pessoal se deve à intenção de tornar o romance mais concordante com a realidade. Estes contadores de si próprios são como tantas outras testemunhas do seu tempo, que depõem.[28]

O narrador de *Recordações do escrivão Isaías Caminha* encontra-se precisamente inserido nessa tradição. Até o fim de sua vida, aliás, Lima Barreto permanecerá um discípulo de Taine, apesar da tradição francamente positivista segundo a qual escreveu o ilustre crítico e historiador francês. Do prólogo de *Recordações* até o ensaio-palestra *O destino da literatura*, Lima Barreto repete, como uma litania, a máxima taineana de que a literatura nos revela o que os simples fatos nunca podem manifestar. Em sua carta a Gonzaga Duque, ele declara que *Recordações* vai narrar "fatos", mas com o intuito de "agitá-los, porque são importantes para o nosso destino".[29] Tal como seu pseudonarrador que, entre os críticos literários em sua estante, concede o lugar de honra a Taine, seu alvo é o que Taine apelida de

---

27 Barbosa, *A vida de Lima Barreto (1881-1922)*, p.360-82.
28 Brunetière, *Honoré de Balzac*, p.4-5.
29 Lima Barreto, op. cit., v.16, p.169-70.

LIMA BARRETO E O DESTINO DA LITERATURA **61**

"documents littéraires" [documentos literários], os quais, segundo esse crítico, são superiores à História. São "monuments" [monumentos], "monuments" ou "sentiments" [sentimentos] belos e expressivos. Estes "sentiments importants" [sentimentos importantes] outorgam a uma obra um lugar de destaque na literatura. As constituições, as leis,

> não traduzem nunca o espírito a não ser em largos traços, e sem fineza [...] os discursos eloquentes de cadeira e tribuna, as biografias, as confissões íntimas e tudo isto pertence ao que é literário.[30]

No mesmo ano em que estava completando seu romance, fica claro o quanto Lima Barreto criticava a literatura que não se comprometia com a realidade que a produzia. Aludindo à sua visita à casa de José Veríssimo antes do Natal do ano anterior para agradecer ao ilustre crítico suas palavras de encorajamento no que diz respeito aos primeiros capítulos de *Recordações* publicados em *Floreal*, o romancista estreante comentou que Veríssimo falou

> da nossa literatura sem sinceridade, cerebral e artificial. Sempre achei a condição para obra superior a mais cega e mais absoluta sinceridade. O jato interior que a determina é irresistível e o poder de comunicação que transmite a palavra morta é de vivificar.[31]

Lima Barreto recorda-se de sua própria reação à opinião do crítico, que se mostrou convencido da absoluta necessidade de sinceridade:

> Concordei, porque me acredito sincero. Sê-lo-ei? Às vezes, penso ser; noutras vezes, não. Eu me amo muito; pelo amor em que me tenho, com certeza amarei os outros.[32]

---

30 Taine, *Introduction à l'histoire de la littérature anglaise* [Introdução à história da literatura inglesa], p.xii.
31 Lima Barreto, op. cit., v.14, p.125.
32 Ibid., v.14, p.126-7.

62 R.J. OAKLEY

No decurso deste relato da visita a José Veríssimo, Lima Barreto faz também menção de sua leitura de *Os heróis* de Carlyle. Seu romance, como o Corão, segundo Carlyle, há de ter sua origem no co ração. Pouco importa, portanto, se, à semelhança daquele livro sagrado, está mal escrito. Cabe aqui assinalar que Lima Barreto inscrevia *Recordações do escrivão Isaías Caminha* como livro nessa mesma tradição.

Usando uma expressão repetidamente citada pela crítica, Lima Barreto refere-se ao livro como "propositalmente malfeito".[33] O que ele não revela é que, apesar de seu sincero compromisso com o retrato da realidade contemporânea do Brasil, este retrato carrega consigo uma seletividade extrema. É verdade que Isaías Caminha nos conta bastantes pormenores acerca de sua experiência do dia a dia na redação de um jornal nacional. No que diz respeito às atualidades e aos sucessos nacionais marcantes da época, porém, ele resolveu escolher apenas dois. Lima Barreto muitas vezes foi acusado de não ter controle sobre seu material, na medida em que, embora estivesse presente o ingrediente essencial da realidade cotidiana tão necessária na narrativa realista, em seu caso, esta presença é excessiva – na expressão de Olívio Montenegro em seu ensaio pioneiro.[34] E é sobretudo nos últimos sete capítulos do romance que Lima Barreto parece ser merecedor desta crítica; mas tal como apontou Osman Lins, a redação de *O Globo* constitui uma espécie de "caixa de ressonância" ou "espelho" que reflete o mundo exterior cronicado por Lima Barreto.[35] Saliente-se que com o fim de definir a importância centrípeta de *O Globo*, o texto utiliza-se da metáfora de um santuário, ao qual muitas personalidades da época de todos os meios sociais possíveis, se dirigem como peregrinos, oferecendo sua devoção. Vêm à procura de adulação, propaganda, para se difamar e se atraiçoar uns aos outros. Todo o sistema político, econômico e social depende dos grandes jornais do momento, enquanto estes últimos se alimentam dos que de-

---

33 Ibid., v.16, p.169.
34 Montenegro, *O romance brasileiro*, p.147.
35 Lins, *Lima Barreto e o espaço romanesco*, p.92.

LIMA BARRETO E O DESTINO DA LITERATURA   63

têm o poder. Poder esse que tem uma aplicação universal e atinje todos os aspectos da vida nacional. O companheiro de café de Isaías, Plínio de Andrade, traduz assim o poder "global" de tais orgãos: "É assim dominam tudo, aterram, fazem que todas as manifestações de nossa vida coletiva [...] dependam do assentimento e da sua aprovação".[36] Precisamente no auge do retrato da influência que *O Globo* tem na vida cotidiana carioca é que Lima Barreto introduz o primeiro dos dois marcos históricos que entram no romance: o *Encilhamento* (1890-91).

A expressão refere-se ao modo como o ministro das finanças do governo provisório, Rui Barbosa, em um esforço para estimular e acelerar um fomento modernizante da economia brasileira, criou bancos emissores em várias cidades e, imitando os Estados Unidos, substituiu o ouro por títulos de dívida federal. A atividade emissora deveria financiar a implantação de novas indústrias, mas os bancos emissores acabaram desviando o dinheiro para todo tipo de negócios, muitos deles fictícios. As consequências desta política foram uma concorrência louca de inúmeras companhias recém-criadas, uma desenfreada especulação na Bolsa e uma violenta inflação. Caio Prado Júnior descreveu o ambiente de fácil enriquecimento que se seguiu:

> No terreno econômico observaremos a eclosão de um espírito que se não era novo, se mantivera no entanto na sombra e em plano secundário: a ânsia de enriquecimento, a prosperidade material. Isto, na monarquia, nunca se tivera como ideal legítimo e plenamente reconhecido. O novo regime consagrá-lo-á.[37]

Lima Barreto entendia muito bem o que os historiadores confirmavam: a mudança violenta no clima econômico e social durante os primeiros vinte anos da República Velha, ao passo que a estrutura socioeconômica do país permanecia, na realidade, inalterada:

---

36 Lima Barreto, op. cit., v.1, p.146.
37 Prado Júnior, *História econômica do Brasil*, p.206.

64 R.J. OAKLEY

Era um galope para a riqueza, em que se atropelava a todos, os amigos e inimigos, parentes e estranhos [...] O nosso império decorativo tinha virtudes de torneira. O encilhamento, com aquelas fortunas de mil e uma noites, deu-nos o gosto pelo esplendor, pelo milhão, pela elegância.[38]

Quando o problema estalou, nos primeiros dias de 1891, esta prosperidade aparente tinha de continuar, custasse o que custasse, e "vieram os arranjos, as gordas negociatas, os desfalques, sobretudo a indústria política".[39] Essa consciência de Lima Barreto teria um significado extraliterário caso seu romance de estreia não mostrasse também uma profunda compreensão do vínculo existente entre a imprensa e o modo de pensar desencadeado pelo *Encilhamento*.[40] Isaías Caminha descreve sucintamente o relacionamento entre o mundo financeiro e os grandes jornais nacionais que prosperaram ao apoiar o governo ou, especialmente no caso de *Correio da Manhã*, ao se opor ao governo, em ataques que eram apoiados tanto pelos desiludidos com o não cumprimento das primeiras promessas da jovem República, como por aqueles que, por qualquer razão, guardaram rancor contra o governo de então:

Daí a receptividade do público por aquela espécie de jornal, com descomposturas diárias, pondo abaixo um grande por dia, abrindo caminho, dando esperanças diárias aos desejosos, aos descontentes, aos aborrecidos.[41]

A angústia e as aspirações da época geram um jornal como *O Globo*, e ele passa a alimentar violentamente aquela angústia e aquelas aspirações.[42] Enquanto isso, Ricardo Loberant estava avidamen-

---

38 Lima Barreto, op. cit., v.1, p.190.
39 Ibid.
40 Sodré, *História da imprensa no Brasil*, p.314-5.
41 Lima Barreto, op. cit., v.1, p.191.
42 Broca, *A vida literária no Brasil – 1900*, p.207.

LIMA BARRETO E O DESTINO DA LITERATURA 65

te atento ao aumento de sua tiragem. Se ela mostrava indícios de queda, "logo procurava um escândalo, uma denúncia, um barulho, em falta um artigo violento fosse contra quem fosse. Havia na redação farejadores de escândalos".[43]

O poder exercido por Loberant toca, todavia, em outro aspecto: a popularidade do jornal com a classe operária – aspecto que nos leva ao segundo sucesso histórico que figura no romance. Hermes Fontes, entre os escritores que faziam crítica literária nos anos 1909-1910 no Rio, parece ter percebido e compreendido plenamente o motivo por que Lima Barreto escolheu o *Correio de Manhã* como cenário das desilusões de Isaías Caminha: o fato de este jornal ser "o mais radicado na multidão, o mais popular e o de maior prestígio na cidade, em dada época".[44] Lima entendia bem esse perigoso poder de dominação sobre a massa popular carioca. Em seu primeiro artigo de fundo em *Floreal*, no final de 1907, ele observa:

> É alguma coisa como um cinematógrafo, menos que isso, qualquer coisa semelhante a uma *féerie*, a uma espécie de mágica, com encantamentos alçapões e fogos de bengala, destinado a alcançar, a tocar, a comover o maior número possível de pessoas.[45]

Correio da Manhã tinha-se tornado o principal jornal oposicionista e, como consequência, tentava agradar ao povo em geral.[46] Caminha vê o romancista Veiga Filho compor e ler em voz alta uma resenha favorável a sua própria conferência e comenta a falsidade de um meio ao qual a população tem acesso, sem ser capaz de perceber que "a omnisciente Imprensa" está zombando da verdade, conjurando "ilusões, fantasmagorias, ressurgimentos, glorificações e apoteoses com pedacinhos de chumbo, uma máquina Marioni e a

---

43 Lima Barreto, op. cit., v.1, p.191.
44 Fontes, Letras. In: *Diário de Notícias*, 23 jan. 1910.
45 Lima Barreto, op. cit., v.13, p.182.
46 Sodré, op. cit., p.329-30.

66 R.J. OAKLEY

estupidez das multidões".[47] Essa imagem apresenta um contraste gritante com a maneira como Carlyle retrata o "Quarto Estado" de Burke, a imprensa, como uma força benéfica para a sociedade.[48] Introduzida o que ele chama de "máquina infernal", o pseudonarrador insere em seguida seu segundo evento histórico: a Revolta da Vacina.

Recentemente nomeado diretor da Saúde Pública, o jovem médico Osvaldo Cruz aproveitara as medidas de remodelação e saneamento da capital anunciadas pelo novo presidente Rodrigues Alves para acabar com a peste, a febre amarela e a varíola. Mas a perturbação da vida cotidiana que a obra das equipes de Oswaldo Cruz acarretou acabou irritando uma parte da população carioca que se tornou mais hostil quando as equipes de saneamento iniciaram a vacinação obrigatória em massa contra a varíola, em fins de 1904. De fato, o descontentamento popular baseava-se na elevação do custo de vida e nas grandes mudanças causadas pelas novas obras de urbanização. Fosse como fosse, a revolta contra a vacina eclodiu em dezembro de 1904.[49]

No transcorrer do relato que Isaías Caminha faz destes acontecimentos e distúrbios, as medidas de Osvaldo Cruz transformaram-se em duas leis: uma obrigando toda a população do Rio a calçar sapatos, e outra obrigando qualquer pessoa com pés grandes a fazer uma operação para diminuir-lhes o tamanho. Fazendo, assim, uma alusão cômica à Revolta da Vacina, Lima Barreto distancia seu leitor do decorrer fatal dos acontecimentos. Escandalizava-o, com certeza, a violência indiscriminada e indistinta perpetrada pelo governo

---

47 Lima Barreto, op. cit., v.1, p.174.
48 Carlyle, *Os heróis*. Em sua descrição da importância da imprensa na sociedade, Carlyle deixa o repórter e o escritor se confundirem na imaginação do leitor enquanto apresenta o jornalismo como ofício digno: "Burke disse que havia três estados no Parlamento; mas além deles, na galeria dos repórteres, senta-se um *Quarto Estado*, mais importante que eles todos. Isto não é uma figura de retórica ou dito espirituoso; é um fato liberal – de muito valor para nós nestes tempos". Ibid., p.158.
49 Ver Sevcenko, *A revolta da vacina, mentes insanas em corpos rebeldes*.

contra culpados e inocentes. Lima Barreto descreve com paixão e indignação em seu diário o modo como a polícia

> arrepanhava a torto e a direito pessoas que encontrava na rua. Recolhia-
> -as às delegacias, depois juntava na Polícia Central. Aí, violentamente,
> humilhantemente, arrebatava-lhes os cós das calças e as empurrava num
> grande pátio. Juntadas que fossem algumas dezenas, remetia-as à ilha
> das Cobras, onde eram surradas desapiedadamente.[50]

Mas quando chega o momento, três anos depois, de aproveitar esse sucesso histórico chocante, não é da violência oficial que Lima Barreto lança mão no duodécimo capítulo de *Recordações do escrivão Isaías Caminha*. Ele concentra-se exclusivamente na maneira como a Imprensa se aproveita do tumulto popular:

> No jornal exultava-se. As vitórias do povo tinham hinos de vitórias
> da pátria. Exagerava-se, mentia-se para se exaltar a população. Em tal
> lugar, a polícia foi repelida; em tal outro, recusou-se a atirar sobre o
> povo. Eu não fui para casa, dormi pelos cantos da redação e assisti à
> tiragem do jornal: tinha aumentado cinco mil exemplares.[51]

Isaías Caminha utiliza o evento histórico para salientar a apoteose de Ricardo Loberant e de *O Globo*, observando como eles inflamaram as ideias de violência e desordem com a finalidade de aumentar cada vez mais a tiragem do jornal.[52] Assim fazendo, a realidade dos fatos fica deturpada e subvertida.

Da mesma maneira, explora-se um crime passional, embora se deturpe a verdade não por omissão (as descrições da revolta suprimem o derramamento de sangue), mas por acréscimo. Descobre-se em um terreno baldio suburbano um casal, morto à faca e decapitado. Para que um repórter consiga tão somente chegar de

---

50 Lima Barreto, op. cit., v.14, p.49.
51 Ibid., v.1, p.249.
52 Franco, *Rodrigues Alves. Apogeu e declínio do presidencialismo*, v.1, p.392-427.

68 R.J. OAKLEY

comboio ao local do crime serão precisas duas horas. Enquanto isso, é indispensável manter o interesse do público, estimular sua curiosidade. Adelermo Caxias, o repórter mais engenhosamente imaginativo da redação, é encarregado de inventar os detalhes necessários e pequenos cartazes que serão afixados na entrada do edifício, dado que o grande rival, *Jornal do Brasil*, já começou a afixar participações semelhantes.

É possível que para Lima Barreto a imprensa não fosse o principal ingrediente temático de seu romance, mas a energia com que a narração retrata o poder dominante da imprensa para deturpar a verdade, criar ilusões e escravizar a imaginação merece uma atenção que não recebeu.[53] Acreditamos que essa temática é uma chave para a apreciação tanto da estrutura quanto de um dos significados mais importantes do romance. Caxias, já vimos, é louvado por sua "imaginação"; o crítico literário e teatral, Couto, conhecido por seu pseudônimo, "Floc", descreve a chegada por mar de um jornalista português procedente de Lisboa, antes que a chegada se efetue; a filha do editor escreve uma reportagem sobre uma corrida de cavalos sem assistir, e a reportagem dela sai no jornal apesar de a corrida não ter acontecido. Isaías Caminha registra o rebaixamento e a desvalorização da literatura com os quais a imprensa é conivente. E se a Veiga Filho é permitido que faça suas próprias resenhas, Floc só escreve críticas de livros de autores bem relacionados. Dentre os demais redatores empregados pelo *O Globo*, Oliveira acredita que os únicos escritores são jornalistas, enquanto sua única fonte de conhecimento é a leitura de outros jornais pelos quais se vai filtrando a sabedoria dos grandes escritores que ele nunca lerá. Quanto ao proprietário, ele nutre pela literatura um menosprezo soberano do qual decorre uma ironia lancinante. Loberant sacrifica sempre a escrita em prol do lucro. Um dia, desconfiando de que seu maior rival é bem-sucedido pelo fato de desdenhar a gramática, Loberant escandaliza o vigia gra-

---

53 Forma exceção a análise minuciosa de Carmem Lúcia Negreiros de Figueiredo em seu estudo *Trincheiras de sonho: ficção e cultura em Lima Barreto* (p.173-94).

LIMA BARRETO E O DESTINO DA LITERATURA **69**

matical de *O Globo*, o pedante Lobo, com uma nova diretriz aos jornalistas: "Não quero mais gramática, nem literatura aqui!... Nada! De lado essas porcarias todas... Coisa para o povo, é que eu quero!".[54] Lima Barreto também estava à procura de uma linguagem acessível a todos, mas por motivos bem diferentes. Em suma, a profunda convicção de que os males do Brasil se agravavam por causa da massa de ilusões criada pela força retórica da linguagem estrutura esse romance cujo clímax se situa na redação de um jornal nacional. Não nos atrevemos a sugerir que este seja o significado principal do romance, como sugeriu Arnoni Prado. *Recordações do escrivão Isaías Caminha* tem, com certeza, muitos significados. É fácil demonstrar o significado que Lima Barreto propunha aos amigos e outros correspondentes, e que se evidencia no texto. A função de *O Globo* na narrativa, contudo, sugere outros significados. O poderoso jornal é, de fato, um globo dentro de um globo, um mundo dentro de um mundo. É o centro de uma vasta e perniciosa teia de ilusão e corrupção.

O mundo autêntico da arte, dos livros, da literatura é banido dessa paisagem sombria. Nosso narrador apresenta-nos, ao invés disso, uma simples casca medonha; ou seja, o centro do "globo" é vazio, oco; mas dentro dele manifesta-se, aliás, uma atmosfera que é palpável. Em *O Globo*, os atos de ler e escrever entrelaçam-se constantemente. Os resultados deste inter-relacionamento são desoladores e totalmente contraditórios. Até neste aspecto, as memórias de Isaías Caminha vão beber em seu prefácio, no qual se narra a leitura do fascículo racista e a decisão de pegar na pena e compor uma réplica a esse desafio. De nada lhe adianta manifestar uma ira desafiadora, visto que a confissão de fracasso encontra um eco em uma série de atos de leitura e de escrita que se contradizem e se anulam mutuamente no decorrer da narrativa, o que, consequentemente, os torna fúteis. A leitura constante que Isaías Caminha faz de sua obra de cabeceira *O poder da vontade* precede uma evidente falta de vontade no que diz respeito à leitura e ao estudo sérios. O retrato que ele faz

---

54 Lima Barreto, op. cit., v.1, p.166.

70 R.J. OAKLEY

de um jornalista célebre que colabora com um jornal rival, um tal Raúl Gusmão (João do Rio, na vida real), como *um grande literato*,[55] amálgama de Balzac e Dickens, entra em contradição com os esforços grotescos de Gusmão para pronunciar uma só palavra. Certo dia, Isaías Caminha lê no jornal que o deputado Castro está se preparando para viajar para São Paulo. Sua partida faz com que a carta escrita pelo Coronel Belmiro para Castro em favor de Isaías perca sua utilidade. Caminha descobre a Biblioteca Nacional, onde lê as obras-primas da literatura europeia; mas, uma vez integrado na redação de *O Globo*, não lê outra coisa senão o próprio jornal, o que se confirma a sequer chegar a ler um único poema da coletânea que o jovem poeta deixara no escritório de Floc, à espera de uma resenha literária. O romance, entretanto, está povoado de escritores, começando pela carta de Belmiro. Além disso, Abelardo Leiva, amigo de Caminha, escreve poesia; Plínio de Andrade, o revolucionário político, escreve panfletos; e o oitavo capítulo introduz ao leitor aquela "colmeia" de gênios que é *O Globo*. A indústria dos escribas multiplica-se cada vez que eles se encontravam vigiados por seu senhor, Ricardo Loberant, cuja própria presença física é sentida graças à alternância dos sons produzidos pelos movimentos de rabiscar e rasgar, simultaneamente, o que ele havia escrito, pois "parecia que ele escrevia tiras para rasgá-las logo que estavam escritas a meio".[56] Por outro lado, Loberant, o editor Aires d'Avila, Lobo, Floc, Losque e os demais gastam uma quantidade considerável de energia lendo e criticando a escrita alheia. Naquele que consideramos ser o estudo mais aprofundado que até hoje se fez do romance, Carlos Erivany Fantinati entendeu um dos motivos porque Lima Barreto resolveu publicá-lo em 1909 em detrimento de *Vida e morte de M.J. Gonzaga de Sá: Recordações do escrivão Isaías Caminha* conta a história de um homem que decide ser escritor quando lhe revelam toda a frivolidade e insinceridade do mundo literário carioca.[57] Fantinati aponta

---

55 Ibid., v.1, p.68.
56 Ibid., v.1, p.157.
57 Fantinati, *O profeta e o escrivão*: estudo sobre Lima Barreto, p.39-40.

LIMA BARRETO E O DESTINO DA LITERATURA 71

Recordações como sendo a autêntica aventura da composição de *Recordações*, ou seja, a história da gênese de um escritor.[58] Concordando em absoluto com o estudioso paulista, achamos ser necessário levar em conta os acontecimentos históricos narrados e contemplá-los em relação à estrutura do livro, explorando assim o relacionamento entre a forma e o conteúdo. Esse conteúdo são o *Encilhamento*, a Revolta da Vacina, e o surgimento do *Correio da Manhã*. O drama central da obra é o destino da escrita: seu poder, suas possibilidades – e suas limitações. Isaías Caminha abraça o processo pelo qual o texto se concebe, escreve, publica e impõe ao leitor. Visto desta ótica, *O Globo* torna-se um paradigma. Nos últimos sete capítulos de suas memórias, Isaías Caminha contrasta um texto (o jornal de Loberant) com o texto provocado por este: *Recordações do escrivão Isaías Caminha*. Ou seja, Caminha opõe *O Globo*, gerador de textos insinceros, a si próprio, um escrivão regenerado e capaz, segundo suas devotas esperanças, de produzir um texto escrito de acordo com o ideal da sinceridade fichteano, carlyleano e tolstoiano.

Recordações do escrivão Isaías Caminha tem sido citado, muitas vezes, como um exemplo de literatura militante, mas poucas vezes com a finalidade de se analisar sua estrutura. A metáfora principal a serviço da estruturação da narração de Isaías Caminha é *O Globo*. Ricardo Loberant e Isaías Caminha apresentam-nos uma oposição estruturante fundamental: Loberant/*O Globo* significam poder/influência; Caminha/*Recordações* representam fraqueza/falta de influência. Para triunfar, as memórias de Isaías Caminha têm de demolir Loberant/*O Globo*; mas o clímax da história do romance no

---

58 Ibid., p.60. Usando a narratologia estruturalista de Claude Bremond, Fantinati estuda *Recordações* como uma empresa literária lançada para restaurar o pacto original entre o indivíduo e a sociedade, rompido pela sociedade brasileira quando Caminha foi para o Rio. O destino dele, e o de qualquer mulato, depende do êxito ou do fracasso de seu livro. Ele há de ser aceito como escritor pela sociedade. A aceitação é a publicação de suas memórias. Fantinati foi também o primeiro crítico a mostrar uma compreensão do significado do nome que Lima Barreto deu a seu protagonista.

72 R.J. OAKLEY

sentido formalista da palavra, sua *fábula*, é o triunfo de *O Globo* e de seu proprietário semiliterário sobre seu servidor, Isaías Caminha. O retiro para Caxambi restaura a Isaías sua dignidade, mas indica uma forma de derrota. A perda de interesse pelo destino de suas memórias é referida no prefácio da segunda edição, em 1916, por seu defensor, o escritor Lima Barreto, que confirma esta derrota. Se a óbvia sequência de eventos – triunfo e apoteose de *O Globo*, seguidos do afastamento para Caxambi do antigo empregado do jornal – é a *fábula*, então a composição das memórias por Caminha e o abandono posterior da empresa literária nos permitem vislumbrar o *suzhet* do romance barretiano; ou seja, apanhamos o entretecer do processo de narrar e dos eventos narrados. A análise simultânea de *fábula* e *suzhet* revela-nos uma luta no transcorrer da qual o meio transforma-se em mensagem.

Essas recordações de Isaías, escritas ou não, como ele mesmo informa ao leitor no prefácio de 1907, cuja finalidade é defender a raça negra – acreditando no que o autor revela ao leitor no prefácio –, são engolidas, durante o relato, por aquele "globo" que domina totalmente a segunda metade do livro. Isaías torna-se escritor por duas razões: primeiro, porque o Coronel Belmiro fracassou *qua* escritor, pois se Isaías tivesse mais facilmente conseguido sucesso mundano graças aos esforços de seu protetor original, sua reação à mensagem contida no fascículo racista teria sido drasticamente diferente; e segundo, porque Caminha entende o segredo do êxito de Loberant, ou, mais precisamente, recorda sua experiência do contato que teve com aquele segredo – a paixão contagiante de Loberant, que dirige o Quarto Estado de Burke, e Carlyle, a fins perversos e com uma energia diabólica. Reiteremos, então, em outras palavras, que o ato de escrever por parte de Isaías Caminha é originalmente provocado pelo ato de escrever alheio. Seu relato de como, após ter lido o fascículo, sua memória revisitou suas origens e carreira, constitui uma analogia da trajetória dali decorrente. Não é por mero pessimismo que o memorialista confirma, em parte, as opiniões racistas postuladas no jornal. De fato, a razão é dada ao panfletista porque, de repente, o centro do fio romanesco muda de rumo, afastando-se de sua tese racial. E isso acontece porque o autor dessas memórias vai, cada vez mais, dando-se conta da complexidade do problema que se propôs a debater e que se torna uma questão que, em última instância, ele julga que o ultrapassa. Suas lembranças da vida na redação de *O Globo* representam o fator decisivo que o impele para esta conclusão. Através do processo angustiante de escrever e compor em obra de arte o percurso de sua carreira, mediante a transformação de suas memórias nessas "recordações", ele acaba por reconhecer que a força persuasiva de Loberant/*O Globo* é superior à sua própria força. Lança-ra-se com paixão à obra no intuito de se defrontar com a perniciosa mensagem de seu adversário racista:

> Li-o a primeira vez com ódio, tive desejos de rasgar as páginas e escrever algumas verrinas contra o autor.
>
> Considerei melhor e vi que verrinas nada adiantam, não destroem; se, acaso, conseguem afugentar, magoar o adversário, os argumentos deste ficam vivos, de pé.
>
> O melhor, pensei, seria opor argumentos a argumentos, pois se uns não destruíssem os outros, ficariam ambos face a face, à mão de adeptos de um ou de outro partido.
>
> Com essa reflexão, que me animo a chamar de bom conselho e excelente inteligência, vieram-me recordações de minha vida, toda ela, do meu nascimento, infância, puerícia e mocidade.[59]

Sua resposta apaixonada é a criação de um texto de fins nobres. Todavia, ele descobre que, afinal de contas, se enganou de rival, ou seja, confundiu um adversário com o outro – seu verdadeiro rival é muito mais temível e transcendental do que um simples panfletista ocasional. A paixão contagiante de Ricardo Loberant estava longe de ser aquilo que Carlyle tinha em mente ao conceber seu Quarto Estado ideal ao estilo de Burke. O poder de Loberant é uma paródia grotesca do ideal carlyleano e tolstoiano da força contagiante da arte e da literatura. É um poder manipulado por um *stümper* fichteano –

---

59 Lima Barreto, op. cit., v.1, p.41.

74 R.J. OAKLEY

mas um escritor fracassado muito mais perigoso do que o *stümper* idealizado pelo filósofo alemão, porque é precisamente este o poder ao qual é impossível oferecer oposição eficaz. O resultado final, porém, é o que basta para se obter uma forma de triunfo, uma vez que o amigo de Isaías Caminha, o escritor Lima Barreto, consegue publicar as memórias, ainda que estas narrem uma forma de derrota – não do mulato na sociedade, mas sim a da inteligência expressa pela palavra escrita, já que, afinal de contas, o mulato Isaías Caminha acaba por ter um sucesso mundano considerável, segundo o prefácio escrito por Lima Barreto para a segunda edição, em dezembro de 1916. A eloquência pujante sobejamente presente nas memórias e que servia, no início, o intuito de refutar a tese panfletária quanto à suposta falta de capacidade do mestiço, vai-se perdendo no relato e acaba sendo usada para demonstrar a incapacidade, ou pelo menos, as limitações, da inteligência humana em geral comunicada mediante a palavra escrita no Rio de Janeiro da *Belle époque*. Floc, o crítico literário e teatral, comete suicídio ao dar-se conta da deficiência e fragilidade de sua imaginação e de sua arte.[60] O abismo que separava o mundo do pensamento e da emoção por um lado, e o mundo da realidade externa por outro, abismo bem expresso pelo conceito do bovarismo, fornece-nos um significado para o citadíssimo encontro na delegacia, no capítulo 5, com as duas "mulheres do povo", uma das quais vive uma tragédia pessoal:

> A rapariga falava desigualmente: ora, alongava as sílabas, ora fazia desaparecer outras, mas sempre possuída das palavras, com um forte acento de paixão, superposto ao choro... Vinham das profundezas do seu ser, das longínquas partes que guardam uma inconsciente memória do passado, para manifestarem o desespero daquela vida, os sofrimentos milenares que a natureza lhe fazia sofrer e os homens conseguiram aumentar. Senti-me comunicado de sua imensa emoção; ela penetrava-me tão fundo que despertava nas minhas células já esquecidas a memória enfraquecida desses sofrimentos contínuos que me pareciam eter-

---

60 Ibid., v.1, p.265-7.

LIMA BARRETO E O DESTINO DA LITERATURA **75**

nos; achando-os por debaixo das noções livrescas, por debaixo da palavra articulada, no fundo da minha organização, espantei-me, aterrei-me, tive desesperos e cristalizei uma angústia que me andava esparsa.[61]

O negro, Isaías-ator, sente subitamente uma solidariedade intensa para com a negra anônima, sua companheira no sofrimento; mas aquilo que permanece de modo mais vivo na memória de Isaías-narrador é o esforço imenso da mulher para articular sua mágoa. É a paixão contagiante da sinceridade que o leva a admirar os esforços que ela faz para se exprimir sem a ajuda de "noções livrescas" e "palavra articulada". A paixão inarticulada dessa mulher alcançou o que Isaías-narrador acha tão difícil de alcançar: a comunicação ao mais profundo nível.

O texto de Isaías Caminha não passaria de uma simples e coerente reação à realidade social, política e artística, bem como às condições da produção literária no Brasil de 1900, caso Lima Barreto não estivesse consciente de um hiato entre sua capacidade de escrever e o que ele desejava escrever. Contudo, ele não parece se aperceber do quanto este problema se apossou de sua imaginação criativa enquanto compunha seu romance. *O Globo*, manipulador da linguagem, verdadeiro receptáculo do poder literário e criador de um texto antitolstoiano, instiga assim a criação do contratexto composto por Isaías Caminha. Durante o processo de composição deste último, as opiniões de Isaías acerca de raça, política etc. estão, por um lado, em luta permanente no sentido de ocuparem aquele espaço em seu texto que se convencionou chamar de "conteúdo" e, por outro, essas opiniões são sistematicamente deslocadas pelo próprio processo literário.

De fato, o romance carrega em si um núcleo agressivamente polêmico de mensagens relacionadas entre si sobre o preconceito de cor, a injustiça social, o poder e a corrupção – tudo isso já bem notado e comentado pela crítica e, ainda assim, já vimos que, apesar dis-

---

61 Ibid., v.1, p.114.

76 R.J. OAKLEY

so e acima de tudo, a narrativa chama a atenção repetidamente ao fato de escrever. Tzvetan Todorov opinou que o conteúdo da literatura reflete a forma do texto, o que sugere um comentário sobre a natureza de trabalhos literários em geral. O ponto-chave aqui é o texto em si. Em um trabalho sobre Henry James, Todorov mostra o jovem crítico literário e narrador do conto tentando localizar o princípio propulsionador no trabalho de um escritor por quem ele sente admiração, um tal Hugh Vereker. O que o crítico busca é um segredo ou uma ausência que opera apenas quando secreta ou ausente. Uma analogia aqui com o romance de Lima Barreto é relevante. O princípio propulsionador de Lima Barreto é a relação entre o ato de escrever e a mente que busca ou se recorda de experiências vividas. Segundo Todorov, as ficções de James muitas vezes se baseiam na procura por uma causa que é absoluta ou ausente. A "causa" existe, mas esta palavra

> deve ser levada em conta aqui num sentido mais amplo: é muitas vezes um personagem, mas por vezes também, um acontecimento ou um objeto. O efeito desta causa é o relato, a história que nos é contada. Absoluta; pois tudo, neste relato, deve finalmente sua presença a essa causa.[62]

Em James, a causa, segundo Todorov, é ausente e procurada. A história é a busca. Quando chegamos à causa, a história chega ao fim. *Recordações do escrivão Isaías Caminha* é o oposto disso. A causa, neste caso, o panfleto racista, está dolorosamente presente desde o início. Parar na causa é ler o romance como um livro cujo valor e significado são meramente documentais ou, no máximo, superficialmente polêmicos.[63] Em outro conto de Henry James, os bajuladores de um grande escritor matam sua inspiração, e a ele mesmo,

---

62 Todorov, *Poétique de la prose* [Poética da prosa], p.153.
63 Robert Scholes mantém, como os formalistas russos, que a realidade, os fatos, a verdade são criados, e não descobertos. "O conteúdo e a forma são inseparáveis, porque um não pode existir sem o outro. Longe de negar a dimensão temporal da vida, esta visão explicitamente a reconhece." Ver Scholes, *Structuralism*

LIMA BARRETO E O DESTINO DA LITERATURA **77**

através da obsessão com sua vida em detrimento de seu trabalho. Todorov conclui que

a vida do autor não é senão aparência, contingência, acidente; não é uma presença essencial. A obra de arte é a verdade que é preciso procurar, mesmo sem esperança de alcançá-la.[64]

O problema de Lima Barreto é que a sua vida e a arte estão tão próximas em seu romance que se entrelaçam constantemente. Isaías conta-nos que os objetivos de suas memórias são a realidade e a arte. Ambas as coisas parecem inatingíveis. Desse modo, a história de sua vida torna-se a impossibilidade de comunicar a realidade por intermédio da arte por causa da pressão exercida por aquela realidade sobre o artista, que é de inteligência frágil e talento inconstante. Se, na segunda edição de 1917, Lima Barreto recuperou o prefácio original de Caminha, que havia sido publicado com as primeiras páginas do romance em *Floreal* em 1907, deixando-o de fora na primeira edição do livro em 1909, foi com o intuito de indicar que, pelo menos ainda, não tinha perdido a esperança. Teria ele intuído, também em 1916, a importância estruturante do prefácio que vamos fazer questão de salientar?

A passagem de Isaías Caminha pelo "mar" do Rio de Janeiro e a homenagem que ele presta ao "santuário" de *O Globo* são a preparação para sua carreira de escritor, ainda que quando segue sua trajetória pelo mundo do jornalismo, o leitor esteja meramente consciente do fracasso do jovem jornalista. Um fracasso, ou, mais precisamente,

---

in Literature: An Introduction [Estruturalismo na literatura: uma introdução], p.80. Como Boris Eichenbaum observou: "A literatura, como qualquer outra ordem das coisas que seja específica, não deriva de fatos que pertencem a outras ordens e, portanto, não pode ser reduzida a tais fatos. As relações que existem entre os fatos da ordem literária e os fatos que lhe são extrínsecos não podem ser simplesmente causais, mas apenas relações de correspondência, interação, dependência, e condicionamento". Ver Matejka; Pomorska, *Readings in Russian Poetics* [Leituras da poética russa], p.61.

64 Todorov, op. cit., p.177.

o processo pelo qual o fracasso é narrado, pode ser descrito como tendo dado vida ao que inúmeros críticos costumam chamar de "romance moderno". Aqui, referimo-nos ao aparecimento da *Picaresca* na Espanha, na segunda metade do século XVI. Em sua análise da obra seminal do romance picaresco espanhol, *Lazarillo de Tormes* (1554), Fernando Lázaro Carreter afirma que essa obra anônima adquire sua estrutura enxuta e orgânica por possuir três características fundamentais: primeiro, a narrativa é a autobiografia de um fracasso na vida, narrada na forma de uma série de infortúnios; segundo, a história autobiográfica é relatada através da descrição dos esforços do protagonista para ganhar a vida por intermédio daqueles com quem ele procura trabalho ou promoção; e terceiro, a narrativa é a explicação ou confissão de seu fracasso definitivo e de um estado de desonra.[65] O texto de *Lazarillo de Tormes* é uma carta destinada a um anônimo "Vuestra Merced", da qual o prólogo constitui os parágrafos de abertura. "Vuestra Merced", provavelmente um amigo ou sócio do atual patrão e protetor de Lazarillo (o arcipreste de San Salvador) escreveu a Lazarillo questionando sobre "el caso" – o fato de que Lazarillo é casado com a amante de seu protetor. Francisco Rico observou que o narrador Lazarillo "escribe para explicar el caso; el caso explica qué y cómo escribe Lazarillo[66]", mas Rico acrescenta algo importante: que se esse caso explica por que é lógico que Lazarillo deva relatar sua história de vida, com certeza, "el caso debía presidir también la selección y organización de los materiales autobiográficos. La novela se presentaba, así, sometida a un punto de vista; el del Lázaro adulto que protagoniza el caso[67]".[68] Em *Recordações do escrivão Isaías Cami-*

---

65 Carreter, *"Lazarillo de Tormes" en la picaresca* [Lazarillo de Tormes no picaresco], p.206-7.

66 "...escreve para explicar o caso; o caso explica o quê e o porquê Lazarillo escreve..."

67 "...o caso devia presidir também a seleção e o organização do material autobiográfico. O romance apresentava-se, assim, submetido a um ponto de vista: o do Lazarillo adulto que protagoniza o caso."

68 Rico, *La novela picaresca y el punto de vista* [O romance picaresco e o ponto de vista], p.36.

LIMA BARRETO E O DESTINO DA LITERATURA 79

nha, de 1916, a "causa" todoroviana do relato, ou "el caso" picaresco, é o estigma racista do sangue misturado que estimula nosso narrador a produzir uma resposta escrita. As lembranças que daí resultam narram experiências que apoiam sua própria tese, começando com o preconceito racial do qual ele mesmo foi vítima em seus primeiros meses no Rio. O fato de que o conflito racial está concentrado nos primeiros capítulos pode ser interpretado de várias formas. Também pode nos levar a concentrar-nos, como já fizemos, na produção do texto. Como no caso do herói picaresco Lazarillo de Tormes, a realidade dura e a consciência de sua própria fraqueza estimulam Caminha primeiro à autojustificação, e depois, à confissão. Isaías explica cuidadosamente, como Lazarillo na Espanha do século XVI, sua contingência com a forma de poder que enfrenta no Rio: a imprensa. Sua experiência com esta contingência leva-o a fazer um balanço da forma como *O Globo* controla e molda a produção de formas de se entender o mundo. Isso, por sua vez, desvia o curso de sua própria missão literária. Isaías procura, como Lazarillo de Tormes, controlar e moldar estados de espírito em seu suposto leitor. Ele deseja controlar a interpretação, mas não pode controlar Loberant/*O Globo*. Assim como Lazarillo, Isaías tenta selecionar aqueles restos de seu passado que explicam e justificam seu presente. A presença outrora dominante de *O Globo* demonstra inexoravelmente o quanto o jornal deve ser importante em qualquer tentativa de explicação de seu presente. De seu gesto de estabelecer em forma escrita uma celebração ou uma justificação do mulato brasileiro, emerge, antes, a saga de suas ilusões perdidas, expressando enfaticamente, pela palavra escrita, sua convicção de que a língua em si é o veículo mais poderoso de ilusão. Por essa razão, *O Globo* e seu dono, desafiando as intenções declaradas de Lima Barreto, constituem o ponto fulcral do romance e apontam, assim, o triunfo do discurso antitolstoiano.

Tristes fins: Policarpo Quaresma e uma nova Califórnia

Ao abandonar, seis anos antes, o projeto de um romance histórico sobre a escravidão no Brasil, Lima Barreto assumiu o papel de observador de acontecimentos contemporâneos que diziam respeito à evolução da jovem República brasileira e que ocorriam principalmente na capital do país. Essa decisão explica o aspecto memorialista e panfletista tanto de *Recordações do escrivão Isaías Caminha* quanto de *Vida e morte de M.J. Gonzaga de Sá*. (A primeira versão deste romance foi escrita em paralelo à composição de *Recordações*, mas só veio à luz uma década depois.) Nestes dois romances, Lima comenta as transformações que a República trouxe à cidade do Rio, mas apresenta-as como meros ingredientes da fachada ilusória da República Velha. O tema racial, sua maior preocupação até 1905, e em grande parte afastado em *Recordações*, é aqui naturalmente ainda claro:

> É singular que, fazendo eles a República, ela não a fosse de tal forma liberal, que pudesse dar um lugar de professor a um negro.
> É singular essa República.[1]

---

1 Lima Barreto, *Obras de Lima Barreto*, v.14, p.82.

82 R.J. OAKLEY

Assim escreveu Lima Barreto em 1905 acerca da recusa em ratificar a nomeação legítima de um negro para um posto na Academia Militar. No entanto, a prova mais espectacular do ceticismo barretiano no que diz respeito à jovem República presente em sua prosa de ficção de 1905-1909 é a reação, citadíssima, de Gonzaga de Sá ao golpe militar que acabou com a Monarquia a 15 de novembro de 1889. A queda do Império surpreendeu Gonzaga sentado em seu escritório no Departamento de Assuntos Religiosos como se nada tivesse acontecido. Ao ser informado de que não deveria estar trabalhando porque era feriado devido ao fato de o marechal Deodoro ter proclamado a República, Gonzaga respondeu: "Mas qual?".[2] O desinteresse voltaireano de Gonzaga de Sá revela, no nível textual, um ceticismo profundo acerca do valor de qualquer mudança política. Já nos referimos ao fato de Lima Barreto ficar muito chocado com a brutalidade com que o governo esmagou a Revolta da Vacina em 1904. Lima nunca criticou nem atacou o diretor de saneamento, Osvaldo Cruz; mas é significativo o esforço do romancista para se valer da Revolta para questionar, em *Recordações do escrivão Isaías Caminha*, a imagem progressista cultivada pelo novo regime.

É sobejamente sabido que as mudanças efetuadas no centro do Rio nos primeiros anos do século XX se inspiraram em um desejo de modernização europeizante. Vimos como esse desejo foi caricaturizado em *Recordações do escrivão Isaías Caminha* – por exemplo, pela "lei dos sapatos obrigatórios". Discutindo a resistência ao decreto, Floc comenta sobre a tal necessidade: "Causa má impressão ver essa gente descalça... Isso só nos países atrasados! Eu nunca vi isso na Europa".[3] Rostóloff replica que frequentemente se veem pessoas descalças por toda parte na Itália ou na Grécia. Para Floc, esses países não integram a Europa. Só o Norte é civilizado. A segunda réplica de Rostóloff coloca-nos no cerne da questão:

---

2 Ibid., v.4, p.47-8.
3 Ibid., v.1, p.243.

LIMA BARRETO E O DESTINO DA LITERATURA   83

Vocês querem fazer disto uma Paris em que se chegue sem gastar a importância da passagem ao mesmo tempo ganhando dinheiro, e esquecem de que o deserto cerca a cidade, não há lavoura, não há trabalho enfim.[4]

Da forma como Rostóloff se coloca, isso quer dizer que não só um Brasil utópico é sinônimo de "a Europa nos trópicos", mas também que o Rio de Janeiro *é* o Brasil para os governantes da República em 1900. Desde que todas as pessoas na capital andem calçadas, considera-se que a miséria foi eliminada e o Brasil já não é um país atrasado; mas, como Rostóloff lembra a Floc, "o deserto cerca a cidade".

Comentando com Antônio Noronha Santos, amigo íntimo, uma visita que fez a um subúrbio distante do Rio em 1908, Lima Barreto declara que este é "como todos os nossos subúrbios, pobre e triste, desalentado seria melhor, sem cultura, sem jardins, sem casas gárrulas".[5] Mais cedo no mesmo ano, ele anota em seu diário outra visita, a um colega que mora nos limites da cidade.

Tem o aspecto comum dos nossos postos afastados e edificados. Casas baixas, pintadas de azul, de oca; janelas quadradas; fisionomias indolentes de homens pelas portas das vendas; mulheres: negras, brancas e mulatas – tristes, de longos olhares, em que há desejos de volúpias e sonhos de festas, de bailes, fantásticos, de envolvedoras agitações de todo o corpo, capazes de as fazerem esquecer e quebrar a monotonia daquela vida pobre e triste que levam tão parecida ainda com a senzala, em que o chicote disciplinador de outrora ficou transformado na dureza, na pressão, na dificuldade do pão nosso de cada dia.[6]

Aqui, Lima Barreto remonta à sociedade oitocentista do Império escravocrata. A escravidão desapareceu, veio a República e, mes-

---

4 Ibid., v.1, p.244.
5 Ibid., v.16, p.70.
6 Ibid., v.14, p.130-1.

84 R.J. OAKLEY

mo assim, a paisagem social, moral e até física, no fundo, não se modificou. Enquanto o governo se esforçava por dar ao centro da Capital Federal uma fisionomia sofisticada, europeia, o resto do país permanecia totalmente estagnado. A grande avenida que atravessava o coração da cidade antiga, Avenida Central, e os edifícios grandiosos que pouco a pouco ali foram construídos, a partir de 1904, contribuíam muito para um sentimento de orgulho e prestígio nacionais, mas em nada para o bem-estar do povo carioca. O novo Teatro Municipal, por exemplo, despertou em Lima Barreto uma impressão ambivalente. Em 1911, dois anos depois de ter sido construído, Lima falava dele na revista das artes, *A Estação Teatral*:

> Armaram um teatro, cheio de mármore, de complicações luxuosas, um teatro que exige casaca, altas *toilettes*, decotes, penteados, diademas, adereços, e querem com ele levantar a arte dramática, apelando para o povo do Rio de Janeiro.[7]

José Maria Bello, há muitos anos, apontou com eloquência imbatível aquela ignorância olímpica contínua e descurada para com a realidade dura e áspera do Brasil, apesar das manifestações de dinamismo e vontade de mudanças por parte do governo republicano:

> Dir-se-ia ignorarem todos eles que, além da frágil camada das avenidas urbanas e das clientelas burocráticas, vegetava paupérrimo e largado dos governos, um Brasil imenso, inculto, doente e triste.[8]

Em sua prosa de ficção, Lima Barreto já começa a desmitificar este Rio parisiense. Em sua análise do engajamento barretiano com o problema de um Rio europeizante, Beatriz Resende confirma nossa convicção de que aquele engajamento com o Brasil oculto e ocultado, o "outro" Brasil que a República queria esconder, milita rumo

---

7 Ibid., v.13, p.267.
8 Bello, *Panorama do Brasil: ensaio de interpretação da vida brasileira*, p.282.

LIMA BARRETO E O DESTINO DA LITERATURA 85

às narrativas mais radicalmente realistas que haviam de proliferar na esteira da publicação de *Recordações do escrivão Isaías Caminha*.[9] A renúncia de Isaías Caminha ao mundo brilhante do Rio quando se encontrava no limiar de uma carreira lucrativa sob a proteção de Ricardo Loberant aponta para uma conscientização obscura de que, para apanhar toda a realidade do Brasil numa encruzilhada histórica, Isaías tinha que abandonar sua postura de mero observador de acontecimentos e do dia a dia na capital. Era precisamente a visão de um Brasil vasto, ignorado, miserável, que lhe trouxe involuntariamente à memória sua meninice e aquele mundo que trocou pela atração da capital que se tinha tornado seu *Eldorado*. Isaías pressente que ficar no Rio é enganar a si próprio, julgando que se evitou a derrota. Era melhor encarar com estoicismo a derrota, enfrentar aquela eterna bancarrota intelectual e sociopolítica da áspera vida provinciana, em um retorno proposto à realidade aparentemente inalterável do Brasil, que esperava do outro lado daquela fachada urbana de mudanças republicanas internacionalizantes no Rio de Janeiro.

O fato de a nova República não significar mudança alguma não é uma preocupação consciente para Isaías Caminha; mas levar mais longe o paradoxo de que mudança política pode não significar mudança requer, em termos ficcionais, uma abordagem totalmente diferente. Isaías Caminha, Gonzaga de Sá, e seu biógrafo, Augusto Machado, são homens contemplativos que registram a cena que passa, relutantes na ação, absorvidos pelo sistema vigente, à sombra do poder e ao mesmo tempo silenciosamente em desacordo com ele. Desta forma, eles são versões brasileiras do que Victor Brombert, em seu estudo pioneiro da prosa de ficção francesa finissecular, chamou do Herói Intelectual.[10] Neste estudo importante, Brombert comenta a evolução deste fenômeno romanesco singular do herói intelectual das últimas décadas do século XIX na França. Esse foi um conceito que adquiriu uma forma reconhecível na obra romanesca,

---

9 Resende, *Lima Barreto e o Rio de Janeiro em fragmentos*, p.109-11.
10 Brombert, *The Intellectual Hero: Studies in the French Novel* [O herói intelectual: estudos sobre o romance francês], *1880-1955*.

86 R.J. OAKLEY

por exemplo, de Vallès, Bourget, nos últimos romances de Zola, e, especialmente, na obra de Anatole France. No século XX, o conceito sofreu um desenvolvimento lógico na prosa de ficção de Martin du Gard, Guilloux, Malraux e os existencialistas. O herói intelectual floresceu na esteira do crescente prestígio da elite intelectual na França a partir de 1870. Naquele mundo romanesco, o herói, frequentemente inadaptado e às voltas com a sociedade circundante, sente a premente necessidade de agir, enquanto simultaneamente receia que agir seja um gesto fútil (julgando-se impotente em sua situação). Um leitor atento da prosa de ficção francesa contemporânea e um grande admirador de Anatole France, Lima Barreto adotou essa fórmula em *Recordações do escrivão Isaías Caminha* e *Vida e morte de M.J. Gonzaga de Sá*. Assim fazendo, ele introduziu na literatura brasileira a figura do *flâneur*. Sabe-se que Walter Benjamin assinalou Baudelaire como antecessor pioneiro no que diz respeito ao surgimento desse fenômeno social e literário; mas, indubitavelmente, nosso romancista encontrou-o na prosa de ficção de Anatole France.[11] O papel do *flâneur* na obra romanesca de Lima Barreto é sugestivo, mas no ano 1910 já não servia à sua missão engajadora. Assinalar e condenar a inércia dessa República supostamente revolucionária e a necessidade de mudança fundamental requeriam um protagonista de ação, não um contemplativo; ou seja, um indivíduo que tivesse a coragem de agir e que não fosse passível de ser absorvido pelo sistema político vigente. É preciso ter em conta que Gonzaga de Sá era funcionário público e que Isaías Caminha, nomeado coletor em Caxambi, mais tarde voltou para o Rio, e segundo o prefácio da segunda edição de *Recordações*, tornou-se deputado estadual. Foi nessas circunstâncias que o criador desses personagens começou, no final de 1910, a compor *Triste fim de Policarpo Quaresma*.

O fascínio de *Triste fim de Policarpo Quaresma* é devido precisamente ao retrato de um herói intelectual não meramente contem-

---

11 Para uma análise instigante sobre Lima Barreto e a *flânerie*, ver Machado, *Lima Barreto: um pensador social na Primeira República*, 2002, p.99-125 e 159-65.

LIMA BARRETO E O DESTINO DA LITERATURA **87**

plativo, o intelectual atuante, que se empenha em afrontar a problemática realidade da nova República. Solitário entre os críticos, Osman Lins pressentiu o conceito do herói intelectual no mundo romanesco barretiano e os problemas que advêm dele para os leitores de Lima Barreto. Lins reparou no estranho isolamento dos protagonistas de Lima Barreto. Reparou também na singular passividade deles, inclusive no caso de Policarpo Quaresma, herói intelectual extremamente atuante, mas cujo destino, apesar dessa atividade, às vezes frenética, depende das decisões de outrem: sua afilhada, Olga, é quem o manda para a roça; e seu regresso ao Rio para ajudar o marechal Floriano Peixoto na campanha para acabar com a Revolta Naval de 1893 não se deve à sua admiração pelo marechal, mas sim às decepções que acaba de sofrer em suas tentativas de cultivar com sucesso a terra. Osman Lins traça pelos romances de Lima Barreto o que ele apelida de "tema do insulamento" ou "ilhamento", por meio do qual a vida é para o protagonista "uma aprendizagem em terra estranha" – protagonista cujo protótipo é Isaías Caminha.[12] Os personagens em geral, e Isaías Caminha em particular, são isolados por sua própria personalidade e por seus preconceitos, ou pela indiferença ou hostilidade da sociedade para com eles. Esse processo acarreta a "inoperância dos atos de cada personagem sobre o próximo e sobre o meio".[13] Osman Lins argumenta de maneira convincente que Lima Barreto inaugurou na prosa de ficção brasileira o tema da incomunicabilidade, ao retratar a sociedade brasileira como vítima de "um ácido desagregador".[14] O estudo de Lins é uma análise sutil da função do espaço nos romances de Lima Barreto – espaço no qual os personagens se movem, mas que raramente lhes limita os movimentos. Do mesmo modo, os personagens insulados não se entrelaçam. O passo lógico seguinte nessa leitura é concluir que nos romances de Lima Barreto há uma ausência extraordinária de causalidade:

---

12 Lins, *Lima Barreto e o espaço romanesco*, p.34-7.
13 Ibid., p.37.
14 Ibid.

88 R.J. OAKLEY

> Não são os eventos, em Lima Barreto, geradores de eventos, não formam – não pretendem formar – aquela cadeia, firme, coerente, inexorável, concebida como símbolo do inexorável, que comanda o ritmo de tantas obras dramáticas e de que Édipo Rei é o exemplo máximo.[15]

Embora tenha sido concebida há mais de trinta anos, esta leitura permanece até hoje a mais radical reavaliação das narrativas mais extensas de Lima Barreto. Posto isso, é curioso salientar que tal leitura é tanto mais radical quanto contradiz a postura que Lima Barreto assume como artista: servir-se da prosa de ficção com o intuito de retratar os males da sociedade na qual ele mesmo vive e que ele testemunha todos os dias; trabalhar *qua* artista no que se convencionou chamar de modo realista e o qual ele considera ser a grande tradição da teoria e prática tolstoiana. Não espanta, assim, que o romance ideal para Lima Barreto, desde Balzac, passando por Dickens, Tolstoi, Flaubert, Eça e Dostoievski, até as polêmicas narrativas de Anatole France, se empenhe em uma cruzada pela redenção nesse mundo, mediante a retidão moral e a ação da justiça social – uma postura fichteana, como já salientamos. Tais romances apresentam personagens que reagem perante as pressões intoleráveis de uma sociedade opressiva e indiferente que os sufocam e ferem. Tal modelo – *Crime e castigo*, já vimos, é para Lima Barreto o paradigma – exige uma narrativa construída sobre uma cadeia rigorosa de causa e efeito postulada nas teorias de Tolstoi, Taine, Brunetière e Guyau.

Porém, é curioso notar que encontramos aqui uma contradição surpreendente, mas fundamental. É verdade que Isaías Caminha é mais contemplador que atuante, e também é verdade que, como já vimos, ele sofre dolorosamente de isolamento em um ambiente hostil; mas estes fatores não supõem a ausência do princípio da causalidade na trajetória do protagonista pelo Rio de Janeiro da *Belle époque*. Ao analisar *Triste de fim de Policarpo Quaresma*, Osman Lins comete o mesmo erro:

---

15 Ibid., p.56.

LIMA BARRETO E O DESTINO DA LITERATURA **89**

Repete-se [...] o fenômeno já registrado no primeiro romance, onde as personagens se encontram e separam-se sem que qualquer delas aparente sofrer qualquer mudança.[16]

Lins observa que Policarpo Quaresma ousa agir, mas suas ações fazem-no sofrer terrivelmente. O crítico vê nestas ações uma série de impulsos e atos isolados julgados pela sociedade como infrações do código vigente e que, assim, merecem castigo. Em *Recordações do escrivão Isaías Caminha*, Isaías é um protagonista medroso e inativo; não obstante, nossa análise do romance tentou mostrar que, no entanto, a estrutura da narrativa exibe uma forte cadeia de causa e efeito, a qual se torna possível, e mais do que possível, inevitável, graças ao compromisso de Caminha com a palavra escrita. A mesmíssima cadeia, desta vez com consequências trágicas, manifesta-se em *Triste fim de Policarpo Quaresma*.

No primeiro capítulo, o narrador ressalta o quanto o patriotismo de Policarpo Quaresma se nutre de leituras. Ao ler os textos de viajantes e historiadores tão patriotas como ele próprio, Quaresma toma conhecimento das glórias do Brasil e sente-se encorajado a aprender tupi-guarani. Além disso, sente o desejo de conhecer o folclore brasileiro indígena, o que o leva, acompanhado de um amigo, o general Albernaz, a visitar uma antiga criada africana do general que vive aposentada em um bairro distante. Esperam obter dela canções afro-brasileiras; mas a visita desaponta-os porque a velha não se recorda de quase nada. Quaresma é informado da existência de um velho poeta e literato que não só coleciona, mas também publica histórias e canções brasileiras, e os dois amigos visitam-no. Não obtêm nenhuma canção satisfatória, mas Policarpo fica impressionado e animado por ter entrado em contato com um correligionário, em certa medida, que estuda o que é genuinamente brasileiro, e escreve sobre o tema. Porém, nosso herói chega à melancólica conclusão de que todas as histórias e canções que lhe mostrou o velho

---

16 Ibid., p.38.

90 R.J. OAKLEY

poeta são, de fato, de origem europeia. Quaresma, aliás, que está recebendo lições de violão, dá-se conta de que este mesmo violão, que ele acreditava ser o instrumento tipicamente brasileiro, também é oriundo da Europa.

Policarpo conclui que é preciso libertar o Brasil do que ele considera ser uma submissão à Europa, e que a chave para tal libertação reside na língua. Seu professor de violão, o boêmio modinheiro Ricardo Coração dos Outros, dedicara a vida inteira à recuperação de seu instrumento predileto e considera-se semelhante a Frédérique Mistral, que dedicou a vida à recuperação da língua occitã, provençal, como língua literária. Nesse momento, Quaresma está prestes a largar o violão, mas não obstante, a analogia que Ricardo faz cria raízes em sua imaginação. Para Quaresma, o violão não é indígena, mas ele é capaz de reconhecer a validade das tentativas de recuperação do provençal; ou seja, evidentemente, o provençal, língua com uma nobre tradição literária, foi sufocada pelo imperialismo linguístico francês. É nesta linha de pensamento que Quaresma envia ao parlamento brasileiro seu requerimento a pedir que o tupi--guarani seja reconhecido como a língua oficial do país. O requerimento contém duas ideias, que são essenciais para nosso argumento: a primeira é que a língua de uma nação constitui sua expressão maior; a segunda é que ou a língua é débil demais para evitar a submissão a outras nações ou não tem força suficiente para conseguir a emancipação cultural da nação. Dessa forma, assim como Mistral lutara pela emancipação da cultura provençal através do ressurgimento da língua occitã, Quaresma procura a emancipação brasileira mediante a recuperação da língua tupi-guarani. Cabe assinalar que a publicação do requerimento de Quaresma tem dois resultados: provoca riso na imprensa e raiva em sua repartição, porque os colegas, informa-nos o narrador, se enfurecem com o fato de um colega ter tido descaramento suficiente para se distinguir de seus pares no funcionalismo.

Percebe-se, assim, uma cadeia rigorosa de causalidade no decorrer da narrativa, e até mesmo no fim da trajetória do herói epônimo. Já a vimos operar no desenvolvimento das ideias patrióticas, sinceras, mas absurdas, sobre a língua e a cultura. As primeiras reações ao requerimento vão ter resultados cujas causas são minuciosamente explicadas pelo narrador onisciente. As primeiras reações irritam-no, impelindo-o a meditar mais sobre sua cruzada linguística, bem como a apegar-se cada vez mais a ela. Estas reações hostis também instigam um apaixonado sentimento de orgulho, que tem duas faces: Quaresma está furioso porque os colegas duvidam de seus conhecimentos de tupi-guarani e está indignado porque parecem duvidar também de sua sinceridade. Nesse estado de ânimo, apaixonado e perturbado, ele traduz para tupi-guarani um documento oficial. Os resultados desta ação são catastróficos: é suspenso e enlouquece. Três aspectos evidenciam a importância atribuída pelo narrador a essa cadeia de causa e efeito: a meditação da afilhada, Olga, sobre possíveis causas da loucura do padrinho; o amor e a preocupação dela, com seu conselho para ele de um novo começo na vida no campo; e o fato de o próprio Quaresma seguir o conselho, reagindo contra sua depressão ao recuperar a razão. Ainda não sabemos, mas tudo já está preparado para que os dois próximos atos significativos aconteçam: a experiência agrícola e sua decisão de participar na guerra civil. Estas duas ações dependem do ato de escrever.

Após as pesquisas habituais, ele calcula as possibilidades de êxito como agricultor; esses cálculos são errôneos. Depois de alguns meses no sítio, ele dá-se conta da apatia e da desmoralização dos camponeses:

> A luz se lhe fez no pensamento [...] Aquela rede de leis, de posturas, de códigos e de preceitos, nas mãos desses regulotes, de tais caciques, se transformava em potro, em polé, em instrumento de suplícios para torturar os inimigos, oprimir as populações, crestar-lhes a iniciativa e a independência, abatendo-as e desmoralizando-as.
>
> Pelos seus olhos passaram num instante aquelas faces amareladas e chupadas que se encostavam nos portais das vendas preguiçosamente; viu também aquelas crianças maltrapilhas e sujas, d'olhos baixos, a esmolar disfarçadamente pelas estradas; viu aquelas terras abandonadas, improdutivas, entregues às ervas e insetos daninhos; viu ainda o desespero de Felizardo, homem bom, ativo e trabalhador, sem âni-

92 R.J. OAKLEY

mo de plantar um grão de milho em casa e bebendo todo o dinheiro que lhe passava pelas mãos.[17]

Repara também na energia desperdiçada em contendas políticas, calúnias e bisbilhotice. Ele mesmo se vê hostilizado após ter recusado a envolver-se na luta surda política. Enquanto vive esses dissabores, saúvas ferozes assolam suas plantações, e esses desgostos levam-no à conclusão de que é preciso um governo central muito forte capaz de reformar a vida rural brasileira de cima a baixo. Sua cruzada linguística e folclórica tinha-se mostrado evidentemente impraticável e de utilidade discutível para o povo brasileiro; as experiências na roça, porém, tinham-no obrigado a encarar a realidade horrorosa ocultada atrás da sorridente fachada urbana do Rio de Janeiro republicano:

A quarenta quilômetros do Rio, pagavam-se impostos para se mandar ao mercado umas batatas? Depois de Turgot, da Revolução, ainda havia alfândegas interiores?

Como era possível fazer prosperar a agricultura, com tantas barreiras e impostos? Se ao monopólio dos atravessadores do Rio se juntavam as exações do Estado, como era possível tirar da terra a remuneração consoladora?

E o quadro que já lhe passara pelos olhos [...] voltou-lhe de novo, mais tétrico, mais sombrio, mais lúgubre; e anteviu a época em que aquela gente teria de comer sapo, cobras, animais mortos, como em França os camponeses, em tempos de grandes reis.

Quaresma veio a recordar-se do seu tupi, do seu *folklore*, das modinas, das suas tentativas agrícolas – tudo isso lhe pareceu insignificante, pueril, infantil.[18]

Uma realidade áspera limita física, moral e espiritualmente nosso herói intelectual: tal como Isaías Caminha, e muito mais do que ele, Quaresma age, e como no caso de Isaías, a ação toma a forma escrita:

---

17 Lima Barreto, op. cit., v.2, p.182.
18 Ibid., v.2, p.184.

LIMA BARRETO E O DESTINO DA LITERATURA **93**

um telegrama e um relatório. Nesse momento crucial, Policarpo lê no jornal local uma reportagem que o informa de que acaba de estalar a revolta da marinha na Baía do Guanabara e, num impulso, ele manda o telegrama fatídico: "Marechal Floriano, Rio. Peço energia. Sigo já. – Quaresma".[19] Suas reflexões sobre a vida brasileira rural salientam obstáculos evidentes a um uso mais produtivo do campo. Assim, põe no papel suas ideias sob a forma de um texto de fôlego, um relatório no que diz respeito ao problema agrário fundamental do Brasil. Durante a concepção e composição de tal relatório, Quaresma convence-se da necessidade de um governo forte, e esta certeza leva-o a apelar ao poder real no país, o do marechal Floriano Peixoto – "o Marechal de Ferro" –, impelindo-o a alistar-se no exército florianista.

Assim como a primeira cruzada, essa empreitada agrária é recebida, na melhor das hipóteses, com uma indiferença total. No entanto, o escárnio não é aqui apropriado, porque o único destinatário desta mensagem escrita por nosso herói intelectual é o próprio ditador. No episódio que segue o envio do telegrama e sua chegada ao quartel--general de marechal Floriano no Rio, precisamos apontar um significado metonímico e metafórico: o narrador deixa claro que o documento que Quaresma redige entre o envio do telegrama, declarando sua adesão à causa florianista, e sua viagem de volta para o Rio é um texto extenso, cuidado, caprichado, baseado em pesquisas bem pensadas, minuciosas, inteligentes e em considerável experiência própria:

> Aproveitara os dias até para redigir um memorial que ia entregar a Floriano. Nele expunham-se medidas necessárias para o levantamento da agricultura e mostravam-se todos os entraves, oriundos da grande propriedade, das exações fiscais, da carestia de fretes, da estreiteza dos mercados e das violências políticas.[20]

Somente a paixão e a inteligência lhe teriam permitido completar tal relatório. Desse modo, a tarefa requeria um grande esforço, mas

---

19 Ibid., v.2, p.185.
20 Ibid., v.2, p.206.

94   R.J. OAKLEY

nenhuma dificuldade; também não foi difícil o retorno para a capital. Até o acesso ao ditador, frisa o narrador, foi conseguido com facilidade. A benevolência afetada e patriarcal de Floriano para com seus subordinados salta à vista de todos. Essa informalidade preguiçosa e o fato de o marechal ter conhecido Policarpo quando este trabalhava no Arsenal da Guerra facilitam-lhe uma audiência. O trecho é comprido, mas é necessário fazer a citação completa:

> Quaresma explicou-lhe a sua vida e aproveitou a ocasião para lhe falar em leis agrárias, medidas tendentes a desafogar e dar novas bases à nossa vida agrícola. O marechal ouviu-o distraído, com uma dobra de aborrecimento no canto dos lábios.
>
> — Trazia a vossa Excelência até este memorial...
>
> O presidente teve um gesto de mau humor, um quase "não me amole" e disse com preguiça a Quaresma:
>
> — Deixa aí.
>
> Depositou o manuscrito sobre a mesa e logo o ditador dirigiu-se ao interlocutor de ainda agora:
>
> — Que há, Bustamante? E o batalhão, vai?
>
> O homem aproximou-se mais, um tanto amedrontado:
>
> — Vai bem, marechal. Precisamos de uma quartel!... Se Vossa Excelência desse ordem...
>
> — É exato. Fala ao Rufino em meu nome que ele pode arranjar... Ou antes: leva-lhe este bilhete.
>
> Rasgou um pedaço de uma das primeiras páginas do manuscrito de Quaresma, e assim mesmo, sobre aquela ponta de papel, a lápis azul, escreveu algumas palavras ao seu ministro de guerra. Ao acabar é que deu com a desconsideração.
>
> — Ora! Quaresma! Rasguei o teu escrito... Não faz mal... Era a parte de cima, não tinha nada escrito.
>
> O major confirmou e o presidente, em seguida, voltando-se para Bustamante:
>
> — Aproveita Quaresma no teu batalhão. Que posto queres?
>
> — Eu! fez Quaresma estupidamente.
>
> — Bem. Vocês lá se entendam.[21]

---

21 Ibid., v.2, p.214.

LIMA BARRETO E O DESTINO DA LITERATURA 95

O modo como uma meia página do precioso relatório é usada para dar seguimento à guerra civil é uma metáfora sobre o destino do Brasil e do bem-intencionado patriota brasileiro, o major Policarpo Quaresma. O lápis azul com o qual o Marechal de Ferro rabisca uma ordem a seu ministro de guerra para o aprovisionamento de um quartel para o batalhão de Quaresma é uma metonímia que aponta para o poder absoluto de Floriano, ao passo que a página em branco é a única página da obra maestra de Quaresma capaz de interessar o ditador, precisamente porque, como este observou, "era a parte de cima, não tinha nada escrito".[22] A página está em branco e, portanto, não tem significado nenhum. Como tal, aquela página não constitui ameaça nenhuma para os governantes do Brasil; porém, a ordem escrita pelo marechal em lápis azul confere à folha em branco o que se vai negar ao relatório que se segue: o *imprimatur* do poder, aquela preciosa qualidade da qual Policarpo Quaresma carece ao longo da narrativa.

Suas experiências horrorosas na guerra civil no Sul, onde é ferido, e o desespero provocado pela indiferença de Floriano quanto ao destino do campo brasileiro conduzem Policarpo a um estado de melancolia e profunda desilusão. É nesse contexto que escreve, no hospital, seu penúltimo documento (o único cujo texto chega ao leitor e o único a não acarretar consequência nenhuma) – a carta para a irmã Adelaide. Aí ele exprime todo seu horror à ferocidade primitiva de que os homens são capazes – qualquer homem, inclusive ele mesmo. Exprime, também, o absurdo, o disparatado e o ilógico da existência humana. Finalmente, chega à conclusão de que todo o empenho humano é, em última instância, totalmente inútil. O narrador explica com sua meticulosidade habitual os motivos da última ação de Quaresma. O marechal Floriano mostrou não ter, aos olhos de Quaresma, nenhuma das qualidades de grande chefe que ele tinha imaginado; não era um Sully, e muito menos um Henri IV. E assim o patriota se desespera, por ver seu país sem um poder capaz

---

22 Ibid.

96 R.J. OAKLEY

de regenerá-lo: o futuro do Brasil parece medonho. O que é que resta? A ferocidade e o ódio desumanos, testemunhados pelo próprio Policarpo no calor da batalha; e, no cárcere, a crueldade arbitrária dos vitoriosos, quando lotes de marinheiros, escolhidos a esmo, são levados à noite, de barco, a um encontro com as esquadras da morte de Floriano. O último texto de Quaresma, a carta para Floriano, seu último exercício de escrita, é um protesto dirigido ao poder no país. Suas abordagens anteriores ao poder tinham sido exortações, tendo em mira algum futuro hipotético, utópico e, por isso, não ameaçavam aquele poder. A carta a Floriano refere-se não ao futuro, mas a um passado e presente reais, verdadeiros. É uma denúncia pela qual Policarpo Quaresma se torna o acusador e, portanto, o adversário.

Como já foi salientado, desde os primeiros escritos até o fim de sua vida, Lima Barreto seguiu a máxima de Tolstoi e Carlyle: a paixão e a sinceridade humanas do artista são suficientemente impressionantes e contagiantes para modificar a cosmovisão dos destinatários de sua obra profética e para promover a solidariedade humana. Não há dúvida de que Lima Barreto escreveu *Triste fim de Policarpo Quaresma* com paixão e compromisso; mas nesse processo, depois de ter transformado seu protagonista em escritor apaixonado e engajado, à semelhança de seus primeiros romances, conduzi-lo em seguida para uma situação que demonstra como essa paixão e sinceridade comprometedoras o destroem, assim que o destinatário de sua mensagem é obrigado a levá-lo a sério. O narrador não nos deixa duvidar de que o marechal reparou nesse protesto de Policarpo, o qual devemos considerar como tendo tido um impacto maior devido à paixão com que foi escrito. Será arte essa carta de protesto? Lima Barreto mostra-nos em *Recordações do escrivão Isaías Caminha* e *Vida e morte de M.J. Gonzaga de Sá* o que acontece ao escritor militante em uma sociedade que lhe é hostil ou indiferente: na pior das hipóteses, ele é marginalizado ou sua voz é simplesmente apagada por outras vozes mais fortes. Em duas obras de prosa de ficção dos anos 1910-1911, Lima Barreto passa a preferir uma narração em terceira pessoa. Nesses casos, seus protagonistas não são escritores, mas são, por assim dizer, chamados a escrever. Nesse contexto, a carta

LIMA BARRETO E O DESTINO DA LITERATURA **97**

de Quaresma a Floriano pertence necessariamente à categoria de arte, no sentido tolstoiano e carlyleano. A citação a seguir salienta isso: o narrador descreve o estado de ânimo no qual Policarpo escreve sua carta de protesto:

> Não se pudera conter. Aquela leva de desgraçados a sair assim, a desoras, escolhidos a esmo, para uma carniçaria distante, falara fundo a todos os seus sentimentos; desafiara a sua coragem moral e a sua solidariedade humana; e ele escrevera a carta com veemência, com paixão, indignado.[23]

Em outra ocasião tentamos demonstrar que *Triste fim de Policarpo Quaresma* é, na realidade, uma elaboração em forma de romance de "A nova Califórnia", conto que Lima Barreto compôs apenas algumas semanas antes de iniciar o romance.[24] O major Quaresma, evidentemente autodidata, está sob o domínio do saber que adquiriu por meio do estudo e, de certo, esquecido dos limites desse saber. Raimundo Flamel, protagonista de "A nova Califórnia", domina seu saber ao mesmo tempo que se mostra extremamente consciente das limitações dele.

Raimundo Flamel é o estranho misterioso que se estabelece na cidadezinha de Tubiacanga. Faz instalar na casa um laboratório e recebe uma correspondência volumosa e técnica em várias línguas. O farmacêutico Bastos descobre que ele é de fato um químico que desfruta de fama internacional. Vários anos mais tarde, Bastos espanta-se quando Flamel o informa de que acaba de descobrir como fazer ouro e que o ingrediente imprescindível são ossos humanos. Convida Bastos para testemunhar a experiência no domingo seguinte, acompanhado de mais dois homens instruídos da localidade – e assim acontece. Poucos dias depois, o ilustre químico desaparece, e passa-

---

23 Ibid., v.2, p.284.

24 Oakley, *Triste fim de Policarpo Quaresma* and the New California [Triste fim de Policarpo Quaresma e a Nova Califórnia]. In: *Modern Language Review* [Revista da linguagem moderna], 1983, v.78, p. 838-49.

98 R.J. OAKLEY

do algum tempo, o coveiro informa a população da profanação noturna de sepulturas: jazigos haviam sido arrombados, e as covas, saqueadas. Vem-se, então, a descobrir que os responsáveis pelo saque são as três respeitáveis testemunhas da experiência. A cidade inteira sitia a loja de Bastos, exigindo saber a fórmula para fazer ouro. Bastos sai da loja segurando na mão uma pequena barra cor de ouro e promete revelar a receita no dia seguinte. Naquela noite, a multidão saqueia o cemitério, lutando entre si até a morte para conseguir sua porção de ossos, enquanto o farmacêutico Bastos também desaparece para não mais ser visto. Em nosso estudo anterior, levantamos a hipótese de "A nova Califórnia" ser um análogo minúsculo de *Triste fim de Policarpo Quaresma*, apesar das grandes diferenças de *suzhet* e *fabula*. Ambos os textos exprimem o atraso e a inércia de um país em desenvolvimento na alvorada do século XX. Mais uma vez, trata-se de um protagonista que não é escritor, mas, tal como Policarpo Quaresma, Flamel é um leitor e um estudioso – desta vez, de tipo rigoroso e exclusivamente científico. Naturalmente, aqui, estamos longe dos sonhos patrióticos de Policarpo. É provável que Flamel não seja sequer brasileiro: não demonstra nenhum amor pelo Brasil, vive uma vida de recluso, não falando com ninguém. Antes de conversar com Bastos, seu único contato humano é, contudo, muito sugestivo: as crianças pobres do lugarejo, às quais ele trata com uma bondade excepcional, a qual é chamada de "a bondade de Messias".[25] Além do mais, é considerado generoso: "pai da pobreza".[26]

Porém, sua estada na cidadezinha há de destruí-la. A expectativa de lograr a pedra filosofal representará o fim de Tubiacanga. Entretanto, desde o início, a procura pela pedra filosofal está vinculada à escrita. A primeira menção a esta última surge mesmo no início da narrativa, em que o narrador informa que "quase diariamente" Flamel recebe "um maço alentado de cartas vindas do mundo inteiro, grossas revistas em línguas arrevesadas, livros, pacotes...".[27] Na

---

25 Lima Barreto, op. cit., v.5, p.224.
26 Ibid.
27 Ibid., v.5, p.223.

LIMA BARRETO E O DESTINO DA LITERATURA **99**

primeira instância, Flamel é objeto de desconfiança e até de medo supersticioso; mas, com o passar do tempo, tudo isso vai-se atenuando. E depois que ele mostra caridade para com os pobres, só uma pessoa mantém a hostilidade: o senhor Pelino, professor e editor do jornal local, que é conhecido como crítico dos escritores mais ilustres do Brasil, pelo que é, portanto, o árbitro da escrita em Tubiacanga, e aproveita seu estatuto como tal com o fim de combater o prestígio crescente do distinto químico que veio radicar-se na cidadezinha. Quando os roubos das sepulturas começam, Pelino ataca essas profanações em seu jornal, tratando-as como crimes monstruosos. Contudo, ao saber da aparente relação entre os ossos humanos e o ouro, é ele que apunhala outro homem pela posse de um fêmur. A terceira referência à palavra escrita não é, na realidade, uma presença da escrita, mas, antes, a ausência dela: a promessa feita por Bastos de divulgar o segredo da produção de sua barra de ouro. Arnoni Prado considera Flamel um autêntico homem de ciência que faz pesquisas com assiduidade e que se mantém atualizado em sua disciplina. Tal leitura do conto aponta Pelino como um representante da ordem vigente, ameaçado, de repente, por ciência, laboriosidade e inteligência superiores e progressistas. Nada mais lhe resta senão falar mal do recém-chegado, as suas costas. Julgamo-nos habilitados a concluir que Flamel é, evidentemente, o sacerdote fichteano da química que obra *nach der Wahrheit*, ao passo que seu adversário é o estudioso inferior fichteano, que só sabe agir segundo uma simples percepção das aparências. Flamel e Pelino, cada um em sua escrita, "representam": são metonímias de dois mundos irreconciliáveis; um deles destrói o outro. Porém, se bem que Flamel, *qua* escritor, não parece afetar Pelino nem a cidadezinha estagnada, a verdade é que o faz, mediante a linguagem; mas é o que ele diz, em vez do que ele escreve, que destrói Pelino e Tubiacanga. Flamel insiste que fabricou ouro.[28] Não sabemos nunca se, de fato, conseguiu.

---

28 De fato, o cientista-alquimista tem sido interpretado como o retrato de um mero vigarista. Tal leitura contradiz a evidência do texto em que vemos que Bastos já leu uma menção de Flamel em uma revista "como químico de valor" (Lima

100 R.J. OAKLEY

O narrador sustém uma rigorosa ambiguidade no que diz respeito ao metal precioso enquanto a multidão raivosa ameaça saquear a loja do farmacêutico e linchá-lo, a menos que ele divulgue a fórmula para a produção de ouro que, era de supor, lhe tinha sido confiada por Flamel antes de desaparecer:

> Ele não tardou a aparecer. Trepado a uma cadeira, tendo na mão uma pequena barra de ouro que reluzia ao forte sol da manhã, Bastos pediu graça, prometendo que ensinaria o segredo, se lhe poupassem a vida. "Queremos já sabê-lo", gritaram. Ele então explicou que era preciso redigir a receita, indicar a marcha do processo, os reativos – trabalho longo que só poderia ser entregue impresso no dia seguinte. Houve um murmúrio, alguns chegaram a gritar, mas o subdelegado falou e responsabilizou-se pelo resultado.[29]

O ato de sonegar a fórmula desencadeia a carnificina no cemitério. A pequena barra de ouro é uma metonímia de poder devastador e também a máxima vingança terrível de Lima Barreto pela derrota da palavra escrita usada para fins nobres no Brasil da República Velha.

Em *Triste fim de Policarpo Quaresma* Lima Barreto dá corajosamente seguimento à missão tolstoiana e carlyleana, através de uma análise romanesca da história brasileira de seu tempo. Empregamos a palavra "corajosa" porque sua luta com os fatos deprimentes e incontroláveis leva necessariamente à derrota do protagonista. É verdade que o romance cumpre o ideal tolstoiano com o qual começamos e que revela o Lima Barreto otimista do ensaio-palestra "O destino da literatura"; mas a derrota da escrita pró-tolstoiana ao longo da narrativa denuncia o Lima Barreto pessimista e sua ambivalência profunda no que diz respeito ao destino da inteligência humana e da palavra escrita. *Triste fim de Policarpo Quaresma* oferece uma sátira

---

Barreto, op. cit., v.5, p.225). Ver Duggan, *Social Themes and Political Satire in the Short Stories of Lima Barreto* [Temas sociais e sátira política nos contos de Lima Barreto], p.165-8.

29 Lima Barreto, op. cit., v.5, p.234.

LIMA BARRETO E O DESTINO DA LITERATURA 101

impiedosa tanto de um patriotismo ingênuo como do utopianismo – fenômenos tão frequentemente notados e comentados. O major Quaresma é, por sinal, uma ironia profundamente humana do patriota ufanista, temática do romance já extensivamente estudada.[30] A sociedade que ele se vê obrigado a combater é retratada por Lima Barreto como utopista e positivista. A base ideológica sistemática na sátira sociopolítica e socioeconômica evidenciada em *Triste fim*, "A nova Califórnia" e outras ficções barretianas tem suas origens na obra de Herbert Spencer. No decurso de seu cotejamento magistral de Lima Barreto e Euclides da Cunha, os quais, evidentemente, ele considera serem os dois escritores e intelectuais brasileiros mais conscientes de sua época, Nicolau Sevcenko assinala as credenciais positivistas de Lima e de Euclides.[31]

Talvez valha a pena realçar, mais do que o ilustre historiador paulista considerou necessário, o ceticismo de Lima Barreto no que concerne à filosofia positivista ou utilitarista. Sendo menos crítico do positivismo que Lima Barreto, Euclides da Cunha não partilhava esse ceticismo barretiano, o qual se torna mais evidente na manipulação novelística que Lima faz das teorias sociopolíticas e socioeconômicas de Herbert Spencer. Atualmente, Spencer é inevitavelmente considerado um pensador conservador, mas, para Lima Barreto e seus correligionários da jovem esquerda brasileira, o pensamento radical spenceriano atraía muito. Para Lima Barreto em especial, Spencer era um aliado porque a luta entre os dois sistemas políticos por ele analisada em *Principles of Sociology* (1876-96) reflete curio-

---

30 Ver os seguintes três trabalhos pioneiros e fundamentais: Kinnear, The "Sad End" of Lima Barreto's Policarpo Quaresma [O "triste fim" do Policarpo Quaresma de Lima Barreto]. In: *Bulletin of Hispanic Studies* [Boletim de estudos hispânicos], v.51, p.60-75; Coelho, *Retórica da ficção e do nacionalismo em "Triste fim de Policarpo Quaresma". A construção narrativa de Lima Barreto*; Santiago, Uma ferroada no peito do pé (Dupla leitura de *Triste fim de Policarpo Quaresma*). In: *Presença*, p.163-81, republicado em *Vale quanto pesa*, p.163-81, e *Revista Iberoamericana*, v.50, p.31-46.

31 Sevcenko, *Literatura como missão: tensões sociais e criação na Primeira República*, p.140-5.

102 R.J. OAKLEY

samente o confronto fichteano entre o estudioso falso e o estudioso verdadeiro retratado por Carlyle em *Os heróis*. Ao estabelecermos um paralelo entre a estrutura de *Triste fim de Policarpo Quaresma* e as ideias de Spencer, já não nos situamos na área de "influências literárias": ao comparar Lima Barreto e Spencer, entramos no que se convencionou chamar de "intertextualidade". Leituras atentas de Spencer permeiam, sem sombra de dúvidas, a obra de Lima Barreto, embora seja impossível demonstrar que nosso escritor leu detidamente, por exemplo, *Principles of Sociology*. Porém, há nesta obra certas características fundamentais de análise de sociedades ocidentais desenvolvidas na segunda metade do século XIX (Spencer tinha em mente a Inglaterra e a Alemanha) que correspondem, de um modo extraordinariamente preciso, não apenas à ação de *Triste fim de Policarpo Quaresma*, mas também à do romance que se seguiu em ordem de composição: *Numa e a Ninfa*. No caso de *Triste fim de Policarpo Quaresma*, já analisamos esta base ideológica em outra ocasião.[32] Em seu ensaio *First principles* (1862), Spencer vê na sociedade um corpo orgânico composto de indivíduos, a possibilidade da consolidação de determinada sociedade dependendo da atitude daqueles sujeitos. Posto isto, o fim dessa totalidade orgânica é obter para o indivíduo a maior porção possível de liberdade. No ensaio *Principles of Sociology*, Spencer divide a sociedade em duas espécies básicas fundamentais: o "industrial" e o "militante". As sociedades industriais subordinam o Estado ao indivíduo; nas sociedades militantes esses papéis estão trocados. Nas primeiras, os indivíduos desfrutam de um alto grau de liberdade, o governo é pouco respeitado, e, cabe assinalar, para a grande maioria dos cidadãos, o patriotismo não é seu forte.[33] As principais caraterísticas da sociedade militante

---

32 Oakley. *Triste fim de Policarpo Quaresma* and the Shadow of Spencerism [*Triste fim de Policarpo Quaresma* e a sombra do spencerismo]. In: *New Frontiers in Hispanic and Luso-Brazilian Scholarship* [Novas fronteiras do conhecimento latino-americano e luso-brasileiro]. *Como Se Fue el Maestro: for Derek W. Lomax In Memoriam* [Como se fora o professor: para Derek W. Lomax, in memorian], p. 255-74.

33 Spencer. *Principles of Sociology* [Princípios de sociologia], v.2, p.586-602.

LIMA BARRETO E O DESTINO DA LITERATURA 103

spenceriana são precisamente o contrário: restrições severas ao grau de liberdade individual, submissão ao estado e presença de um patriotismo exaltado. Tal como o adjetivo "militante" indica, tal sociedade floresce, segundo Spencer, em um país que toma o hábito de funcionar em pé de guerra. Qualquer leitor de *Triste fim de Policarpo Quaresma* poderá apreciar o quanto a ditadura do marechal Floriano Peixoto parece exemplificar a teoria spenceriana e ainda mais se acrescentarmos à lista de traços típicos da sociedade militante outro aspecto apontado por Spencer: um decréscimo acentuado de eficiência. Na sociedade industrial spenceriana, o estresse da competição incita à eficiência – especialmente em instituições públicas, tais como o exército e o funcionalismo, que, na sociedade militante, são

> regimentadas de maneira militar, mantidas todas pelos impostos exigidos à força... não depende[ndo] diretamente para sua existência e por seu crescimento daqueles que elas têm, por definição, obrigação de beneficiar.[34]

Eis a base ideológica para a sátira hilariante de tais instituições, com a qual nos deparamos não só nesse romance, mas em muitos escritos barretianos, tanto não ficcionais como ficcionais. Repare-se que é assim que Policarpo Quaresma, uma figura nada marcial, se incorpora às fileiras do exército com o grau de major, e não tem outra alternativa senão aprender com seu subordinado, o tenente Fontes, os primeiros princípios da ciência da artilharia. Seu estatuto de "major" deve-se ao fato de, anos antes, um amigo tê-lo nomeado com o grau de major para uma lista honorária da Guarda Nacional e, apesar dos protestos de Quaresma, o título pegou. Essas são suas credenciais para uma carreira militar, o que nos leva ao último conceito sociopolítico spenceriano relevante: o conflito perpétuo entre os chamados "sistema de *contract*" e "sistema de *status*". Na sociedade industrial spence-

---

34 Spencer, *Principles of Ethics* [Princípios de ética], v.2, p.231.

104 R.J. OAKLEY

riana, que respeita a liberdade individual e a iniciativa, a qual logicamente inspira um forte sentido de responsabilidade individual, não há necessidade de uma agência, déspota de controle.[35] O funcionalismo, por exemplo, recua perante a liberdade de ação capitalista-burguesa, de tipo *laisser-faire* – qualidade que Spencer chama de *plasticidade*. Postos e ocupações "são determinados pelo princípio de eficiência", e homens aptos obtêm "as funções para as quais se mostraram mais adequados".[36] Spencer denomina esse estado de coisas de sistema de *contract*.[37] Seu oposto é o sistema de *status*, que opera na sociedade militante. Nas sociedades militantes,

> o indivíduo pertence ao estado e enquanto a preservação da sociedade é o objetivo principal, a preservação de cada membro desta sociedade é sempre de importância secundária.[38]

Tal sociedade

> pressupõe uma instrumentabilidade coercitiva, que necessita de um sistema de centralização que reconhecemos num exército no qual, sob o comando de um comandante supremo, há comandantes secundários que controlam grandes massas de homens, e sob esses comandantes, outros terciários que por sua vez controlam massas mais pequenas, e assim sucessivamente [...] E esta é a forma de sociedade caracterizada pelo *status* – uma sociedade cujos membros podem ser medidos uns contra os outros em graus de subordinação sucessivamente menor.[39]

Em tais estruturas sociais, a iniciativa individual é reprimida: gera-se uma mentalidade de aceitação e expectativa passivas.[40] Como já observamos em outra ocasião, a maioria dos personagens em *Tris-*

---

35 Id., *Principles of Sociology*, p.608.
36 Ibid.
37 Ibid, p.613-9.
38 Ibid., p.572.
39 Ibid., p.572-3.
40 Ibid., p.599.

LIMA BARRETO E O DESTINO DA LITERATURA 105

te fim de Policarpo Quaresma retrata um desejo sequioso pela promoção baseado em uma expectativa passiva de qualquer coisa que a sociedade requeira do indivíduo.[41]

Qual a importância de tal estado mental para o discurso pró-carlyleano e pró-tolstoiano? Tal mentalidade produz

> a repressão direta da cultura individual. Naturalmente uma vida ocupada em adquirir conhecimento científico, tal como uma vida ocupada na laboriosidade, é considerada com desdém por um povo afeiçoado à vida militar.[42]

Na sociedade militar descrita por Spencer, não há lugar para o estudioso fichteano, pois qualquer procura desinteressada de saber, ou seja, um saber cuja aquisição em nada contribua para a preservação do estado militante, hierárquico, é totalmente desvalorizada. É importante lembrar que no herói carlyleano, seguindo o ideal fichteano, a sinceridade significa estar inteiramente comprometido com a atividade na qual o herói esteja empenhado – a antítese total do diletantismo. Assim é o profeta Maomé:

> Não há Diletantismo nesse Maomé, do que se importa é de reprovação e salvação, do tempo e da eternidade, e trata disso com tremenda seriedade! Diletantismo, hipóteses, especulação, certa busca amadorista da verdade, brincando e coqueteando com a verdade: isto é o mais grave dos pecados. A raíz de todos os outros pecados imagináveis. Consiste em o coração e o alvo do homem nunca terem estado abertos à verdade – "vivendo em vã aparência". Tal homem não só profere e produz falsidades, mas é ele próprio uma falsidade... As mesmas falsidades de Maomé são mais verdadeiras do que as verdades de tal homem. Ele é o homem insincero: suave, polido, respeitável em alguns tempos e lugares; inofensivo, sem dizer uma palavra áspera para ninguém; muito puro – precisamente como o ácido carbônico é, que é morte e veneno.[43]

---

41 Oakley, op. cit., p.263-9.
42 Spencer, *Principles of Sociology*, op. cit., p.600.
43 Carlyle, *Os heróis*, p.75.

106 R.J. OAKLEY

Eis o retrato carlyleano de dois homens: o sincero e o não sincero. O segundo, a antítese do homem sincero é, ao longo de todos os
ensaios de Carlyle, o que ele chama de *quack* (charlatão). Essa palavra faz eco, evidentemente, ao contraste fichteano com o qual prin-
cipiamos este estudo, entre os dois tipos de estudioso: o forte e, portanto, o verdadeiro, e o débil e, portanto, falso – a que Fichte chama
de *stümper*.[44] No trecho seguinte, Carlyle analisa a natureza do charlatanismo, a antítese da sinceridade e do compromisso que, estetica-
mente, Lima Barreto venera em *O que é a arte?* de Tolstoi, detestan-
do seu contrário – a falta de profundeza de sentimento:

> O charlatanismo não dá nascimento a nada; dá morte a todas as coi-
> sas. Não penetraremos no verdadeiro coração de qualquer coisa, se ape-
> nas olhamos para as charlatanices; ou como meras doenças, corrupções,
> perante as quais o nosso e único dever de todos os homens é acabar com
> elas, varrê-las tanto dos nossos pensamentos como da nossa prática.[45]

Para Carlyle, o charlatanismo esconde-se por trás do fetichismo
do *status* e explica a cruzada barretiana ao longo da vida contra o fetichismo acadêmico de todo tipo. Em *Recordações do escrivão Isaías
Caminha*, além da sátira do mundo literário e da imprensa, deparamo-nos com a figura do doutor Franco de Andrade, cujos conhecimentos frenológicos durante a procura de um assassino são respeita-
dos não porque ele tem qualquer experiência prática neste campo
especializado, mas por causa de suas qualificações médicas e de uma

---

44 É crucial assinalar que, embora *Os heróis* seja, em alguns trechos, quase um
plágio de Fichte, Carlyle empenha-se em desenvolver e até alterar o impulso
ético do filósofo alemão. O *stümper* fichteano não passa de um frágil, um estudioso de baixa categoria que, mesmo sendo sincero, por falta de empenho e de
capacidade, simplesmente fracassa. Não é um charlatão. O charlatanismo não
aparece nos ensaios de Fichte. Analisar a falta de sinceridade, a hipocrisia, não
interessa, ao passo que em Carlyle a hipocrisia é uma presença fundamental,
fulcral e quase uma obsessão. Por isso, o *quack* em Carlyle sustitui o *stümper*
fichteano. Por isso, também, não é difícil entender, nesse contexto, a pertinên-
cia dos dois sistemas sociopolíticos idealizados por Spencer.

45 Carlyle, op. cit., p.12.

LIMA BARRETO E O DESTINO DA LITERATURA   107

imagem pública cuidadosamente cultivada. Já nos anos 1910-1, o sistema de *status* spenceriano estudado por Lima Barreto mediante uma série de fetichismos que ele isola como significantes de tal sistema alcança a maturidade, informando profundamente a estrutura de uma série de romances e relatos mais curtos, começando com "A nova Califórnia". Nesse conto, o prestígio e o *status* de Raimundo Flamel em Tubiacanga estão confirmados precisamente porque Bastos, um bacharel, um vereador e médico também, credenciais impossíveis de resistir, o afiançara como digno de confiança. "A nova Califórnia" narra a luta entre duas superstições: a nova superstição do doutor, representada por Bastos, e as superstições primitivas, representadas pelo culto dos mortos, que se evidencia na veneração do cemitério pelo povo. Essa superstição antiga desintegra-se perante a nova devido à cobiça que o próprio Bastos acaba por personificar no desfecho da história.

Como assinalamos anteriormente, o culto do fetichismo acadêmico, já presente nas páginas de *Recordações do escrivão Isaías Caminha*, está no centro da estrutura de *Triste fim de Policarpo Quaresma*. Olga Coleoni é apresentada como o personagem mais inteligente do livro. Ela é quem vê com clareza, como lembrou Rostóloff em *Recordações*, o fato de haver um deserto cercando a cidade do Rio de Janeiro. É ela quem entende, num abrir e fechar de olhos, os motivos do padrinho ao mandar o telegrama para marechal Floriano. Contudo, isso não impede que Olga se case com Armando Borges. Ela fora enganada, de forma a pensar que Borges era inteligente e honesto; mas desce à terra ao ver o marido sentado junto às janelas abertas, fingindo estudar, rodeado de livros que não abre nunca, para ganhar a fama de sábio laborioso:

> A sala da frente do alto porão tinha sido transformada em biblioteca. As paredes estavam forradas de estante que gemiam ao peso dos grandes tratados. À noite, ele abria as janelas das venezianas, acendia todos os bicos de gás e se punha à mesa, todo de branco com um livro aberto sob os olhos.[46]

---

46 Lima Barreto, op. cit., v.2, p.197.

108 R.J. OAKLEY

A biblioteca de Quaresma também está cheia de livros, mas o contraste é chocante. Nas duas descrições, os livros são metonímias de todo um mundo: o mundo da inteligência, da instrução, do saber – o mundo da atividade intelectual; mas enquanto na biblioteca de Quaresma os significantes e os significados coincidem para formar o signo de um saber autêntico, no mundo de Borges o signo oculta um enorme vazio – uma mera casca metafórica à semelhança da redação de *O Globo* em *Recordações do escrivão Isaías Caminha*. Borges senta-se aparatosamente à janela rodeado de volumes pejados de erudição, os quais não lê, enquanto Quaresma lê muito, mas não mostra os livros a ninguém. Os conhecidos de Borges não satirizam sua biblioteca nem seus hábitos de leitura, porque estão em consonância com seu *status* de homem formado, instruído, um sábio; em contrapartida, Quaresma é censurado pelo simples fato de possuir livros: "Se não era formado, para que? Pedantismo!".[47] Em *Triste fim de Policarpo Quaresma* a trajetória do saber e da inteligência está em declínio, ao passo que a do charlatanismo acadêmico e intelectual é ascendente. O eclipse da inteligência e da sinceridade percebe-se por um lado no triste fim de Policarpo Quaresma, cuja vontade de saber é genuína e, por outro lado, com o êxito inexorável de Armando Borges. A vitória do charlatanismo e do saber falso é salientada pelo fato de a própria Olga ter-se casado com Borges.

A epígrafe do romance é atribuída a *Marc-Aurèle et la fin du monde antique* [Marco Aurélio e o fim do mundo antigo], de Ernest Renan, a biografia do ilustre imperador-filósofo romano:

> O grande inconveniente da vida real e que a torna insuportável para o homem superior é que, se transportamos para aí os princípios do ideal, as qualidades se tornam defeitos, de forma que frequentemente suas realizações e sucessos são mais fracos do que as daquele que se move pelo egoísmo ou pela rotina vulgar.[48]

---

47 Ibid., v.2, p.198.
48 Renan, *Œuvres complètes* [Obras completas], v.5, p.1.039.

LIMA BARRETO E O DESTINO DA LITERATURA 109

Renan vê em Marco Aurélio um "homem superior" e um herói trágico que se sacrifica por uma empreitada que ele mesmo antevê fadada ao fracasso: a conservação do Império Romano. Apesar de seus erros, disparates e loucura temporária, Policarpo Quaresma também é considerado por Lima Barreto um homem superior renanista e, portanto, incompatível com a ignorância e o egoísmo com o qual ele é obrigado a defrontar-se. Além disso, Policarpo e o imperador romano são escritores cuja obra não pode modificar de modo algum os destinos de suas nações respectivas. Há uma grande diferença, no entanto, entre o major Quaresma e o autor dos *Pensamentos*: aquela lucidez estoica deste último no retrato que Renan nos dá quando escreve, por exemplo, o seguinte sobre o imperador-filósofo como chefe militar:

> Cético no que diz respeito à guerra, mesmo praticando-a, afastava-se de tudo e, mergulhando na contemplação da vaidade universal, duvidava da legitimidade de suas próprias vitórias![49]

Aqui, deparamo-nos, evidentemente, com um Marco Aurélio pessimista schopenhaueriano *avant la lettre*. O imperador-filósofo renanista é a quintessência do tédio finissecular de que o historiador e pensador francês Renan e o romancista francês Anatole France se valeram com o fim de criar o herói intelectual paradigmático – tédio ao qual nosso romancista brasileiro, apesar de sua militância, nunca escapou. Em termos puramente filósoficos, Renan, tocado pela cosmovisão schopenhaueriana, mas de modo ambivalente, dá voz, em seu livro de ensaios *Dialogues et fragments philosophiques* [Diálogos e fragmentos filosóficos] (1876), a uma preocupação angustiante quanto ao destino do empenho intelectual da humanidade. Nesse livro, que Lima Barreto possuía e com certeza conhecia muito bem, encontramos o ser humano dominado por forças que ignora, mas que lhe determinam o destino. Deus não figura no mundo renaniano, mas tem, mesmo assim, uma presença que se deve procurar no de-

---

49 Ibid., p.904.

110 R.J. OAKLEY

senvolvimento da ciência. Renan acabava de assistir à violência e à destruição causadas pelo transcorrer e pelas consequências da Guerra Franco-Prussiana de 1870-1871; e o futuro imediato apresentava--se-lhe muito turvo:

> São tempos tristes. Perguntamo-nos vinte vezes por dia se vale a pena viver para assistir à ruína de tudo o que amamos. Feliz aquele que crê numa cidade de deus eterna e pode, como Santo Agostinho, durante o cerco de Hipona, morrer consolado![50]

No que diz respeito aos tempos futuros, só a ciência e os esforços da inteligência humana podem, em última instância e em termos positivistas, trazer o progresso. Aqui, não há lugar para o diletante tolstoiano ou o charlatão carlyleano: só o que Renan chama de autêntico *savant* acarretará um progresso autêntico. Ainda assim, a missão é problemática. Tanto Raimundo Flamel quanto Policarpo Quaresma são de fato autênticos; contudo, o sábio autêntico, quer ele seja sério (Flamel), quer seja cômico (Quaresma), não imprime sua marca no campo brasileiro. Renan alerta para esta eventualidade nos *Dialogues* [Diálogos]:

> É então pouco provável que Deus se realize através da democracia. A democracia sectária e ciumenta é até aquilo a que podemos chamar de erro teológico por excelência, uma vez que o objetivo perseguido pelo mundo, longe de ser um nivelamento das diferenças, deve ser, pelo contrário, *criar deuses, entes superiores, que os restantes seres conscientes adorarão e servirão, felizes por estarem ao seu serviço.* A democracia é neste sentido o antípoda das vias de Deus, este não querendo que todos vivessem ao mesmo nível a verdadeira vida do espírito. Nós não gostamos do antigo regime, porque ele abafava o pensamento; muitas vezes incomodou os sábios, *mas uma democracia sem ideal não lhes será muito mais favorável.* Para já é necessário preferir a democracia, já que ela é menos hostil que o antigo regime para com o progresso do espírito; *mas*

---

50 Renan, *Dialogues philosophiques* [Diálogos filosóficos], p.85.

LIMA BARRETO E O DESTINO DA LITERATURA 111

o relaxamento que ela convoca poderia, a longo prazo, ser funesto. O devotamento é indispensável à ciência; num país imoral ou superficial não se podem formar verdadeiros sábios; um sábio é o fruto da abnegação do homem sério, dos sacrifícios de duas ou três gerações; representa uma enorme economia de vida e de força... *O redentor, o messias, não pode nascer de um país entregue ao egoísmo e aos baixos prazeres.* É necessário que aquele que pensa encontre pessoas que queiram sem dúvida cumprir com sua parte do trabalho, e isto sem compreender nem apreciar o que ele faz. *Nada de mais contrário ao espírito de uma certa democracia, que não admite o valor de nada para além daquilo de que pode desfrutar diretamente, ou, melhor dito, daquilo de que ela julga desfrutar.*[51]

Apesar do elitismo reacionário e positivista da ideologia renanista, os termos em itálico tentam salientar as ideias aqui presentes que perseguem as obras de Lima Barreto em geral e que tendem a estruturar suas maiores obras ficcionais – especialmente *Triste fim de Policarpo Quaresma* e "A nova Califórnia". Para ele, elas eram irresistíveis. A felicidade futura da humanidade tinha que depender do empenho intelectual; mas como lográ-la, dada a falta de humanidade que caracterizava o relacionamento dos homens entre si? Daí a tentação do pessimismo para Lima Barreto.

O Schopenhauer de Renan é por um lado um providencialista e evolucionista, cuja Vontade Universal funciona para o bem da humanidade e do universo e que, no entanto, por outro lado, se insurge contra a Vontade. Renan explica essa postura nos *Dialogues*, fazendo com que seu porta-voz Philalèthe interprete a Vontade como egoísta por um lado, e por outro, aceite esse egoísmo monstruoso:

Vejo claramente, juntamente com Schopenhauer, que há um grande egoísta que nos engana; mas, ao contrário de Schopenhauer, resigno-me; eu aceito, submeto-me aos objetivos do ente supremo. A moral reduz-se assim à submissão.[52]

---

51 Ibid., p.137-8 [grifo nosso].
52 Ibid., p.104.

112   R.J. OAKLEY

A reação de Renan para com Schopenhauer exprime bem o dilema artístico e moral perante toda a maldade contra a qual o discurso pró-tolstoiano luta:

> O mal está em revoltarmo-nos contra a natureza, quando já vimos que ela nos engana. Ei! Certamente que ela nos engana; mas submetamo--nos. Seu objetivo é bom; desejemos o que ela deseja. A virtude é um amém obstinado, dito aos objetivos obscuros que a Providência persegue por nós.[53]

É muito curta a distância que vai da postura renanista (semelhante à de seu herói intelectual, o imperador Marco Aurélio) a uma postura de quietismo, renunciação e retiramento do mundo, que Schopenhauer declara, no final do seu *magnum opus*, ser a única solução duradoura ao problema da condição humana, pois todo esforço humano é vão e inútil.[54]

Policarpo Quaresma tarda muito em dar-se conta do caráter vão da ação. O enlouquecimento e a morte da moça abandonada, Ismênia Albernaz, fornecem o triste pano de fundo para o igualmente triste fim do major Quaresma. Na cena mais schopenhaueriana de toda a obra romanesca barretiana, ao contemplar o corpo morto de Ismênia, Quaresma retrata em sua mente o cemitério na ladeira da colina onde ela vai ser depositada. Ele imagina, ainda, a inutilidade da energia e do esforço humanos ridicularizados no espectáculo dos túmulos antropomorfizados que lutam por espaço no cemitério para fugir ao anonimato da morte.[55] O drama e a morte patéticos de Ismênia dão--nos o tom do absurdo que encontra seu paralelo na carnificina e na violência narradas por Quaresma na carta à irmã Adelaide escrita no hospital onde ele se encontra em convalescença. A carta a Adelaide é um autêntico paradigma do discurso pró-tolstoiano:

---

53 Ibid., p.106.
54 Schopenhauer, *The World as Will and Representation* [O mundo como poder e representação], v.2, p.573-639.
55 Lima Barreto, op. cit., v.2, p.259-60.

LIMA BARRETO E O DESTINO DA LITERATURA 113

Eu não vi homens de hoje; vi homens de Cro-Magnon, do Neanderthal armados com machados de sílex, sem piedade, sem amor, sem sonhos generosos, a matar, sempre a matar [...] Este teu irmão que estás vendo, também fez das suas, também foi descobrir dentro de si muita brutalidade, muita ferocidade, muita crueldade [...] Perdoa-me! Eu te peço perdão, porque preciso de perdão e não sei a quem pedir, a que Deus, a que homem, a alguém enfim.[56]

No antepenúltimo parágrafo da carta à irmã, Policarpo escreve: "É melhor não agir, Adelaide".[57] No fim da carta, ao renunciar à cruzada patriótica, ele anela a paz e retira-se do mundo por completo:

[...] irei viver na quietude, na quietude mais absoluta possível, para que do fundo de mim mesmo ou do mistério das coisas não provoque a minha ação o aparecimento de energias estranhas à minha vontade, que mais me façam sofrer e tirem o doce sabor de viver.[58]

Para alguns críticos, tal postura tem parecido reacionária. Lima Barreto era já um sedento assíduo da fonte do pessimismo finissecular; e isto, juntamente com o absurdo, dá à sua prosa de ficção uma amostra de sua qualidade *sui generis*. A "mensagem" é aquela mistura de quietismo e protesto desafiador, peculiar a Lima Barreto.

Nossa última perspectiva sobre o major Quaresma encontra-o a chegar tristemente à conclusão de que não só o Brasil em nada mudara durante sua vida, mas também que a história deixara pouca ou nenhuma marca nesse seu país:

E ele se lembrava que há bem cem anos, ali, naquele mesmo lugar onde estava, talvez naquela mesma prisão, homens generosos e ilustres estiveram presos por quererem melhorar o estado de coisas de seu tem-

---

56 Ibid., v.2, p.270.
57 Ibid., v.2, p.271.
58 Ibid.

po. Talvez só tivessem pensado, mas sofreram pelo seu pensamento. Tinha havido vantagem? As condições gerais tinham melhorado? Aparentemente sim; mas, bem examinado, não.[59]

Estes homems da Inconfidência valeram-se de sua inteligência para o bem de seus conterrâneos e sua recompensa foram o sofrimento e a morte. Tal como acontece frequentemente na obra de Lima Barreto, não só a ação é infrutífera, mas também o é o pensamento. Pensar é uma atividade problemática e repleta de perigos.[60] Em um momento anterior na narrativa, Ricardo Coração dos Outros fez observar a Quaresma: "É bom pensar, sonhar consola". Quaresma replica: "Consola, talvez; mas faz-nos também diferentes dos outros, cava abismos entre os homens...".[61]

Apesar de seu patriotismo ufanista, apesar do fato de ser uma figura inequivocamente cômica, as últimas horas de Quaresma têm um *pathos* – que se torna intenso nas últimas páginas – trágico quiçá sem paralelo em toda a literatura brasileira. Esse *pathos* é decorrente da qualidade da derrota de Policarpo, pois Lima Barreto faz com que esta seja geral. Talvez deva mesmo denominar-se "derrotas", a mais importante sendo a do discurso inteligente. Quaresma é apenas poupado de assistir ao espectáculo da derrota de Olga, a quintessência do discurso inteligente no romance, a qual acredita na possibilidade de mudança para o melhor. Mulher, desprovida da força fetichista do *status* spenceriano, ela não tem poder; e, em todo caso, mesmo que o tivesse, seu discurso é oral e, portanto, carece de qualquer trascendência.[62]

---

59 Ibid., v.2, p.287.

60 Carmem Lúcia Negreiros de Figueiredo trata do pessimismo barretiano em *Triste de fim de Policarpo Quaresma* vinculando esta problemática de pensamento e ação a Nietzsche. Com razão, pois Nietzsche era um filósofo que tentava desesperadamente contornar o *impasse* schopenhauriano. Ver Figueiredo, *Trincheiras de sonho*, p.124.

61 Lima Barreto, op. cit., v.2, p.94.

62 Figueiredo. *Lima Barreto e o fim do sonho republicano*, p.51-2.

LIMA BARRETO E O DESTINO DA LITERATURA **115**

Integra a narrativa de *Triste fim de Policarpo Quaresma* uma série de textos compostos para impressionar e, portanto, modificar um estado de coisas vigente. O único crítico, segundo sabemos, a abordar o romance deste ponto de vista, Haydée Coelho, é otimista, contemplando o narrador como

> marginalizado socialmente, por não possuir o poder político e, ao mesmo tempo, detentor do poder da escrita, salvou e manteve o poder que era seu: o poder de falar, de denunciar [...] E é ele quem revela a verdade ao leitor, que não dispõe da posse da palavra para ridicularizar o poder.[63]

Lima Barreto também está assinalando, todavia, a ineficácia da palavra escrita para modificar o que quer que seja, para interromper a causalidade implacável da História, ou para mitigar o peso morto que é a apatia humana, extraordinariamente representada no romance pelo retrato do marechal Floriano, cujos subordinados podem dar livre curso à sua sede de vingança, pois contam tranquilamente com a indiferença e a inércia do ditador.

A derrota do discurso inteligente, esboçada em *Recordações do escrivão Isaías Caminha*, constitui a temática que há de dominar e compor a prosa de ficção de Lima Barreto a partir da composição das obras cruciais de 1910-1911. A partir de então, como vamos ver, sua prosa de ficção vai tornar-se uma meditação tanto sobre o destino da inteligência como sobre o do discurso pró-tolstoiano.

---

63 Coelho, *Retórica da ficção e do nacionalismo em "Triste fim de Policarpo Quaresma"*: a construção narrativa de Lima Barreto, p.85. A tese de Coelho, escrita tantos anos atrás, aguarda ainda a divulgação que merece.

A SÍNDROME JAVANESA

A força física na forma do exército instala, em nome do patriotismo, um sistema de *status* à custa de trabalho, iniciativa e inteligência individuais, que teriam prevalecido na sociedade industrial spenceriana sob o nome de sistema de *contract*. Os problemas do subdesenvolvimento e as dores de crescimento de um país novo são, para Lima Barreto, a expressão eloquente da descrição spenceriana da luta entre as sociedades "industrial" e "militante", e o triunfo da segunda.

A origem imediata de duas obras de ficção significativas que se seguiram encontra-se no vivo interesse com que Lima Barreto seguiu a luta pelo poder que se desenrolou no início de 1909, após a morte repentina do presidente do Brasil, Afonso Pena. A campanha subsequente travou-se entre o marechal Hermes Rodrigues da Fonseca e o candidato civil, Rui Barbosa. O triunfo do marechal nas eleições trouxe, mais uma vez, um soldado para a liderança da política brasileira e aparentou confirmar a presença contínua do exército como força política, temida por Lima Barreto. A eleição de Hermes da Fonseca à presidência, em novembro de 1910, coincidiu precisamente com a composição de *Triste fim de Policarpo Quaresma*. Obrigado a conformar-se com o exército como um ingrediente vital da Nova República, Lima Barreto poderia ter decidido criar seu teste-

118 R.J. OAKLEY

munho da Campanha Civilista, da qual *Numa e a Ninfa* viria a constituir um depoimento ficcional; mas, ao invés disso, escreveu *Triste fim*, romance no qual ele examina a anatomia da violência e da força militar na sociedade brasileira em suas origens positivistas e republicanas. Pode também ter sido inspirado a evocar Floriano como uma grande figura do poder militar através da inauguração da estátua do Marechal de Ferro no centro do Rio. A cerimônia realizou-se no dia 21 de abril de 1910. Suposições à parte, a figura de Floriano e da República nascida da anarquia e da violência resultaram, na perspectiva de Lima Barreto, em um sistema de *status* no qual o futuro pertencia a homens como o médico Armando Borges e o funcionário público Genelício. "A nova Califórnia" e *Triste fim de Policarpo Quaresma* são uma tentativa corajosa de compreender a realidade brasileira da época e sugerir, por meio da arte, uma visão alternativa. Acima de tudo, a alegoria intemporal de "A nova Califórnia" e a narrativa realista da cruzada de Quaresma supõem tanto aquela derrota da escrita quanto a busca desinteressada pelo conhecimento científico e da escrita que acontece sempre que alguém tenta usar o saber ou a palavra escrita para melhorar a sociedade. Acreditamos que esta crescente convicção explica, em parte, o uso cada vez mais frequente, a partir de 1911, da caricatura na obra de Lima Barreto e, em especial, a criação de sua alegórica República de Bruzundanga. Lima Barreto começou a publicar artigos sobre a República de Bruzundanga em janeiro de 1917, no semanário carioca *ABC*, mas já usava a palavra "bruzundanga" anteriormente, em 1911. O *Grande Dicionário da Língua Portuguesa* dá a "bruzundanga" ou "burundanga" o significado de "palavreado confuso", "cozinhado mal feito pouco limpo", e "trapalhada". No plural, a expressão significa "ninharias". No prefácio do volume 7 das *Obras de Lima Barreto*, os editores de Lima Barreto concluem, razoavelmente, que esta mítica República de Bruzundanga deve ser vista pelo leitor como um país das trapalhadas (terra de confusão, bagunça, desorganização).

O capítulo de abertura do texto, publicado postumamente, "Os samoiedas" – que são na verdade uma raça transcaucasiana aparentada com os tártaros –, trata da literatura em Bruzundanga. Sabe-se

LIMA BARRETO E O DESTINO DA LITERATURA 119

que os alvos principais de Lima Barreto são uma autoridade institucional que louva a linguagem arcaica, a erudição por si só e o esteticismo, todos eles obtidos a partir de modelos estrangeiros. Os poetas de Bruzundanga afirmam que as origens de sua escola de poesia estão no Ártico siberiano e celebram suas origens vestindo-se com peles de animais como se estivessem num clima ártico. Esta é, obviamente, uma sátira alegórica da colonização cultural europeia do Brasil. Depois desse capítulo "especial", Lima Barreto trata de uma variedade de outros aspectos do Brasil contemporâneo de então. As grandes personalidades dos primeiros vinte e cinco anos da República Velha desfilam perante nós sob pseudônimos: Rui Barbosa, Rio Branco, Floriano Peixoto etc. A obsessão com as aparências e a veneração por uma variedade de fetiches culturais previsíveis formam o esteio da sátira pungente de Lima Barreto: o canudo e o anel do doutor; a farda do soldado; as manifestações de aclamação de uma reverenciada figura nacional confirmando, aliás, provando, de fato, sua grandeza... Essas páginas são o ponto mais extremo da demorada meditação sobre o conceito do sistema de *status* spenceriano.

Os bruzundangas foi finalizado em 1917, mas Lima Barreto continuou a publicar artigos sobre a vida em Bruzundanga até 1921. Em um desses artigos, publicado em 1919, ele relata como um poeta de talento morre pobre e esquecido no subúrbio da capital. O veredito do público sobre este homem é que ele é javanês e não sabe sânscrito.[1] Desse modo, Lima Barreto aponta a marginalização do homem de cor e o fetiche da erudição aparente como um sinal de talento verdadeiro. O poeta desprezado por ser negro e por não ser erudito encapsula, numa exagerada caricatura, o mundo às avessas de Bruzundanga. Assim, Lima Barreto informa-nos de que para obterem uma boa reputação, no contexto do sistema de *status* que reina em Bruzundanga, os médicos devem fazer "uma compilação em sânscrito. O médico sábio não pode escrever em outra língua que o sânscrito. Isto lhe dá foros de literato e aumenta-lhe a clíni-

---

1 Lima Barreto, *Obras de Lima Barreto*, v.7, p.179.

ca".[2] No entanto, Lima ridiculariza este mundo de uma forma muito mais forte no conto que escreveu imediatamente após completar *Triste fim de Policarpo Quaresma*, em 1911.

Juntamente com "A nova Califórnia" e *Triste fim de Policarpo Quaresma*, "O homem que sabia javanês" constitui, de acordo com Francisco de Assis Barbosa, uma espécie de trilogia composta na metade dos vinte anos de carreira do escritor, quando ele estava, como declara o ilustre biógrafo com alguma justiça, no auge de suas capacidades.[3] Em "O homem que sabia javanês", Lima Barreto concentra-se no reino do fetichismo literário e acadêmico em um sistema de *status* spenceriano. Uma vez mais, o mundo dos livros e do saber compõe o pano de fundo, desta vez com implicações picarescas. As páginas finais de *Triste fim* retrataram a inteligência e a diligência em eclipse, e um tipo de arrivismo profissional e de moleza intelectual em ascensão. "O homem que sabia javanês" insiste no tema. Borges e Genelício são, no mínimo, profissionais, licenciados legítimos no âmbito de suas profissões, mas que, na verdade, preferem a política, a hipocrisia acadêmica e o casamento de conveniências ao trabalho árduo. Na figura de Castelo, "o homem que sabe javanês", Lima Barreto conduz sua análise do arrivismo a outro nível. Castelo vem do Norte para a capital na esperança de fazer fortuna; mas, uma vez lá, as coisas correm mal. Faminto e necessitado, ele lê um anúncio no jornal pedindo um professor de javanês e decide candidatar-se. Vai à Biblioteca Nacional, aprende alguns fatos sobre a geografia e a literatura de Java, memoriza o alfabeto e umas vinte palavras e frases em javanês e candidata-se ao emprego. Um venerável barão do Império havia jurado ler, antes de morrer, um volume antigo, escrito em javanês, que tinha pertencido a seu avô. Tinha-lhe sido dito que se tivesse conhecimento do conteúdo do livro, este traria boa sorte à sua família, e que se o deixasse de fazer, sucederia o contrário. Castelo simula ensinar javanês ao velho homem, e quando o barão pre-

---

2 Ibid., v.7, p.169.
3 Barbosa, *A vida de Lima Barreto*, p.202.

LIMA BARRETO E O DESTINO DA LITERATURA 121

visivelmente desiste, este pede a Castelo que lhe traduza o livro. Sem saber ler javanês, ele inventa todo tipo de disparates e os passa ao barão como sendo o conteúdo do livro. O barão, extático, aumenta o salário de Castelo e recomenda-o ao ministro das Relações Exteriores, que o envia a Basileia como representante brasileiro em um congresso linguístico. O velho barão morre e deixa-lhe um pequeno legado, o qual ele emprega publicando sua própria autobiografia e alguma pseudoerudição em estudos javaneses. Como resultado da fama adquirida através dessas publicações, ele é muito festejado na Europa. Em seu retorno, é convidado para almoçar com o presidente do Brasil e é-lhe outorgado um posto consular em Havana.

O mundo do conhecimento científico adquirido por meio da aplicação paciente da inteligência e da pesquisa minuciosa é derrotado em *Recordações do escrivão Isaías Caminha*, "A nova Califórnia" e *Triste fim de Policarpo Quaresma*. A causalidade que estrutura essas obras está concentrada no drama da palavra escrita: as circunstâncias provocam a escrita que, uma vez invocada, se apossa para bem e para mal de destinos individuais. É verdade que os protagonistas dessas narrativas flutuam, por assim dizer, desligados das amarras sociais do costume e das quais se poderia esperar que lhes modificassem as trajetórias – Isaías Caminha quando jornalista no Rio; Policarpo Quaresma perdido em seu mundo de sonhos; Flamel, o inventor eremita; Borges e Genelício, os umbiguistas de extremo egotismo; Floriano, o ditador todo-poderoso –, mas todos eles, em dado momento, são chamados a escrever, e este escrever, seja qual for a motivação, não traz nenhum benefício à sociedade. O escrever só beneficia aquele que adapta sua obra escrita ao discurso daqueles que estão no poder. Lima Barreto perseguiu obsessivamente esta forma de causalidade a partir do momento em que abandonou a primeira versão de *Clara dos Anjos*. Tendo descartado o jovem escritor aspirante (Isaías Caminha), o cientista (Raimundo Flamel) e o reformador patriótico (Policarpo Quaresma), ele agora demonstra como o ato de escrever definirá o único tipo de sucesso possível na República de Bruzundanga – o do arrivista num sistema de *status* profundamente enraizado.

122 R.J. OAKLEY

Também "o homem que sabe javanês" flutua na sociedade como um Isaías Caminha mais oportunista e sagaz, tendo recentemente chegado das províncias. O interlocutor a quem ele conta sua história entende isso desde o começo: "O meu amigo ouvia-me calado, embevecido, gostando daquele meu Gil Blas vivido".[4] O epíteto equipara Castelo ao herói picaresco de LeSage, demonstrando claramente a preocupação de Lima Barreto em criar um agente com livre-arbítrio, cuja incorporação na classe dominante dependerá de fatores totalmente alheios a suas ações anteriores ao drama que ele narra. A rigorosa causalidade do enredo é anunciada na abertura de sua narrativa seguinte:

— Imagina tu que eu já fui professor de javanês?
— Quando? Aqui, depois que voltaste do consulado?
— Não; antes. E, por sinal fui nomeado cônsul por isso.
— Conta lá como foi.[5]

Assim, como em *Recordações do escrivão Isaías Caminha*, Lima Barreto recorre à estrutura do romance picaresco clássico: o protagonista declara no começo de sua história as circunstâncias de sua vida no preciso momento em que começa a relatar e prossegue mergulhando no passado, de tal forma que a narrativa seguinte surge como uma explicação para aquelas circunstâncias. Contudo, apesar do fato de tanto o romance como o conto falarem sobre o ato de escrever, fazem-no de formas radicalmente distintas: a vida de Isaías Caminha explica como ele começa a ler e a escrever; a obra e a leitura de Castelo modelam a vida que ele, logo em seguida, começa a viver. Ele lê o anúncio no jornal sobre o cargo de professor de javanês e responde-lhe – mas não sem antes consultar a rubrica "Java" na *Grande Encyclopédie*. Essa consulta, por sua vez, fornece referências a vários manuais de línguas do Arquipélago malaio, um dos quais

---

4 Lima Barreto, op. cit., v.5, p.237.
5 Ibid.

LIMA BARRETO E O DESTINO DA LITERATURA **123**

ele consulta para memorizar o alfabeto javanês; ou seja, a leitura gera a escrita: Castelo copia o alfabeto, senta-se num parque e fica rabiscando os misteriosos caracteres na areia para memorizá-los melhor e habituar-se a escrevê-los. Só depois, então, é que escreve sua carta de candidatura ao cargo.

Mal sabe ele que todo seu futuro dependerá de saber ler, ou para ser totalmente exato, fingir ler, o livro misterioso dado ao avô de seu aluno em Londres, anos antes. De fato, é genuína a leitura que Castelo faz para seu patrão, mas somente o prólogo da obra em questão, o qual está escrito em inglês, e não em javanês. Destas páginas em inglês ele percebe que o conteúdo do livro consiste em algumas estórias escritas por um tal Príncipe Kulanga, um distinto escritor javanês. Tais detalhes são insignificantes. O que é importante é o efeito de tal informação no barão, que tem a certeza de que Castelo a obteve consultando o texto javanês. Obviamente, a ascensão de Castelo baseia-se na farsa inicial: tal como os jornalistas de Loberant, como Genelício e Borges, tal como Pelino, o sucesso social de Castelo depende de uma falsa erudição. Como Borges, ele somente irá fingir ler uma obra erudita. Mas a sátira do sistema de *status* vai mais longe ainda quando nos mostra um charlatão, que não só finge ler, mas inventa um novo conteúdo para o livro javanês, mantendo assim a farsa de que realmente sabe javanês. Desta forma, Castelo é chamado à escrita: ele reinventa as histórias do Príncipe Kulanga:

> Sabes bem que até hoje nada sei de javanês, mas compus umas histórias bem tolas e impingi-as ao velhote, como sendo do crônicon. Como ele ouvia aquelas bobagens...![6]

A leitura gera a escrita até o fim da narrativa de Castelo. Quando sua fama se espalha, ele tem, naturalmente, que manter a mentira que criou. A convite do *Jornal do Comércio*, escreve quatro colunas sobre a literatura javanesa antiga e moderna, cujo conteúdo é extraí-

---

6 Ibid., v.5, p.243.

do na íntegra de dicionários e manuais. Uma vez na Europa, ele publica sua biografia e alguma bibliografia em um jornal da Basileia e depois, publica trechos retirados da mesma fonte em vários outros países. O prestígio decorrente traz-lhe o almoço com o presidente, assim como o posto de cônsul.

O absurdo das aventuras de Castelo ilustra o que Arnoni Prado afirmou ser a queda do registro em direcção à caricatura flagrantemente humorística da realidade que prevalece cada vez mais na obra de Lima Barreto a partir de 1911-2.[7] Castelo é de fato um autoproclamado charlatão, mas, na verdade, este registro está patente desde a elaboração dos primeiros romances. Em *Vida e morte de M.J. Gonzaga de Sá*, Xisto Beldroegas sofre de depressão nervosa por ser incapaz de encontrar qualquer cláusula na lei brasileira que definisse o número exato de flechas que deveriam perfurar o corpo de São Sebastião. Franco de Andrade coloca sua perícia frenológica a serviço da polícia na caça ao assassino em *Recordações do escrivão Isaías Caminha*; essa perícia tira dele uma absurda hipótese racial para a identidade do assassino. Finalmente, os distúrbios relatados neste romance são provocados pela ameaça de uma operação em massa a todas as pessoas que tivessem pés grandes. Esse tipo de caricatura é quase invariavelmente um mecanismo para despir a digna fachada com a qual a ordem estabelecida mascara seu vazio e sua ineficiência e acaba preservando o sistema de *status*. Estes casos individuais de extrema excentricidade são dramaticamente contrastantes, e muitas vezes dizem respeito ao discurso. Por exemplo, a importância estrutural de Veiga Filho como narrador surge contrastiva quando justaposta à de Isaías Caminha. Afinal de contas, ambos são escritores. O mesmo pode ser aplicado a Xisto Beldroegas como burocrata em *Vida e morte de M.J. Gonzaga de Sá* quando contrastado com Gonzaga de Sá, a Meneses com Losque como jornalista em *Recordaçõesdo escrivão Isaías Caminha*, a Flamel com Pelino como sábio em "A nova Califórnia", e, em *Triste fim*, a Fontes com Qua-

---

7 Prado, *Lima Barreto: o crítico e a crise*, p.43.

LIMA BARRETO E O DESTINO DA LITERATURA 125

resma como soldado, e a Quaresma com Borges como patriota. Todas essas justaposições lembram a contraposição fichteana de estudiosos, o forte e o débil, o verdadeiro e o falso, que tanto impressionou Carlyle. O triunfo de Borges conduz o arrivismo da mediocridade mais para o centro do palco: com "O homem que sabia javanês", essa figura finalmente se transforma no protagonista. No que diz respeito ao estudioso ideal fichteano, ele não desaparece das obras ficcionais concebidas e escritas depois de *Triste fim de Policarpo Quaresma*. No entanto, quando aparece, ele surge nas margens da ação, exceto no romance inacabado *Cemitério dos vivos*, em um fragmento de romance, *Aventuras do doutor Bogóloff*, (publicado em 1912 na forma de fascículo e em episódios) e na elaboração romanesca de *Bogóloff*, o romance *Numa e a Ninfa* (1917).

O doutor Bogóloff é ainda outra variação da figura do charlatão. Castelo veio do Norte; Bogóloff é um imigrante estrangeiro vindo da Rússia e cujas necessidades e circunstâncias o forçam a viver sem recursos no país que adotou. À semelhança de Castelo, o prezado doutor assume um manto de perícia em áreas de conhecimento das quais ele nada sabe, empregando-se em uma série de aventuras lucrativas como agrônomo, biólogo, crítico de arte, pintor e criminologista. Tal como Castelo, mas de uma maneira mais consciente e adequada à sua educação universitária, ele planeja ser absorvido pelo sistema; no entanto, aqui a dívida para com histórias anteriores é mais profunda. Lima Barreto usa Bogóloff, o pobre imigrante, para explorar a temática da não mudança e do ufanismo sob um novo ponto de vista. O empregado de Policarpo Quaresma, Felizardo, dissera a Olga Coleoni que era inútil trabalhar para melhorar a terra porque pessoas como ele não recebiam ajuda alguma do governo, o qual favorecia os imigrantes à sua custa. Agora vemos a "nova Califórnia" do lado oposto, do ponto de vista de um daqueles imigrantes referidos por Felizardo. O confiante Bogóloff é enganado por folhetos que apresentam o Brasil como um país transbordando abundância. Ele é um imigrante Policarpo que vem para o Brasil rural com a melhor das intenções. O intérprete do processo de seu domicílio avisa-o, da mesma forma que o oficial local em Curuzu,

126 R.J. OAKLEY

Antonino Dutra, havia avisado Quaresma. E, assim como no caso de Quaresma, sua produção é dizimada por flagelos naturais. O Brasil não é nenhum paraíso ou Califórnia: "Quer dizer que eu no 'Eldorado', continuava a viver da mesma forma atroz que no inferno de Odessa".[8] Ele imita os pequenos produtores da região, plantando apenas as poucas espécies que as pestes permitem. É apenas adaptando sua vida ao estilo vetusto de vida do camponês indígena brasileiro que ele pode sobreviver no país. Ele acaba por entender que a riqueza que o país cria sempre se baseou, aparentemente, em demandas temporárias como a da madeira, a do açúcar, a do café e a da borracha. Pode-se ver de relance, nas primeiras páginas de *Aventuras do doutor Bogóloff*, um romance embrionário sobre ilusões perdidas, no qual a vida de estudante do herói relembra aquela de Isaías Caminha. Tal como Caminha, ele adquire um certo orgulho próprio, que passa a ser seu calcanhar de Aquiles quando entra em um ambiente hostil. Tal como Policarpo Quaresma, seus sonhos idealistas são fortificados por leituras vorazes. Este embrião é engolido pelas aventuras peripatéticas de Bogóloff, que o transformam, como a Castelo, em um tipo grosseiro de anti-herói neopicaresco.

Contudo, nosso interesse principal neste fragmento vem do fato de ele trazer consigo a gênese da história de arrivismo mais extensa de Lima Barreto – a de Numa Pompílio. Em um primeiro nível, *Numa e a Ninfa* (1917) é uma elaboração de *Aventuras do doutor Bogóloff* por meio do desenvolvimento de certos personagens esboçados neste último. Estruturalmente, *As aventuras do doutor Bogóloff* afasta-se dos primeiros romances de Lima Barreto. Apesar das possibilidades oferecidas pela narrativa do destino de um imigrante no Brasil de 1900 nas páginas de abertura, Lima Barreto abandona de forma clara o romance embrionário de ilusões perdidas, registrando de forma resumida as decepções de Bogóloff na Rússia e no Brasil, convertendo-o rapidamente num charlatão, cuja trajetória moral deixa de nos interessar daqui para a frente, pois, tal como Castelo,

---

8 Lima Barreto, op. cit., v.7, p.212.

LIMA BARRETO E O DESTINO DA LITERATURA 127

ele se adapta aos sistemas socioeconômico e cultural. O foco principal desloca-se, então, totalmente para a sátira dos aspectos da vida brasileira que sobressaem no percurso das aventuras episódicas de Bogóloff. No romance *Numa e a Ninfa*, Lima Barreto abandona por completo este tipo de protagonista.

Numa e a Ninfa é o quarto e último romance no qual uma figura pública, histórica, é empregada. É, por sinal, outro *roman à clef* no qual personalidades famosas do quadro político brasileiro da *Belle époque* surgem, pelo menos, efemeramente. A figura histórica principal é, no entanto, José Gomes Pinheiro Machado (1851-1915), que dominou a política brasileira do fim da administração de Rodrigues Alves, em 1906, até o início da Primeira Guerra Mundial. Nas páginas de abertura de *Numa e a Ninfa* é-nos oferecido um pressentimento da presença ubíqua desta figura poderosa, que nunca irá realmente aparecer no romance. Ele é descrito como estando rodeado "[pelos] seus asseclas, os muitos que lhe obedeciam cegamente".[9] Um destes é Numa Pompílio de Castro, que é o representante máximo do deputado comum e insignificante: os lacaios lhe recusavam a entrada na Câmara a não ser que ele tivesse entrado pela mesma porta no dia anterior. Numa é colocado no centro do palco político e surge, consequentemente, como o arquétipo do parasita político. Seu isolamento advém de sua própria mediocridade. A vida política vai decorrendo a seu redor, mas falta-lhe capacidade para compreendê-la e segui-la. Ele quer estar a par dos eventos políticos, mas uma mescla de estupidez e inércia impede-o de fazê-lo. Sua existência é governada pela ambição implacável de sua esposa e de seus mestres políticos.

Lima Barreto conduz o triunfo do arrivista em um sistema de *status* para o centro do palco e retoma, pela última vez, sua crônica ficcional de acontecimentos cuidadosamente escolhidos, os quais podem expressar mais eloquentemente as características da Nova República. Pinheiro Machado personificou o poder no Brasil de

---

9 Ibid., v.2, p.23.

128 R.J. OAKLEY

1910, da mesma forma que Floriano Peixoto em 1891-1894, ou como Edmundo Bittencourt e o barão de Rio Branco o fizeram entre 1901, ano da fundação do *Correio de Manhã*, e a morte do barão, em 1912. A vitória de marechal Hermes na eleição presidencial, em 1910, marcou o apogeu da carreira política de Pinheiro. Um artigo no *Jornal do Comércio* em 1915, na ocasião do assassinato de Pinheiro Machado, inclusive, liga-o a marechal Floriano:

> Nas manifestações ao túmulo de Floriano, nos primeiros anos da República civil o nome do senhor Pinheiro Machado era sempre aclamado pelo povo nas ruas do Rio.[10]

Pinheiro Machado aparece de passagem na pessoa do Senador Sofonias em *Aventuras do doutor Bogóloff.* A decisão de Lima Barreto de desenvolver essa figura episódica até chegar à figura de Bastos mostra sua determinação, ainda, em ser um cronista ficcional do cenário político brasileiro. Tendo composto crônicas sobre a importância crucial da intervenção militar na política dos primeiros anos da República em *Triste fim de Policarpo Quaresma*, ele apresenta agora, em *Numa e a Ninfa*, a forma de funcionamento da aliança entre a oligarquia rural e o Exército, com a figura de Pinheiro Machado como o elo vital entre esses dois tipos de poder. O memorialista Sertório de Castro observou como

> Pinheiro Machado, [...] havia habituado o país, [...] com a segurança de que podia contar com um chefe que era, por assim dizer, um centro coordenador permanente, dotado da precisa capacidade para orientar as correntes partidárias.[11]

Veremos que, à semelhança dos primeiros romances, Lima Barreto demonstra como o discurso inteligente pode ser colocado a serviço do tipo de poder que Bastos-Pinheiro Machado representa

---

10 *Jornal do Comércio*, 9 set. 1915.
11 Castro, *A república que a revolução destruiu*, p.374.

LIMA BARRETO E O DESTINO DA LITERATURA 129

no Brasil da *Belle époque*. O drama doméstico de Numa Pompílio fornece o palco no qual este processo pode ser visto em ação. Lima Barreto aplica a este seu romance a estrutura da parte final de *Triste fim de Policarpo Quaresma*. Assim como as expectativas de vários indivíduos estavam concentradas no resultado da ditadura de Floriano, também a possível vitória em 1910 do candidato militar Bentes (marechal Hermes), cujo governo seria controlado nos bastidores pelo Senador Bastos (Pinheiro Machado), cristaliza as ambições de muitos personagens em *Numa e a Ninfa*. A partir do momento em que o *agent provocateur* e facínora político Lucrécio Barba-de-bode entra na casa de Numa com a notícia de que há uma campanha para uma candidatura militar à Presidência, Lima Barreto põe em movimento todo um conjunto de medos e expectativas. A própria carreira de Numa Pompílio, construída por meio do apoio dado aos influentes, está agora em perigo. Outros estavam mais esperançosos. A mulher de Numa, Edgarda, tem um amante, seu primo, o dândi e literato Benevenuto, que ouve apoiadores do Senador Bastos e do General Bentes conversando em um bar: "Conheciam todas as misérias e todos os constrangimentos. Pareciam tranquilos, seguros de si e esperançados".[12] Lucrécio Barba-de-bode é um deles, e a campanha militarista de Bentes significa uma promoção para ele. Para o doutor Bogóloff, que mora com ele, quem sabe lá? Desde as páginas de abertura, o leitor acompanha o narrador de personagem em personagem. A mudança de um ponto de vista para outro não segue um padrão discernível por causa da completa ausência de enredo no sentido convencional, além de uma sensação augustiante de ameaça. Tudo é instável, sujeito a alterações, enquanto Numa, Edgarda, Lucrécio, Bogóloff, Fuas Bandeira – o magnata da imprensa – e o resto, correm de um lado para o outro da cidade em busca de informações, implorando favores, procurando garantias. Em lugar nenhum da prosa de ficção barretiana o sentido de movimento físico é mais insistente do que

---

12 Lima Barreto, op. cit., v.3, p.80.

130 R.J. OAKLEY

neste romance sobre política, no qual ele transmite não só a atividade frenética e o caos da capital em um tempo de crise política,
mas também a sensação de instabilidade e possível mudança, a qual
significa, em última instância, nenhuma mudança.

Neste ponto, vale a pena reafirmar a tese que enforma este estudo. Na prosa ficcional de Lima Barreto, especialmente nos romances, não são os ostensivos conflitos balzaquianos entre protagonista
e meio ambiente que dramatizam e ressaltam as realidades fundamentais do Brasil de 1900; é, antes, a relação do protagonista com
atos de discurso que mais fortemente expressa essas realidades.
Nunca chegamos a saber o destino desse desfile de seres humanos
que se apressam correndo pelas páginas do romance. Suspeitamos
que essa seja, pelo menos, uma das razões pelas quais muitos críticos têm virado as costas a *Numa e a Ninfa*.[13] Parece-nos que muitas
vezes os estudiosos não conseguiram, ou não quiseram perceber, que
Lima Barreto abandona propositadamente em *Numa e a Ninfa*, por
enquanto, os modelos balzaquiano e franceano do herói intelectual
e de suas relações com uma sociedade hostil.[14] A importância de
Numa Pompílio para a estrutura do romance baseia-se precisamente em sua nulidade, em sua mediocridade. Ele é o homem sem energia nem ideais; se há uma posição que ele adotará ativamente, será a
do conformismo total. Vagamente consciente de sua própria estupidez, ele fica horrorizado com a ideia de não estar a par dos eventos
políticos que ameaçam inflamar a crise presidencial.[15] O medo cô-

---

13 Por exemplo, *Numa e a Ninfa* está longe do ideal lukacsiano de realismo épico
que Carlos Nelson Coutinho tanto admira em *Recordações do escrivão Isaías
Caminha* e *Triste fim de Policarpo Quaresma* (Coutinho, *Realismo e antirrealismo
na literatura brasileira*, p. 23-6).

14 Pelo menos três estudos de fôlego empenharam-se em abraçar com entusiasmo
Numa e a Ninfa: Beiguelman, *Por que Lima Barreto*; Martha, *A tessitura satírica em "Numa e a Ninfa"*; e Vasconcellos, *Entre a agulha e a caneta: a mulher na
obra de Lima Barreto*. Martha talvez tenha descoberto por que *Numa e a Ninfa*
permanece desdenhado pela crítica, ao chamá-lo de obra de "caráter anticanô-
nico" (Martha, op. cit., p.64).

15 Lima Barreto, op. cit., v.3, p.63.

LIMA BARRETO E O DESTINO DA LITERATURA **131**

mico e patético de Numa e até de sua sábia Ninfa – sua mulher Edgarda – é o medo que as pessoas protegidas pelo sistema social e político vigente possuem. O mesmo pode ser dito com relação a outros; pode existir uma angústia originada por ambição e cobiça, mas não há nem estado de sítio nem conflito. A existência de tais estados indicaria o processo de perseguição e isolamento analisados por Osman Lins nos romances anteriores. Na verdade, essa característica é apenas um aspecto do problemático isolamento na prosa de ficção de Lima Barreto. O isolamento tem um papel em *Numa e a Ninfa* tão importante quanto nos outros romances. Ao invés de se concentrar no drama do isolamento de um ou dois personagens, agora toda a sociedade é descrita como sendo composta por pessoas isoladas, solitárias e alienadas. A solidão de Numa tem origem em sua estupidez e egoísmo; a solidão de Edgarda pode ser atribuída a seu casamento infeliz; Bogóloff atribui sua solidão à condição de *emigré* [emigrado] e *déraciné* [desarraigado]; Lucrécio é isolado e alienado pelo abismo existente entre suas ambições materiais e suas possibilidades – por sua posição humilde, ele é totalmente dependente do sistema vigente. Finalmente, Benevenuto é isolado por sua própria vaidade intelectual e por seu cinismo. Sônia Brayner foi durante muitos anos a única crítica a ter apontado Benevenuto como um esboço de protagonista inteligente e problemático de *Numa e a Ninfa*.[16] A postura dele é de um ceticismo um tanto torturado, vendo o cenário político carioca com uma mistura de impaciência e repugnância, mas mesmo assim incapaz de se desligar dele:

> Moço ilustrado, a par de tudo. Rico ainda, podia bem viver fora do Rio, mas dava-se mal fora dele, sentia-se desarraigado, se não respirasse a atmosfera dos amigos, dos inimigos, dos conhecidos, das tolices e bobagens do país. Lia, cansava-se de ler, passeava por toda a parte, bebia aqui e ali, às vezes mesmo embebedava-se, ninguém lhe conhecia amores e as confeitarias o tinham por literato.[17]

---

16 Brayner, A mitologia urbana de Lima Barreto. In: *Tempo brasileiro*, p.66-82.
17 Lima Barreto, op. cit., v.3, p.75.

132 R.J. OAKLEY

Lima Barreto descreve aqui o literato social da *Belle époque* carioca, mas em Benevenuto essa figura ganha um impulso especial, conferindo ao romance outro nível de significado. Lima retrata Benevenuto como um homem sensível, que atingiu o estado da repressão habitual dos escrúpulos morais. Quando chega à casa que ele e Edgarda usam para seus encontros sistemáticos, ele contempla a resignação das duas costureiras que a ocupam e, por um instante, "julgou que ofendia com o seu amor a miséria daquelas mulheres; afastou o pensamento, cumprimentou e entrou".[18] Daniela Kahn reparou certeiramente no fato de Lima Barreto identificar-se muito com Benevenuto. Observa também que este personagem acaba "tornando[-se] o exemplo contundente da falta de compromisso com a cultura letrada configurando uma espécie de suicídio cultural".[19]

O relacionamento entre Edgarda e Benevenuto e entre Edgarda e seu marido têm uma dupla importância: eles fazem de *Numa e a Ninfa* um romance tanto psicológico quanto político. Edgarda e Numa ressoam fortemente Olga e Armando Borges em *Triste fim de Policarpo Quaresma*: a passividade, uma deficiência de educação e a ilusão dos tempos de jovem que ela tinha de um casamento excepcional, fazem com que Edgarda se case com Numa Pompílio. Sua ambição posterior, em nome do marido, cresce naturalmente através de sua decepção e de sua frustração. Esse é o início de um dos estudos de personagens mais complexos e ambíguos na prosa de ficção de Lima Barreto. Um motivo para tal criação, como no caso de Olga Coleoni, reside na deliberada justaposição do inteligente e do obtuso. Edgarda é, evidentemente, a ninfa que "inspira", ou melhor, fornece em forma escrita, a erudição e a eloquência com a qual o desventurado Numa, antítese da figura retratada em Plutarco e em Ovídio, deslumbra a Câmara com uma série de discursos.[20]

---

18 Ibid., v.3, p.229.
19 Kahn, *O leitor deslocado e a biblioteca fora de lugar*: figurações da insuficiência intelectual na ficção de Lima Barreto, p.33. Este estudo elegante e perspicaz merece maior divulgação.
20 Para nossa felicidade, a última parte da tese de Martha, intitulada "O avesso do mito em *Numa e a Ninfa*", foi publicada na *Revista de Letras*, em 1989. O

LIMA BARRETO E O DESTINO DA LITERATURA 133

Edgarda também contrasta com ele por sua energia: ao contrário de Numa, ela é uma leitora voraz. Tal como a bela mme. Forestier, heroína do romance de Maupassant *Bel-ami* (modelo óbvio para Edgarda), ela é uma figura ambígua. É ela quem cuida do jardim com verdadeiro amor – um jardim pelo qual Numa demonstra total indiferença. Ela defende o direito de uma viúva de um bombeiro sobre os de uma viúva de um médico que vive confortavelmente. Vemos, através das reações de Numa e Edgarda, em relação ao destino de um capanga que esfaqueou um cocheiro inocente, que Numa está isolado do problema moral, enquanto Edgarda tem energia intelectual suficiente para, pelo menos, levantar a questão do quanto ela mesma é culpada de conivência com este estado de violência política endêmica no Brasil.[21] Finalmente, a ambição derrota a consciência. Edgarda é, à sua maneira, tão arrivista quanto seu marido. Sua conivência com o *status quo*, o estado da não mudança na sociedade brasileira da República Velha, é um indício do triunfo da sociedade militante spenceriana, tanto quanto o vácuo moral e intelectual do próprio Numa. Em segundo lugar, a escolha dela, feita friamente, prepara o terreno para a ironia final. Ela e Benevenuto, de formas diferentes, são retratados como se estivessem reprimindo seus escrúpulos morais, ao mesmo tempo que estão completamente lúcidos em relação à realidade política e social da jovem República. Ainda assim, estão também apaixonados. A banalidade de suas conversas quando se encontram em seu ninho de amor e a falta de paixão óbvia parecem confirmar, à primeira vista, a teoria de isolamento e insulamento de Osman Lins, levando-o a salientar os diálogos amatórios em Numa "que sem exceção giram em torno de assuntos nada romanescos".[22] É necessário sublinhar, no entanto, que o texto nos diz que o relacionamento entre Edgarda e Benevenuto já existe

---

ensaio constitui uma análise minuciosa de como Lima Barreto soube desenvolver a lenda de Numa tratada em Plutarco e em Ovídio.

21 Vasconcellos, op. cit., p.232-4.

22 Lins, *Lima Barreto e o espaço romanesco*, p.41-2.

134 R.J. OAKLEY

há um ano e, portanto, o retrato de Lima Barreto é absolutamente realístico. A verossimilhança do amor deles é destacada pela incapacidade de Benevenuto em entender a ambição propulsionadora de Edgarda em relação a Numa, que aquele atribui a uma sede de domínio.[23] Mas não é assim: de fato, Edgarda é tão arrivista quanto o marido. Eliane Vasconcellos observou que assim como Numa antes de casar tinha chegado de namorada em namorada a chefe de polícia, o matrimônio significa para Edgarda "independência dos pais, condição de adulta, estabilidade econômica e podia também significar ascensão social".[24] A autora de *Entre a agulha e a caneta* também nos lembra a etimologia do nome dela, já que Edgarda "tem origem em Edgar, que significa 'o que com a lança combate por seus bens'".[25] Benevenuto ajuda Edgarda na construção dos discursos de Numa por amor e não por ambição. O contraste entre este amor genuíno – o único verdadeiro relacionamento amoroso nas obras ficcionais mais extensas de Lima Barreto – e o cinismo do pacto entre eles é que prepara o caminho para o fim tragicômico da obra, no qual, acordando no meio da noite e não encontrando sua esposa a seu lado, Numa lembra-se de que ela está escrevendo o discurso que salvará sua carreira política depois de ter sido insensato o suficiente para fazer um discurso na Câmara sem notas escritas. Ele calça os chinelos e anda pelo corredor até a porta da biblioteca, onde, para seu espanto, ele ouve vozes. Colocando o olho na fechadura, ele vê Edgarda e seu primo beijando-se. Depois do beijo, eles escrevem:

> As folhas de papel eram escritas por ele e passadas logo a limpo pela mulher. Então era ele? Não era ela? [...] A carreira... o prestígio... senador... presidente... Ora bolas! E Numa voltou, vagarosamente, pé ante pé, para o leito, onde sempre dormiu tranquilamente.[26]

---

23 Lima Barreto, op. cit., v.3, p.226.
24 Vasconcellos, op. cit., p.56.
25 Ibid., p.60.
26 Lima Barreto, op. cit., v.3, p.265.

LIMA BARRETO E O DESTINO DA LITERATURA 135

O espetáculo de um mundo ficcional no qual indivíduos alienados e isolados desfilam pelo Rio de Janeiro de 1909-1910, de uma
narrativa aparentemente destituída de causalidade, desaparece, como
nos primeiros romances, assim que o leitor examina em detalhe o
eterno triângulo formado por estes três jovens. A intensidade dessa
causalidade é mais surpreendente se examinarmos o desenvolvimento das três figuras, tanto no romance quanto em sua primeira versão
em formato de conto. No romance, a narrativa precedente preparou
meticulosamente a cena que encontra o olhar espantado de Numa
enquanto ele se dobra para espiar pela fechadura. O deputado, irre-
dutivelmente limitado, nunca entenderá o sentido total, mas o leitor
atento pode seguir a cadeia de causa e efeito que o leva à fechadura
da porta da biblioteca. A personalidade de Numa e sua carreira fazem parte de uma causalidade que depende do destino, da inteligência e do discurso. Nos relacionamentos entre inteligência e discurso Lima Barreto injetou uma grande quantidade de energia
criativa tanto no romance *Numa e a Ninfa* como no conto de mesmo
nome. O capítulo de abertura de *Numa e a Ninfa* fala sobre a habilidade, ou incapacidade, de Numa em se expressar de forma convincente e assim vencer na vida. O conto foi, também, quase certamen-
te um ensaio para o romance, embora achemos melhor ver este conto,
provavelmente escrito em 1912, como uma elaboração da descrição
resumida de Numa Pompílio em *Aventuras do doutor Bogóloff*, o qual
contém um conjunto de atitudes relatadas ao leitor por Bogóloff neste
fragmento de romance:

> Era preciso ficar bem endossado, ceder sempre às ideias e aos pre-
> conceitos sociais. Esperar por uma distinção puramente pessoal ou in-
> dividual era tolice. Se o estado e a sociedade marcavam meios de noto-
> riedade, de fiança de capacidade, para que trabalhar em obter outros
> mais difíceis, quando aqueles estavam à mão e se obtinham com muita
> submissão e um pouco de tenacidade?[27]

---

27 Ibid., v.7, p.262-3.

136 R.J. OAKLEY

No conto e no romance, a incapacidade e a indolência de Numa criam uma barreira intransponível entre ele e o mundo do conhecimento e do saber; e, no entanto, ele tem que transpor o abismo para adquirir as qualidades de que necessita para ter sucesso como advogado e depois como político. Assim, à semelhança de Castelo, o homem que sabia javanês, ele procura uma ponte "substituta" através do conhecimento em segunda mão. A confiança desastrosa numa cola defeituosa, levando-o a cometer uma gafe vergonhosa na frente de seus examinadores, fá-lo perder, em ambas as narrativas, o prêmio de medicina legal. O conto descreve como as colas de Numa, escritas em caligrafia normal por seus colegas de faculdade, alteraram dezessete centésimos de miligrama de arsênico para dezessete gramas:

> Tinha havido sucessivos erros de cópias nas apostilas, de modo que Numa dava como podendo ser encontradas na glândula tiroide dezessete gramas de arsênico, quando se tratam de dezessete centésimos de miligramo.[28]

No romance a passagem é a seguinte:

> Não fora a sua ignorância que o fizera dizer semelhante dislate; foram os cadernos. O primeiro estudante escreveu certo; o copista que se seguira, atrapalhara-se na vírgula dos décimos, e, de copista em copista, de erro em erro, a apostila levara Numa a repetir tão imensa tolice nas bochechas dos seus sábios professores.[29]

Ambas as versões, como será apontado, assinalam o fato de que esta era uma prova oral. O romance é mais enfático, com sua imagem viva de Numa repetindo como um papagaio os dezessete gramas de arsênico nas barbas da banca de examinadores. Em segundo lugar, o romance também dá atenção à composição coletiva da có-

---

28 Ibid., v.12, p.285.
29 Ibid., v.3, p.32.

LIMA BARRETO E O DESTINO DA LITERATURA 137

pia: primeiro escreve um, e depois outro, e outro, e assim o erro inicial ganha dimensões grotescas. Em terceiro lugar, o episódio é contado no romance de uma forma tal que chama a atenção para a passividade de Numa: "Não fora a sua ignorância [...] foram os cadernos [...]", e "[...] a apostila levara Numa a repetir".[30]

O conto dá-nos um pouco mais de informação sobre a ascensão de Numa, mas os detalhes invariavelmente se relacionam de alguma forma com a produção ou a não produção de discurso. Este é um homem que não faz nada sozinho. Ele usa colas ao invés de livros, pede emprestados os apontamentos dos outros alunos etc. Depois, gravita, como na *vignette* em *Aventuras de doutor Bogóloff*, em direção aos poderosos para assim obter seu lugar de promotor público no Norte. Essa é novamente a história de Castelo, mas dessa vez, dentro da lei. Castelo era um estranho em todos os sentidos. Numa planeja, legalmente, introduzir-se na estrutura da alta sociedade de um modo peculiarmente passivo; sua carreira é feita pelos outros:

> Formado em direito, tentou advogar; mas, nada conseguindo, veio ao Rio, agarrou-se à sobrecasaca de um figurão, que o fez promotor de justiça do tal Sernambi, para livrar-se dele.[31]

Tal como Castelo, ele esconde sua falta de saber, e como no caso do homem que sabe javanês, essa simulação é seu passaporte para o sucesso. Sua nova esposa – de nome Gilberta, no conto – acaba por descobrir o subterfúgio.[32] O que mais decepciona Gilberta não é a hipocrisia de Numa, mas o fato de que a falta de erudição e substância intelectual o castram como produtor de discurso. Ainda assim, pensa ela, tornou-se político; os políticos fazem discursos, e políticos bem-sucedidos fazem bons discursos. Nós vemos, então, que Gilberta é tão ambiciosa quanto Numa, mas ela percebe que sua

---

30 Ibid.
31 Ibid., v.12, p.285.
32 Ibid., v.12, p.286-7.

138 R.J. OAKLEY

ambição requer a produção de discursos – discursos substanciais que irão impressionar. O Senador Sofonias ordenou que Numa falasse na Câmara; o que lhe faz falta, diz-lhe ela, são ideias. Para adquirir ideias, continua ela, tudo o que ele precisa é estudar a história e a geografia do Brasil. Infelizmente, ele é incapaz de absorver, quanto mais interpretar e reproduzir discursos inteligentes. Todo o conto de 1912 depende da produção ou não produção de discurso oral ou escrito. O contrapeso para Numa no que diz respeito à produção de discursos é o primo sem nome, "valdevinos, sem eira nem beira, poeta sem poesias, frequentador de chopes".[33] Deste vago boêmio depende o sucesso de Numa. Ele é o amante de Gilberta, o colega dela na elaboração dos discursos de Numa – e o embrião de Benevenuto no romance. Juntos, eles protegem a imagem de Numa. Além da decepção ao descobrir a falta de inteligência de Numa, Gilberta sente agora a frustração de alguém que se vê irrevogavelmente amarrada a um homem que é medíocre perante seus pares. Ela sonha com um político distinto fazendo discursos brilhantes e sendo reconhecido nas ruas.[34] Enquanto Lima Barreto prepara seu desenlace tragicômico, só nos resta adivinhar o golpe de mestre que mudará o estado das coisas. O narrador restringe-se a insinuar o caminho no qual Gilberta irá emergir como arquiteta desse desenlace, mas sem nos deixar duvidar de sua superioridade intelectual. Sua capacidade de leitura, de absorver os dados, de formular ideias e, finalmente, de elaborar essas ideias por escrito, trazem notoriedade instantânea a Numa. As linhas restantes do conto descrevem como eles se banham em glória política juntos e como Numa paga com seus chifres um preço alto pelo sucesso político.

Numa e Edgarda descrevem, no romance de 1917, então, a mesma trajetória que Numa e Gilberta no conto de 1912. É na forma como sua carreira foi lançada que residem as sementes da tragicomédia pessoal dele. Lembremo-nos de como o narrador frisa o des-

---

33 Ibid., v.12, p.290.
34 Ibid., v.12, p.287.

LIMA BARRETO E O DESTINO DA LITERATURA **139**

prezo de Numa pelos livros e pelo saber, e sua total incapacidade em discernir a ligação entre o estudo e o saber. Quando se estabelece no Rio com Edgarda, ele não consegue entender por que razão sua mulher lê tanto. No conto, Gilberta também lê muito, mas não se menciona a atitude de Numa em relação a seu hábito de leitura. No romance, pelo contrário, o narrador busca a análise do comportamento de Numa em relação à palavra escrita. Esse comportamento está intimamente ligado à falta de habilidade para se expressar. No conto, essa incapacidade é tratada em apenas uma passagem relâmpago: "– Ele quer que eu fale, Gilberta. – Mas você fala... – É fácil dizer... Você não vê que não posso...".[35] No romance, um dia, enquanto marido e mulher tomam o café de manhã, não é uma ordem peremptória do líder que obriga Numa a encarar seu problema com o discurso, mas sim sua esposa ambiciosa e desapontada. Edgarda atira-lhe à cara a acusação de falta de vergonha, mas é o problema de ter de estudar que o horroriza. Quando ele pergunta por medo se ela sabe como o fazer, ela responde: "Não. Vejo os livros – pergunto a papai; você indica outros, tomo notas e depois você as redige... Passo a limpo e você leva a papai, para ver o que há".[36] Todo o processo que leva ao discurso acabado e polido foi-nos mostrado sucinta porém meticulosamente nestas linhas. O processo é agora cuidadosamente cumprido por Edgarda com a ajuda de Benevenuto. Até a experiência de Numa como diretor em um teatro provinciano entra na cadeia de causalidade, conduzindo-o a seu triunfo na Câmara.[37] O narrador mostra-nos, com o desenrolar da história, até que ponto Numa se torna o boneco ventríloquo através do qual sua esposa "fala". Mostra-nos até a satisfação de Edgarda com o modo como Numa "representa" o discurso que lhe é dado:

> [...] Numa continuou tranquilamente a estudar o discurso que devia pronunciar brevemente. A mulher ainda se demorou um pouco a ouvi-

---

35 Ibid.
36 Ibid., v.3, p.49.
37 Ibid., v.3, p.41.

140 R.J. OAKLEY

-lo, a apreciar o seu minucioso estudo da peça, que ele recitava, quase toda de cor, com a sua voz, às vezes áspera, mas volumosa, articulando nitidamente as palavras.[38]

A última peça que garante causalidade neste quebra-cabeça que é o romance é o relacionamento entre Edgarda e seu amante. Benevenuto confessou que necessita de Edgarda; ao mesmo tempo, ele não consegue entender por que ela quer que o marido pareça ser um grande orador quando Numa não compreende minimamente os autores que cita ou lê.[39] Enquanto isso, Edgarda precisa de Benevenuto para fazer progredir a carreira do marido, esconder sua estupidez e compensar sua incapacidade. As necessidades mútuas deles encontram-se na biblioteca, emolduradas para Numa pela fechadura da porta. Um detalhe final desta cena não deve passar desapercebido: "Eles beijavam, deixando de beijar, escreviam".[40] Isso significa que se beijavam e depois, *ambos* escreviam. Deste modo, Lima Barreto mostra a seu leitor não apenas o compromisso cínico de um autor só, mas a aliança profana de dois autores. Nesse final, a vitória do sistema de *status* spenceriano é dupla: em primeiro lugar, a decisão de Numa de voltar para a cama remata o triunfo do arrivismo e do charlatanismo, porque mostra sua confiança sublime em sua capacidade e na de Edgarda em sustentar permanentemente sua máscara de inteligência e eloquência; em segundo lugar, o arrivismo e o charlatanismo triunfam também sobre o amor. O amor de Numa pelo *status* é visto como sendo muito maior do que seu amor por sua esposa. Além do mais, Benevenuto e Edgarda põem seu amor a serviço da reputação política de Numa. O desenlace de *Numa e a Ninfa* é uma variação importante nos temas de charlatanismo e sistema de *status*, pois a inteligência, o talento, a energia e a sólida erudição de Benevenuto e Edgarda, incontestáveis, são intencionalmente colocados à disposição do arrivista Numa.

---

38 Ibid., v.3, p.98.
39 Ibid., v.3, p.226.
40 Ibid., v.3, p.265.

LIMA BARRETO E O DESTINO DA LITERATURA   141

A inteligência, o saber e a energia expressos pela palavra escrita foram frustrados e marginalizados em *Triste fim de Policarpo Quaresma*. Em *Numa e a Ninfa*, a inteligência, assim como o saber e a energia que a efetivam, tornam-se produtos que podem ser vendidos como qualquer outra mercadoria, quando a oportunidade surge. Por isso, as páginas finais de *Numa e a Ninfa* podem ser interpretadas como mais uma derrota do ideal tolstoiano no que diz respeito à relação entre a capacidade para o discurso inteligente e a própria palavra escrita. Em *Triste fim de Policarpo Quaresma*, Olga Coleoni e Ricardo Coração dos Outros oferecem-nos uma réstia de esperança apesar de nenhum dos dois possuir, de qualquer forma, a palavra escrita como arma para mudar o coração dos homens. Em *Numa e a Ninfa*, os donos do dom tolstoiano são ambiciosos demais (Edgarda) ou cínicos demais (Benevenuto) para tentar modificar o que quer que seja. Nas obras ficcionais que ainda não analisamos, vamos encontrar mentes mais maduras e sábias a quem o destino humano levou a aceitar a mesma conclusão: a de que o futuro pertence ao *stümper* fichteano e ao *quack* carlyleano.

O HERÓI INTELECTUAL FALA:
VIDA E MORTE DE
M.J. GONZAGA DE SÁ

O escritor e crítico Luis Gonzaga Duque-Estrada escreveu a Lima Barreto em fins de 1907 para dar-lhe os parabéns pelo primeiro número de *Floreal*. Ele elogiou o fascículo de abertura do futuro *Recordações do escrivão Isaías Caminha* e perguntou: "...será o *Gonzaga de Sá?*".[1] Ao efusivo elogio de um literato tão eminente, Lima Barreto não ofereceu resposta alguma. Alguns meses depois, ele esbarrou com Gonzaga Duque na Avenida Central – encontro registrado pelo romancista de *Mocidade morta* em uma crônica publicada no *Diário do Comércio* em fevereiro de 1909.[2] Sensibilizado pelas palavras animadoras do distinto crítico, Lima explicou que o romance que estava escrevendo naquela altura era *Recordações do escrivão Isaías Caminha*, cujo manuscrito seu amigo Antônio Noronha Santos levara consigo para a Europa para ser publicado em Lisboa. Nesse momento, falou-lhe, então, sobre sua outra obra em fase de composição: "Era um tanto cerebrino, o *Gonzaga de Sá*, muito calmo e solene, pouco accessível, portanto".[3] Foi desta forma modesta e um

---

1 Lima Barreto, *Obras de Lima Barreto*, v.16, p.167.
2 Ver Duque, "Até que um dia!", *Impressões de um amador (Textos esparsos de crítica [1882-1909])*, 2001, p.353-7.
3 Lima Barreto, op. cit., v.16, p.169.

144 R.J. OAKLEY

pouco humilde, que Lima Barreto desvalorizou o pequeno romance que seria finalmente publicado em 1919 sob o título mais completo de *Vida e morte de M.J. Gonzaga de Sá*. Com essa obra estamos, de certa forma, lidando com dois romances, ou melhor, o mesmo romance em dois períodos distintos. Não tem sido habitual discutir-se paralelamente *Vida e morte de M.J. Gonzaga de Sá* juntamente com *Recordações do escrivão Isaías Caminha*, no entanto, os dois estão inextricavelmente ligados. Contudo, a publicação tardia de *Vida e morte* também deve ser vista no contexto da última fase da carreira de Lima Barreto: os anos do pós-guerra. Além disso, o próprio Lima Barreto reforçou a ideia de que *Vida e morte* foi seu último romance a ser finalizado, referindo-se a ele em uma carta de 1919 como "o único livro que eu comecei e acabei...".[4]

O romance parece exatamente o que o título definitivo e o prefácio fornecido por Lima Barreto em nome do jovem amigo Augusto Machado sugerem: a biografia de um certo Gonzaga de Sá escrita por Machado, colega de estudos de Lima Barreto – outro que aspira a ser algo mais do que um simples biógrafo. Afirmando estar ciente do mérito literário do livro, Lima Barreto também se declara certo de que, "com isso, irei animar uma acentuada vocação literária que se manifesta, de modo inequívoco, nas páginas que se seguem".[5] Resumindo, tal como no caso da segunda edição de *Recordações do escrivão Isaías Caminha*, Lima Barreto entra no mundo ficcional que ele mesmo criou sob a aparência de protetor de seu autor.

Se Isaías Caminha é o intelectual com ideais, que se rende a pressões da sociedade, Gonzaga de Sá é o intelectual que resiste às pressões que o querem conformar. O romance descreve a forma como sua personalidade sobrevive na atmosfera intelectualmente debilitante do funcionalismo público. Tal como Isaías no Rio e também depois em sua província distante, Gonzaga sente que sua vida fora desperdiçada, tendo-se condenado a si mesmo a uma relação comer-

---

4 Ibid., v.17, p.178.
5 Ibid., v.4, p.27.

LIMA BARRETO E O DESTINO DA LITERATURA   145

cial perpétua com a mediocridade e a idiotice. E, tal como Isaías, ele sofre a tentação de ver a inutilidade dos livros. Ele sofre também, como Caminha, por causa da incapacidade de expressar-se adequadamente através das palavras:

> Pensei que os livros me bastassem, que eu me satisfizesse a mim próprio... Engano! As noções que acumulei, não as soube empregar nem para a minha glória, nem para a minha fortuna [...] sou estéril e morro estéril [...] as palavras me faltam, as ideias não encontram expressões adequadas para se manifestarem.[6]

É desta forma que o problemático destino da inteligência humana e da capacidade para produzir discurso oral e escrito persegue Gonzaga, do mesmo modo que persegue tantos outros protagonistas de Lima Barreto.

É verdade que o relato de Machado sobre a personalidade e as ideias de Gonzaga se baseia mormente no que ele apreendeu, observando e ouvindo Gonzaga falar durante os últimos meses de sua vida. No entanto, no meio dos papéis de Gonzaga, Machado encontrou um documento escrito pela mão daquele que, a princípio, não conseguia entender: estava escrito em ambos os lados de uma única folha de papel e intitulava-se "O inventor e a aeronave". Revelou-se ser um conto que relata as ambições aeronáuticas de um homem que dedicou vinte anos de sua vida à construção de uma nave perfeita, até o último detalhe, de acordo com toda a literatura sobre o assunto que lhe vinha às mãos. Finalmente, a máquina completa esperava em seu hangar:

> Veio a aurora e ele a viu, pela primeira vez, com um interessado olhar de paixão e de encantamento. Deu a última demão, acionou manivelas, fez funcionar o motor, tomou o lugar próprio... Esperou... A máquina não subiu.[7]

---

6 Ibid., v.4, p.147.
7 Ibid., v.4, p.45.

146 R.J. OAKLEY

Machado oferece sua própria interpretação desta "fantasia", termo com que ele mesmo a define: Gonzaga queria dizer que o destino ou a sorte vem transtornar os planos mais bem feitos e troçar de toda nossa ciência e ambição. A pequena estória de Gonzaga, por outro lado, pode ser vista como uma alegoria de seus próprios fracassos em uma carreira na qual nenhum plano cientificamente preparado parece haver entrado. O conto faz ainda outro paralelo com *Recordações do escrivão Isaías Caminha*. Mostra que Gonzaga também é escritor. Propositada ou acidentalmente, sua história está muito distante da firmeza apaixonada das memórias de Isaías Caminha. Não que o Gonzaga da narrativa de Machado nunca seja assertivo; seu desejo de observar e comentar a realidade brasileira à sua volta motiva um empenho semelhante em seu discípulo e futuro biógrafo. A assertividade de Isaías Caminha, já vimos, é uma tentativa de combater o paradoxo da verdade literária como um objetivo irrealizável, dadas as armadilhas da retórica; e a pequena estória de Gonzaga pode ser vista como uma primeira tentativa, elíptica, de expressar sua angústia interior. Naturalmente, o biógrafo de Gonzaga, tal como Isaías-narrador, desdenha simultaneamente os preceitos acadêmicos; no entanto, também hesita com relação a seus próprios poderes criativos. À laia de desafio, Isaías Caminha nega qualquer conexão com o *status quo* literário carioca; também não se veste como membro dele.[8] A apresentação de Machado é quase idêntica. Como tal, ele entrega-se "[...] aos azares da publicação de um opúsculo aliterado [...]".[9] "O público é maleável, e dirigível", opina Gonzaga.[10] A luta para forjar uma verdade literária no seio do reino da retórica e da mentira nos mundos jornalístico e literário do Rio, tão central à estrutura de *Recordações do escrivão Isaías Caminha*, é flagrantemente evidenciada em *Vida e morte de M.J. Gonzaga de Sá*. Gonzaga declara que aprecia os "jornais obscuros, dos jornais

---

8 Ibid., v.1, p.42.
9 Ibid., v.4, p.31.
10 Ibid., v.4, p.90.

LIMA BARRETO E O DESTINO DA LITERATURA 147

dos que iniciam. Gosto dos começos, da obscura luta entre a inteligência e a palavra".[11] Apesar de estar no fundo do palco, pode-se ver de relance o poder da imprensa cortejada por grandes empresas e, mais importante ainda neste contexto, a ingenuidade das massas.

Dentre os cinco romances barretianos completos, quatro examinam uma fonte de poder. Em *Triste fim de Policarpo Quaresma*, deparamo-nos com a anatomia da ditadura; em *Numa e a Ninfa*, com a dos políticos em poder; em *Recordações*, com o poder da imprensa; e em *Vida e morte*, com o poder de um demagogo, José Maria da Silva Paranhos Jr., barão do Rio Branco (1845-1912). Sua chegada triunfal ao Rio, no primeiro dia de dezembro de 1902, para assumir o cargo de ministro de Estrangeiros no gabinete do recém-eleito presidente Rodrigues Alves, marca o começo de uma vertiginosa ascensão tanto em termos reais quanto na mente do povo.[12] Álvaro Lins chega até a afirmar tratar-se de um "fenômeno de completa identidade de uma nação com um homem".[13]

Muito antes da composição da versão primitiva de *Vida e morte de M.J. Gonzaga de Sá*, a imprensa satírica soube traçar humoristicamente a ascensão política de Paranhos. A revista *O Malho* começou a fazê-lo em quadrinhos a partir de 1903 – ano da conclusão bem-sucedida do Tratado de Petrópolis, que deu ao Brasil o vasto território do Acre na região alta do Amazonas, disputado pelo Peru e pela Bolívia – até 1906, quando o Brasil como um todo e o barão do Rio Branco em particular receberam a terceira Conferência Pan-americana. Em 1903, Rio Branco é retratado como se estivesse se despedindo da Bolívia, brandindo uma garrafa com o seguinte rótulo: "[...] uso interno e externo/MUITO PATRIOTISMO".[14] Em 1904, Rio Branco é visto persuadindo o presidente Rodrigues Alves a regressar à corrida às armas, dizendo: "Sr Rodrigues, é preciso colocar o Brasil

---

11 Ibid., v.4, p. 87-8.
12 Lins, *Rio-Branco*, 1945, v.2, p.46 et seq. Ver, também, Carvalho, *Rio Branco*, 1945, p.115 et seq.
13 Lins, op. cit., p.619.
14 *O Malho*, 31 jan. 1903.

148 R.J. OAKLEY

no seu lugar, entre as nações civilizadas".[15] Em 1905, ele já se tornara o "Bismark brasileiro".[16] Finalmente, por ocasião da Conferência Pan-americana, que marcou a apoteose da política pró-americana de Rio Branco, ele é retratado conversando com uma senhora chamada "República", que o acusa de organizar a Conferência para sua própria glória pessoal e de se esquecer que é ela quem está pagando a conta. Paranhos responde: "Ora, essa! Pois eu, um grande homem, posso lá deixar que o meu vulto gigantesco se amesquinhe?".[17]

O veredito dos historiadores com relação a Rio Branco tende a enfatizar seu realismo pragmático ao invés de seu imperialismo militarista.[18] Por outro lado, há poucas dúvidas de que sua popularidade vinha de um tipo de patriotismo visionário e também militarista, que toma a forma de amor pela pompa e pelo poder do tipo satirizado pelos quadrinhos de O Malho, referidos anteriormente:

> Nasce com a vocação do soldado. Cresce com a subconsciência do militar. E, não tendo seguido o oficialato, pois a diplomacia desde cedo o absorve, encontra no estudo da história das nossas guerras um derivativo para a expansão do seu grande amor ao Exército.[19]

A visão de Rio Branco de um Brasil poderoso, com sua expansão territorial sob seu comando, oferece a promessa de um futuro glorioso para o Brasil. O Malho soube expressar em palavras, de forma trocista, uma retórica vazia que o próprio barão exprimia mais por suas ações do que pelo que escrevia. Não era sem razão que Rio Branco era conhecido popularmente como "o homem dos limites". O drama da transformação física e socioeconômica do Brasil antes do início da Primeira Guerra Mundial, tratado romanescamente por Lima

---

15 Idem, 24 set. 1904.
16 Idem, 30 dez. 1905.
17 Idem, 14 abr. 1906.
18 Burns, The Unwritten Alliance, p.36; Viana Filho, A vida do Barão do Rio Branco, p.331.
19 Carvalho, op. cit., p.225.

LIMA BARRETO E O DESTINO DA LITERATURA **149**

Barreto e depois, como sátira alegórica, em seu póstumo *Os Bruzundangas*, foi também expresso através de seu jornalismo, e em especial em um artigo incisivo intitulado "A Volta", de janeiro de 1915, três anos após a morte de Rio Branco. A total identificação, na mente de Lima Barreto, do patriotismo visionário de Rio Branco com o *ufanismo* e o Rio de Janeiro como centro de uma "nova Califórnia" e consequentemente merecedor de grandeza, é perfeitamente lógica neste contexto:

> O governo resolveu fornecer passagens, terras, instrumentos aratórios, auxílio por alguns meses às pessoas e famílias que se quiserem instalar em núcleos coloniais nos Estados de Minas e Rio de Janeiro... Porque o senhor Rio Branco, o primeiro brasileiro, como aí dizem, cismou que havia de fazer do Brasil grande potência, que devia torná-lo conhecido na Europa, que lhe devia dar um grande exército, uma grande esquadra, de elefantes paralíticos, de dotar a sua capital de avenidas, de *boulevards*, elegâncias bem idiotamente binoculares e toca a gastar dinheiro, toca a fazer empréstimos; e a pobre gente que mourejava lá fora, entre a febra palustre e a seca implacável, pensou que aqui fosse o Eldorado e lá deixou as suas choupanas, o seu sapé, o seu aipim, o seu porco, correndo ao Rio de Janeiro a apanhar algumas moedas da cornucópia inesgotável.[20]

Aqui, em 1915, Rio Branco continua a ser o protagonista principal do drama. Lima Barreto não é ingênuo a ponto de considerar o barão o único autor das reformas iniciadas sob a presidência de Rodrigues Alves depois de 1902, mas considera-o como o autor principal e primeiro inspirador da ânsia do Brasil pelo expansionismo e pelo engrandecimento militar e cultural durante e depois da *Belle époque*. Lima usa Paranhos para fixar a personalidade do fachadismo brasileiro, visto aqui como uma preocupação com relação à imagem do Brasil no exterior e como a concepção tida pelos homens no poder quanto ao que o Brasil deveria ser:

---

20 Lima Barreto, op. cit., v.11, p.82.

150 R.J. OAKLEY

A obsessão de Buenos Aires sempre nos perturbou o julgamento das coisas. A grande cidade do Prata tem um milhão de habitantes; a capital argentina tem longas ruas retas; a capital argentina não tem pretos; portanto, meus senhores, o Rio de Janeiro, cortado de montanhas, deve ter largas ruas retas; o Rio de Janeiro, num país de três ou quatro grandes cidades, precisa ter um milhão; o Rio de Janeiro, capital de um país que recebeu durante quase três séculos milhões de pretos, não deve ter pretos.[21]

"A volta" termina com a citação sarcástica de um dos clichês mais famosos da época: "O Rio civiliza-se!" – uma expressão que se refere a muitos aspectos. Naturalmente, a ideia de que ser civilizado significa ter um poder militar considerável – especialmente sobre o mar, à semelhança dos Estados Unidos, da Inglaterra e da Alemanha imperial – estava muito em voga. A visita da frota norte-americana ao Rio de Janeiro em 1908, por exemplo, contribuiu para confirmar esta crença. Revendo o passado, Lima Barreto aponta, em 1915, para a longa rivalidade entre o Brasil e a Argentina. Afonso Arinos de Melo Franco tenta demonstrar que a campanha, anteriormente mencionada, do presidente Rodrigues Alves no sentido de erradicar doenças endêmicas, primeiro em seu Estado natal, São Paulo, enquanto governador do Estado, e depois na capital do país, como presidente da República, como já vimos, era motivada por um desejo de colocar o Brasil no mesmo nível da Argentina.[22] A inveja que esse país inspirava estendeu-se para muito além disso. A frota argentina era conhecida por ser mais forte que a do Brasil. Em seu artigo, Lima Barreto concentra-se nas ilusões criadas tanto em governantes como em governados pelo que ele chama de tolas competições patrióticas, uma das quais era o desejo de glória militar. Durante os dez anos em que Rio Branco ocupou o cargo de ministro das relações exteriores, essas deficiências foram corrigidas. Assim se fomentava o que Lima Barreto considerava um patriotismo ingênuo e irreal, e que ele iria

---

21 Ibid., v.11, p.83.
22 Franco, *Rodrigues Alves. Apogeu e declínio do presidencialismo*, v.1, p.169-71.

LIMA BARRETO E O DESTINO DA LITERATURA **151**

tratar em *Vida e morte de M.J. Gonzaga de Sá*, em que Augusto Machado assiste ao desfile do feriado de Sete de Setembro e observa o entusiasmo patriótico de dois outros expectadores:

> Continuavam a discutir acaloradamente, faziam comparações com a força de outros países vizinhos, e passava-lhes pelas faces uma irradiação de orgulho, quando o cotejo nos era favorável.[23]

Ao pôr de lado seus planos para um relato épico sobre a escravatura, Lima Barreto lançou-se, em 1904-5, na crônica em prosa ficcional do Rio de Janeiro de sua época. Isso significou, concretamente, transformar-se no romancista neorrealista do Rio de Janeiro da *Belle époque*. Esse papel, que lhe foi imposto tanto pelas circunstâncias como por si próprio, levou-o a debruçar-se, em dois romances, sobre certos aspectos daquele momento histórico preciso da primeira década do século XX. Um deles é construído em torno do nascimento de uma imprensa capitalista: *Recordações do escrivão Isaías Caminha*. O outro deve sua estrutura à figura do barão do Rio Branco como segunda metonímia maior do poder no Brasil da *Belle époque*. O relacionamento entre Rio Branco e os dois protagonistas de *Vida e morte de M.J. Gonzaga de Sá* é um fiel paralelo da relação entre Ricardo Loberant e Isaías Caminha. O problema da linguagem define esse relacionamento e ajuda a explicar a decisão de publicar ou um ou outro desses romances, mas não os dois. Ambos esboçam a questão racial: a opressão e a marginalização do afro-brasileiro. Porém, um e outro abandonam esse tema ou, pelo menos, retiram-no, sem cerimônia, do centro do texto, que é, então, usurpado pelo tema da linguagem e de seu destino: a linguagem como força impulsionadora da mudança do mundo para melhor. Se Lima Barreto escolheu em 1907-1908 publicar *Recordações do escrivão Isaías Caminha*, foi em parte porque sentiu que esta narrativa expressava mais clara e imediatamente o poder da linguagem – especialmente quando ela se encontra nas mãos de quem já domina a imaginação popular.

---

23 Lima Barreto, op. cit., v.4, p.140.

Lima Barreto relata, assim, a vitória da linguagem de Ricardo Loberant sobre a do autobiógrafo militante Isaías Caminha. O triunfo de Juca Paranhos, barão do Rio Branco, sobre Augusto Machado e Gonzaga de Sá é de igual eloquência, mas de uma forma mais sutil. Paranhos, à semelhança de Loberant, sabe como conquistar a simpatia das massas. Ele fá-lo, como os quadrinhos de *O Malho* indicam, através do apelo a seu sentimento automático de patriotismo, pelo que Paranhos não precisa falar nem escrever: tem apenas de fazer com que o Brasil pareça glorioso aos olhos dos espectadores de desfiles militares nas ruas da capital. Seu adversário no texto de *Vida e morte* é um homem que ele nunca conheceu, ou sequer encontrou, que quase não escreve e que está reduzido a falar em particular com seu obscuro e humilde discípulo. A única obra escrita existente de Gonzaga de Sá é um conto enigmático, brevíssimo e inédito, que, aliás, parece ser o simples registro de nada menos do que sua vida fracassada.

Vimos que os eventos históricos estruturantes em *Recordações do escrivão Isaías Caminha* são a chegada de uma imprensa capitalista, o *Encilhamento* e as medidas de saneamento urbano de dr. Osvaldo Cruz. *Vida e morte de M.J. Gonzaga de Sá* deve sua estrutura à política externa de Rio Branco e à demolição do Rio colonial: o chamado *Bota-baixo*. Lima Barreto usa o *Bota-baixo* fugazmente em *Recordacções*, mas em *Vida e morte* sua função é mais abrangente e muito mais complexa. É sobejamente sabido, como já notamos, que a grande demolição foi determinada não só por motivos sanitários, mas também por razões de prestígio nacional – é só ler "A volta". Antes de assumir a presidência, em 1900, por ocasião da visita do presidente Campos Sales à Argentina, o próprio Rodrigues Alves afirmou por escrito que carregaria

> o estandarte de progresso à americana, não desse progresso que sem dúvida perlustramos no passado, lento e solene como o que movimenta as velhas sociedades europeias, mas desse progresso vertiginoso.[24]

---

24 Citado por Franco, op. cit, v.1, p.170-1.

LIMA BARRETO E O DESTINO DA LITERATURA **153**

Em 1902, Rodrigues Alves tomou a dianteira da radical transformação física da capital. Sendo a única figura pública de *Vida e morte*, Rio Branco simbolizou, melhor até do que o próprio presidente, o que Lima Barreto via como as ilusões da *Belle époque* brasileira, pois ele não só possuía, de uma forma obviamente patriótica e expansionista, a mentalidade civilizacional e europeizante da nova república, mas também representava, já em 1900, na mente do povo, a futura grandeza do Brasil.[25] Num nível primário óbvio, todo o *Vida e morte de M.J. Gonzaga de Sá* tenta contestar a ideia de que, nessa nova era republicana, o Brasil entrava em uma época dourada. Essa nova modalidade de patriotismo está bem expressa em um artigo triunfalista publicado na revista *Fon-Fon*, escrito a propósito da inauguração do Teatro Municipal em 1909, o qual, em termos arquitetônicos, assinalou o clímax dos esforços de colocar o Rio de Janeiro no mesmo patamar que Buenos Aires e a Europa. Referindo-se ao Rio do Império, o jornalista imagina:

> ...a vida elegante naquele tempo: a festa da Glória, o Provisório, recepções da nobreza, com escravos servindo o chá com torradas [...] Há lá elegância concebível sem luz elétrica, automóveis, teatros luxuosos etc.? Na deslumbrante sala do Teatro Municipal [...] num ambiente de mármore e de oiro, as casacas impecáveis a roçar as sedas caras, trabalhadas *chez* Pasquin e depois o chocolate no *restaurant* Assyrio – que nenhum teatro do mundo possui – e o desfile final dos autos pelas ruas asfaltadas e floridas, fulgindo de luz elétrica, aí sim, pode se ter uma impressão real e sólida da moderna elegância, irmã do conforto e do luxo.
>
> Tudo o mais são histórias.
>
> Esta época que estamos vivendo é realmente a *idade áurea* da vida carioca.[26]

O artigo de Lima Barreto publicado em 1911, já citado, comentando o fenômeno desse novíssimo teatro, oferece uma resposta con-

---

25 Ver Sevcenko, *Literatura como missão: tensões e criação cultural na Primeira República*, p.147.
26 *Fon-Fon*, 24 jul. 1909 [grifo nosso].

154 R.J. OAKLEY

tundente a esse tipo de celebração patriótica. Projetada, pensada para os ricos, como o jornalista de *Fon-Fon* de imediato admite, ela consequentemente exclui a grande maioria da população carioca.[27]

Tanto *Recordações do escrivão Isaías Caminha* como *Vida e morte de M.J. Gonzaga de Sá* nos mostram uma tentativa de obrigar a república jovem e caótica a confrontar-se com a crua realidade. De fato, o edifício republicano já estava sendo minado por ilusões, algumas das quais criadas propositadamente pelo poder da imprensa, como retratado em *Recordações do escrivão Isaías Caminha*, ou por outros tipos de bovarismo nascidos das ilusões do povo ou dos governantes que o lideravam. São ilusões do segundo tipo que se encontram no âmago de *Vida e morte*. A figura de Juca Paranhos, barão do Rio Branco, episódica e sombria, retratado como um colosso adulado e distante, substitui a figura mais imediata e mais obviamente assustadora de Edmundo Bittencourt. Já analisamos como Lima Barreto, de fato, sublinha o domínio de Ricardo Loberant sobre Isaías Caminha e a posterior intimidade entre eles. Rio Branco, por outro lado, não só não exerce poder sobre Gonzaga como também não tem uma relação com ele. Lima Barreto esforça-se por frisar o abismo que os separa: Gonzaga de Sá, um obscuro funcionário, conhecido apenas por sua família imediata e por seus colegas, e Paranhos, barão do Rio Branco, rei sem trono da populaça carioca. O barão desfila pomposamente pela cidade, sendo celebrado pela multidão onde quer que vá; Gonzaga vagueia pelas ruas da cidade a pé, muitas vezes à noite, e tendo por companheiro o silêncio.

Machado descreve o efeito que a entrada de Gonzaga em uma confeitaria carioca, produziu em um grupo de jovens "habitués", no dia em que Gonzaga procura Augusto Machado para auxiliá-lo como organizador do cortejo de seu assistente de repartição falecido, Romualdo:

> A sua velhice tolerante e refletida compreendia que eu lá fosse, mas a sua misantropia de velho não lhe permitia tomar parte direta no seu

---

27 Lima Barreto, op. cit., v.13, p.266-9.

LIMA BARRETO E O DESTINO DA LITERATURA **155**

ruído... Os seus grandes olhos, macios e lentos... estavam vermelhos. O resto da fisionomia era calma e os seus gestos não apresentavam modificação sensível. Ao aparecer o venerável velho, os meus amigos calaram-se e, a todos, a sua austera figura impressionou...

— O compadre acaba de morrer [...] Vim tratar do enterro [...] Preciso de ti para carregar o caixão [...] Vem, Machado [...] Vem, Machado; espero esse serviço da tua piedade [...][28]

No decorrer da narrativa, Gonzaga não afetará ninguém, a não ser seu discípulo e o pequeno filho de Romualdo, Aleixo Manuel. O relacionamento que ele tem com a sociedade que frequenta as confeitarias é tal que sua breve passagem por esse mundo o coloca instantaneamente numa posição de marginal. Da mesma forma, a igualmente breve aparição do barão no relato dos passeios de Machado com Gonzaga está revestida de uma forte impressão de extrema incompatibilidade entre essas duas figuras:

> Por essa ocasião, ao pensar eu isto, repimpado em um luxuoso automóvel de capota arriada, passou, [...] o poderoso ministro de Estrangeiros. Ao ver através das grades do jardim passar o barão, [...] Gonzaga de Sá disse:
> — Este Juca Paranhos [...] faz do Rio de Janeiro a sua chácara...[29]

Gonzaga e Machado contemplam Paranhos a partir de um refúgio representado por um parque que os separa da azáfama da rua carioca por onde o ministro passa triunfantemente. O observador silencioso e impotente contempla o herói nacional e homem todo-poderoso do momento. Lima Barreto ergue outra das suas barreiras físicas e metafísicas na figura das grades do parque por onde Gonzaga e Machado veem passar o carro do barão. Paranhos conhece apenas o sucesso, enquanto Gonzaga, como ele próprio admite, apenas o fracasso. Gonzaga é marginalizado pela sociedade tal como Isaías Ca-

---

28 Ibid., v.4, p.108.
29 Ibid., v.4, p.70.

minha, mas sem a benção redentora do retiro de Caminha, que lhe permita voltar por suas memórias e lograr um sucesso mundano. Não nos é dado ver o processo da derrota de Gonzaga; o drama de sua luta decorre fora do palco, antes do começo da narração biográfica escrita por Augusto Machado, que descreve, em poucas linhas, a luta de Gonzaga; mas até que ponto, em que nível, é uma derrota?

Em seu conjunto, o romance inteiro não se preocupa com qualquer conflito com a sociedade, e embora estejam presentes conflitos potenciais, eles situam-se meramente nas margens do texto. Gonzaga e seu discípulo, muito mais do que Isaías Caminha, evitam o conflito. Demasiado conscientes do conflito que está para surgir, isolam-se dele consciente e propositadamente. Atraído pelo intelecto e pela personalidade de Gonzaga, assim como por sua angústia, a qual Machado percebe e também partilha, o jovem discípulo e futuro biógrafo procura entender essa enigmática e silenciosa angústia. Assim fazendo, Gonzaga transforma-se no herói carlyleano de Machado. Carlyle declara-nos em *Os heróis* que o herói que realmente representa um benefício para a sociedade deve ser adorado por ela; mas quando não traz benefício algum, como no caso do barão do Rio Branco, é possível que o verdadeiro herói não seja reconhecido e, portanto, adorado. Tais pessoas, dada sua aparente falta de importância no contexto geral, são muitas vezes obscuras e passam despercebidas. São assim os "heróis silenciosos" carlyleanos, os quais também têm seu papel na história. Carlyle descreve-os da seguinte forma:

> Os grandes homens silenciosos! Olhando em roda para a inanidade ruidosa do mundo, palavras com pouco sentido, ações com pouco valor, apraz-nos refletir sobre o grande império do Silêncio. Os nobres homens silenciosos, espalhados por aqui e por ali cada um no seu departamento; pensando silenciosamente, trabalhando silenciosamente; dos quais nenhum jornal da manhã faz menção! Eles são o sal da terra.[30]

---

30 Carlyle, *Os heróis*, p.213.

LIMA BARRETO E O DESTINO DA LITERATURA 157

Gonzaga de Sá e seu subordinado Romualdo são a tentativa de Lima Barreto de encapsular em prosa ficcional o herói silencioso de Carlyle, cujo discurso quase ninguém reconhece ou recebe. A missão de Augusto Machado será entender a significância deste herói silencioso e fixar sua importância na continuidade da história brasileira.[31]

A irmã de Gonzaga, Escolástica, diz-lhe que ele vive como um cigano: às vezes, chega cansado à meia-noite; em outras ocasiões, passa a noite toda fora de casa. Um dia, Machado decide segui-lo e, assim, descobre um homem que vagueia interminavelmente durante o dia e à noite pela cidade, observando, atentando na arquitetura, nas mudanças estruturais e no processo geral de demolição e destruição da velha cidade. Gradualmente, Machado percebe que um aspecto dominante no espírito de Gonzaga durante as perambulações e nas conversas que ambos travam é o amor que ele tem por sua cidade, a qual sente estar mudando, a ponto de se tornar irreconhecível, para satisfazer a sede de alteração material e de engrandecimento patriótico, característicos do Rio de Janeiro do início do século XX.

Machado batiza Gonzaga de "O Passeador", descrevendo "o abuso que fazia da faculdade de locomoção".[32] Essa "faculdade de locomoção" já foi muito comentada, geralmente em relação à vida do próprio Lima Barreto, mas não em termos de sua gênese literária no conceito do herói intelectual. Chegou agora o momento de assinalar o quanto esse tipo de trajetória peripatética é explorada por Anatole France: especialmente no ciclo Bergeret, a ficção franceana tão admirada por Lima Barreto como modelo para sua concepção de uma literatura militante:

A começar por Anatole France, a grande literatura tem sido militante.

---

31 Oakley, Vida e morte de M. J. Gonzaga de Sá: A Carlyleian View of Brazilian History [Vida e morte de M. J. Gonzaga de Sá: um ponto de vista carlyleano da história brasileira]. In: *Bulletin of Hispanic Studies*, 1987, v.63, p.339-53.
32 Lima Barreto, op. cit., v.4, p.63.

158 R.J. OAKLEY

Não sei como o senhor Malheiro Dias poderá classificar a *Ilha dos Pinguins*, os Bergerets, e mais alguns livros do grande mestre francês, senão dessa maneira.[33]

Arnoni Prado estará com certeza correto em ver o herói errante como um sinal da marginalização de Lima Barreto e de seu personagem.[34] No entanto, é notável que o tratamento do espaço na tetralogia de Bergeret seja idêntico ao de Lima Barreto em grande parte de sua prosa de ficção – e especialmente em *Vida e morte de M.J. Gonzaga de Sá*. O cotejo com o protagonista franceano foi feito logo por Afonso Amoroso Lima na resenha que Tristão de Ataíde escreveu na ocasião da publicação do romance, em 1919.[35]

O professor Bergeret é um *dreyfusard* que vive em Le Mail, uma vila conservadora e antissemita. Por suas crenças liberais, Bergeret é visto de forma suspeita e, em alguns casos, hostil. Além disso, sua esposa e o diretor de sua faculdade, acima de tudo, tiranizam-no. Ele escapa a esses três tipos de opressão com suas deambulações pela cidade, refugiando-se em certos lugares: o banco, sob os olmeiros na praça da cidade; a livraria de Paillot; e o campo nos arredores de Le Mail:

> E o senhor Bergeret deambulava sozinho, num passo desigual e lento, sob os olmos. Ia com a alma vaga, diferente, dispersa, velha como a terra, nova como as flores, os pomares, vazia de pensamentos e cheia de imagens confusas, angustiada e desejosa, doce, inocente, lasciva, [...] e possuindo Ilusões e Esperanças cujo nome, forma e face ele ignorava.[36]

Jean Levaillant salientou a força militante de Bergeret como sendo uma força sutil, mas destrutiva, que depende menos de suas ideias

---

33 Ibid., v.13, p.72.
34 Prado, *Lima Barreto: o crítico e a crise*, p.56 et seq..
35 Ataíde, Machado de Assis e Lima Barreto. In: *Jornal do Brasil*, 7 maio 1919, republicado em *Triste fim de Policarpo Quaresma*, p.506-9.
36 France, *Œuvres* [Obras], v.2, p.958-9.

LIMA BARRETO E O DESTINO DA LITERATURA **159**

que de seu modo de vida. A mediocridade, a ignorância, a hostilidade, a falta de solidariedade humana a sua volta são sublinhadas por uma sensação de desapego obtida, em primeiro lugar, com o convite ao leitor a simplesmente acompanhar Bergeret em suas deambulações e a ver as coisas como ele as vê, e, em segundo, com o ato de fazer de Bergeret um intelectual puro. É por meio do afastamento do protagonista da sociedade que o rodeia que ele a critica ou, nas palavras de Levaillant, "distanciamento vale agora denúncia".[37] Os primeiros três dos quatro romances de que é composta a tetralogia *L'Histoire Contemporaine* [A História Contemporânea] (1897-1901) descrevem as perambulações de Bergeret pela cidade e seus retiros periódicos na fortaleza de seu escritório à procura de segurança, de paz de consciência e de uma diminuição da tensão entre a sociedade com a qual ele coexiste mal. A localização da casa de Gonzaga no alto do morro de Santa Teresa, dominando o centro da cidade do Rio de Janeiro, exprime igualmente seu isolamento moral e intelectual. As enormes distâncias que se apercebem de suas janelas e a estranha sensação de paz e silêncio que o circundam são, aqui, fortes indícios de seu isolamento:

> O café foi servido na sala de visitas com as janelas abertas para as bandas de Niterói que começava a iluminar-se. A sala ainda não tinha luzes e havia uma grande paz no exterior. Casas do morro começavam a iluminar-se e todas pareciam contemplar-nos com simpatia. A palmeira, em pé, muito firme, adormecera. Uma cigarra estridulou no jardim e mais depressa nos vieram as cismas. A cigarra calou-se. Fumávamos, eu e Gonzaga, e olhávamos o morro, enxergando pouco.[38]

Enquanto serve para definir o espaço habitado por Gonzaga e Escolástica, a palmeira do lado de fora da janela, mencionada mais de uma vez ao longo da narrativa, ajuda a emoldurar Gonzaga e a marcar o abismo entre ele e o mundo exterior.

---

37 Levaillant, *Essai sur l'évolution d'Anatole France*, p.453.
38 Lima Barreto, op. cit., v.4, p.98-9.

160 R.J. OAKLEY

Augusto Machado é irresistivelmente atraído pelo velho senhor. Ele vê Gonzaga como um homem à parte, tal como ele próprio, e sente-se impelido para sua casa que é, também para si, um refúgio de paz. O romance é, na realidade, um relato do discipulado de Machado. Dirce Côrtes Riedel opina que "o que se encontra não é propriamente a biografia do retratado – Gonzaga de Sá – e sim um tanto mais a do retratista – Augusto Machado...".[39] Na primeira ocasião, ele sobe o morro rumo à casa de Gonzaga, pensando que o encontro "ia ser pleno e a visita dar-nos-ia o perfeito enlace das nossas almas. Caminhava como para um quarto de núpcias".[40] É uma viagem no espaço. O que ele não sabe é que também está fazendo uma viagem no tempo. Gonzaga e Escolástica representam o passado no romance, e suas conversas estão impregnadas de nostalgia de um tempo que já passou. Eles recordam o último concerto, pouco antes de sua morte, dado pelo virtuoso pianista norte-americano Gottschalk durante a Guerra do Paraguai, no teatro do Império, o Provisório, que há muito tinha sido demolido. Gonzaga marca para Machado o local onde o teatro uma vez se erguia. Como que por contágio, Machado embarca numa relação com sua cidade. Gonzaga mostra-lhe uma fonte no Largo do Paço. "Já foi muito bonita", diz Gonzaga:

> – Quando?
> – Quando o mar chegava-lhe aos pés... Eu ainda o conheci assim. Vinha a noite e ela caiu toda negra sobre nós.
>
> Nós, então, sentimos as nossas almas inteiramente mergulhadas na sombra e os nossos corpos a pedir amor. Calamo-nos e olhamos um pouco as estrelas no céu escuro.[41]

Mais uma vez, a comparação com *Recordações do escrivão Isaías Caminha* é clara. Isaías Caminha também experimenta uma corres-

---

39 Riedel, Vida e morte de M.J. Gonzaga de Sá, tangências literárias ou o "peixe medíocre". In: *Triste fim de Policarpo Quaresma*, p.362.
40 Lima Barreto, op. cit., v.4, p.82.
41 Ibid., v.4, p.54.

LIMA BARRETO E O DESTINO DA LITERATURA   **161**

pondência mística com a cidade; mas, como vimos, sua experiência é uma expressão de sua esperança com relação ao seu futuro e ao do Brasil e, portanto, diminui com o aumento de seu desencanto. A correspondência de Machado com a cidade do Rio de Janeiro cresce à medida que seu amor por Gonzaga cresce também, preparando-o para a missão de poeta-biógrafo que o aguarda. O processo místico alcança seu clímax numa tarde, enquanto Machado aguarda a chegada de Gonzaga ao Passeio Público para que possam aproveitar, juntos, a beleza do sol a pôr-se sobre a Baía de Guanabara: "Saturei-me daquela melancolia tangível, que é o sentimento primordial da minha cidade. Vivo nela e ela vive em mim!".[42] O jovem discípulo não sabe que seu mentor está para morrer, nem que seu discipulado está completo.

A viagem de discípulo e mestre ao Engenho da Penha, ao longo da costa da Baía, é uma tentativa de Gonzaga de levar Machado ainda mais longe no passado. Do Engenho da Penha se pode ver a Ilha do Governador, onde ainda se via uma das residências do exilado rei português, Dom João VI. Gonzaga tem muito orgulho de seu sobrenome e diz-se descendente dos defensores e fundadores do Rio de Janeiro: Estácio, Salvador e Mem de Sá. Enquanto Machado e Gonzaga iniciam, no capítulo 4, sua jornada ao reino da morte – que são o velório e o enterro de Romualdo –, Gonzaga evoca as mortes dos primeiros heróis do Rio colonial. Apesar de ser uma figura histórica célebre, Estácio de Sá (1520-1567) também é um herói silencioso carlyleano porque seus feitos e seu sacrifício estão, agora, na perspectiva de Gonzaga, totalmente esquecidos pela população do Rio de Janeiro. A biografia elegíaca que Augusto Machado faz a seu amigo Gonzaga de Sá irá recuperar, miticamente, esses feitos e esse sacrifício. A vontade do narrador de celebrar o antepassado de Gonzaga é clara:

> Olhei o canal, segui com o olhar as mangueiras centenárias do Galeão, demorei-o sobre as paredes enegrecidas do ilhote; e, quando

---

42 Ibid., v.4, p.40.

162 R.J. OAKLEY

pousei os olhos nas águas mansas do canal, como que vi as canoas de Estácio de Sá com os seus frecheiros e mosqueteiros deslizarem, levando o conquistador para a morte.[43]

O texto narra o amor de Gonzaga pela cidade fundada por Estácio de Sá. Narra, também, a luta desesperada, para a qual Machado é arrastado, contra o passar do tempo e o evoluir da cidade do Rio. A extensa meditação sobre a morte e a futilidade do que é mortal ocupando os capítulos centrais pode ser vista como um contratexto em relação ao discurso triunfante de Paranhos, barão do Rio Branco e sua corte no palácio de Itamaraty, onde estava sediado o ministério das Relações Exteriores.[44] Ali, eles planejam a invasão estrangeira que pretendem que se opere na cidade, uma mudança maior do que o concebível.

Machado atende ao apelo de Gonzaga para ajudá-lo com o velório e funeral de Romualdo, outro herói silencioso que atravessou a barreira social para se casar com uma moça negra, o que só lhe trouxe humilhação.[45] Romualdo desafiou a barreira racial. Assim fazendo, o herói silencioso repetiu o gesto multicultural e multirracial de Estácio de Sá. Gonzaga declara a Machado com orgulho: "Eu sou Sá, sou o Rio de Janeiro, com seus tamoios, seus negros, seus mulatos, seus cafuzos e seus galegos também...".[46] Estácio de Sá conquistara de fato a Baía da Guanabara com uma mistura de ajuda europeia, africana e indígena.[47] Enquanto isso, tendo consentido em sua própria alienação, a única esperança de Augusto Machado está depositada na arte – a biografia que pode imortalizar esses três heróis silenciosos. Ele, outro herói silencioso, mas abençoado com talento

---

43 Ibid., v.4, p.61.
44 Ibid., v.10, p.29-30.
45 Ibid., v.4, p.136.
46 Ibid., v.4, p.59.
47 Nicolau Sevcenko também estuda em *Literatura como missão* um Lima Barreto convencido de que a harmonia étnica e social existente sob o Império foi paulatinamente destruída pela República Velha. Sevcenko, op. cit., p.210 et seq.

LIMA BARRETO E O DESTINO DA LITERATURA **163**

poético, fez o que lhe competia, como declara Lima Barreto no prefácio de *Vida e morte de M.J. Gonzaga de Sá* em abril de 1918.[48]

O Rio de Janeiro que Gonzaga conheceu tem que se transformar, mas em quê? Depois da cerimônia em honra do falecido Romualdo, o leitor pode dar ao romance um significado que até aqui não tinha estado disponível. O intenso mundo interior de Gonzaga, sua existência peripatética, sua luta contra o passar do tempo, constituem uma batalha que ele, inevitavelmente, há de perder. Esta existência excêntrica e marginal é, em si mesma, absurda. Um homem como Gonzaga, de qualquer forma, nunca poderia ser um revolucionário; mas não é justo censurar Lima Barreto por ter escolhido criar tal personagem, um intelectual contemplativo, como foco crucial de seu romance. O autor poderia ter escolhido relatar a juventude e o início de carreira de Gonzaga, talvez um tipo de educação sentimental. A "trama" do romance que Lima Barreto não escreveu é sucintamente apresentada por Machado nos rascunhos preliminares da biografia de Gonzaga. Em contrapartida, o romance que de fato ele escreveu se concentra, obsessivamente, em criar uma impressão de despropósito e de futilidade da vida – até mesmo da futilidade da mente humana.

Se Lima Barreto escolheu examinar o herói intelectual na fronteira da vida e através dos olhos de um observador jovem e ingênuo, será em parte porque a própria ambiguidade de sua estranha criação é consoante ao absurdo e ao mistério da existência humana. Tal enredo não requer educação sentimental alguma. A educação diz respeito, aliás, não a Gonzaga de Sá, mas sim a Machado, o segundo protagonista do romance. Um pouco depois do enterro de Romualdo, o discípulo de Gonzaga vai assistir ao desfile do Sete de Setembro, já citado. A sensação de desapego e de estar vendo a vida através dos olhos de uma câmera, é levada ao extremo. As forças armadas passam marchando:

> Vi regimentos, vi batalhões, luzidos estados-maiores, pesadas carretas, bandeiras do Brasil, sem emoções, sem entusiasmo, placidamen-

---

48 Lima Barreto, op. cit., v.4, p.27.

164 R.J. OAKLEY

te a olhar tudo aquilo, como se fosse uma vista de cinematógrafo. Não me provocava nem patriotismo nem revolta. Era um espetáculo; mais nada: brilhante, por certo, mas pouco empolgante e ininteligente.[49]

Tal como Gonzaga em relação à questão de Romualdo, Machado pensa na resignação das pessoas. Ele olha para os espectadores pobremente vestidos, para os generais e almirantes e pensa que a pobreza de uns paga o luxo dos outros:

> Secretos ditames de nossa natureza não nos impunham essa subordinação resignada? Quem sabe lá? E conforme tão bem dizia Gonzaga de Sá, que tinha eu, homem de imaginação e leitura; que tinha eu de levar desassossego às suas almas?[50]

Machado conclui que compreender esse problema é tão impossível quanto realizar a utopia de seus sonhos – a restituição do Rio de Janeiro orgânico, harmonioso, de Estácio de Sá. Procurar contatar com os outros, agir, pensar, fazer com que os outros agissem e pensassem, eram gestos muito dolorosos de se contemplar. Vê-se aqui o futuro artista tolstoiano e biógrafo desistindo, como Gonzaga, desprovido já de sua fé no poder do discurso inteligente em modificar de alguma forma a maneira como aquela massa que passava à sua frente via o mundo. Assim também ele decide por fim: "Para mim, afinal, ficou-me a certeza de que sábio era não agir"[51] – é a conclusão atingida por tantos protagonistas na prosa de ficção de Lima Barreto. Professor Bergeret, o herói intelectual de Anatole France, vê o mesmo problema em termos da massa e do indivíduo:

> A vida é, por si própria, uma catástrofe [...] É uma catástrofe incessante, já que ela não se pode manifestar a não ser num meio instável em que a condição essencial da sua existência é a instabilidade das forças

---

49 Ibid., v.4, p.139.
50 Ibid., v.4, p.140.
51 Ibid., v.4, p.142.

LIMA BARRETO E O DESTINO DA LITERATURA 165

que a produzem. A vida de uma nação, tal como a de um indivíduo, é uma ruína perpétua, uma sequência de colapsos, uma expansão interminável de misérias e crimes [...] Viver é destruir, agir é danificar.[52]

Convencido da vaidade da ação, a identificação de Machado com Gonzaga já é total. Sua intenção, naquela mesma noite no teatro, de lutar com a sociedade, deixa-nos uma imagem contraditória de uma vacilação perplexa que não conduz a parte alguma. Ao contrário de Isaías Caminha, que se comprometeu com a Babilônia da imprensa e depois se arrependeu, Machado continua a representar um ponto de interrogação no que diz respeito ao futuro. Ele desejava o melhor para Gonzaga em sua tentativa de criar o filho de Romualdo e tem o prazer de informar seu leitor que, depois da morte de Gonzaga, foi Escolástica quem cuidou da educação de Aleixo Manuel; e é desta forma positiva que o romance termina. Contudo, *Vida e morte de M.J. Gonzaga de Sá* não termina numa nota de vitória nem de derrota, ao passo que *Recordações do escrivão Isaías Caminha* é concluído com ambas. Embora a tese de Isaías Caminha sobre a opressão racista não seja comprovada, sendo subordinada ou ultrapassada por outra tese sobre o destino do discurso literário, que se tornou para Lima Barreto uma questão premente e mais urgente, Isaías acaba corajosamente suas memórias, e nas últimas páginas é a dignidade que vence. Por outro lado, em *Vida e morte*, Gonzaga morre como um misantropo amargurado, e seu discípulo opta finalmente por uma passividade schopenhaueriana. O profundo desespero desse romance, escondido pelo lirismo que o permeia, pode ser a razão mais forte pela qual, em 1907-1908, Lima Barreto resolveu publicar *Recordações*.

Declaramos no começo deste estudo que uma forma de causalidade opera quase invariavelmente na prosa de ficção de Lima Barreto no momento em que os discursos pró e antitolstoianos se desafiam. Apenas em *Vida e morte* se detecta a ausência desse processo, ao longo da biografia de Machado. Esta é mais uma razão pela qual Lima

---

52 France, op. cit., v.2, p.968.

166 R.J. OAKLEY

Barreto hesitou, durante tanto tempo, em publicar o romance e preferiu *Recordações* como seu apelo à arte tolstoiana. A narrativa de Isaías Caminha, suas memórias que, como tal, se pretendem factuais, são criadas como contratexto de um fascículo racista e do discurso triunfante do jornal *O Globo*. A obra biográfica e, portanto, igualmente factual, de Machado tem suas raízes nas semelhantes sugestões de fracasso da parte do artista tolstoiano sincero e comprometido. O único texto sobrevivente de Gonzaga, claramente alegórico, é a história de um fracasso. Excetuando-se os elogios de Lima Barreto ao talento de seu amigo Machado, no início, a narrativa não parece ser uma tentativa de igualar essa conquista artística, mas, a partir do momento em que Machado declara sua intenção de descrever e comentar a morte de Gonzaga, a aventura literária começa sua transformação. Machado declara: "Narremos os fatos", mas também afirma que nos vai contar

> suas coisas íntimas e dizer-lhes, antes de tudo, como morreu para fazer bem ressaltar certos trechos e particulares que serão mais tarde contados, de sua bela obscuridade.[53]

A intenção de construir um herói silencioso carlyeano é clara até mesmo neste nível preliminar. Esses "fatos" vão relatar a filosofia de vida de Gonzaga, suas desilusões e sua morte; porém, sua renúncia e seu derrotismo atingem a plena maturidade antes de o conhecermos. O texto de Machado, na realidade, não é uma biografia; não é, na verdade, a Vida que o título parece prometer.[54] Esquece-se frequentemente que o título oferece "Vida e Morte", e não apenas "Vida". O diálogo resultante leva o leitor ao centro fulcral da missão tolstoiana de Machado; o que ele faz é servir-se da morte de Gonzaga e dos meses que a antecedem para justapor duas visões do Brasil: a

---

53 Lima Barreto, op. cit., v.4, p.38.
54 Carlos Erivany Fantinati entendeu e analisou o caráter profundamente antibiográfico do pequeno romance em um artigo intitulado "Vida e morte de M.J. Gonzaga de Sá". In.: *Cadernos de Pesquisa*, 1990, v.2, p.31-41.

LIMA BARRETO E O DESTINO DA LITERATURA   167

dos vencedores (a corte do barão do Rio Branco), e a dos vencidos, representados por Machado, Gonzaga e Romualdo. *Vida e morte* é uma tentativa de explicação para um fracasso, tanto quanto *Recordações do escrivão Isaías Caminha*. As limitações intelectuais e a incapacidade de uma poderosa comunicação com os companheiros são tão cruciais em *Vida e morte* como em *Recordações*. No entanto, uma diferença importante entre os dois é que em *Recordações* a missão da literatura constitui o enquadramento do romance. Com *Recordações do escrivão Isaías Caminha*, Lima Barreto sublinha mais enfaticamente a importância da literatura como agente aperfeiçoador da sociedade, ao passo que a missão de *Vida e morte de M.J. Gonzaga de Sá* é mais ambígua e mais complexa.

O biógrafo de Gonzaga enfatiza repetidas vezes o extremo isolamento do herói intelectual, fenômeno de *fin-de-siècle* analisado e definido por Victor Brombert. Tais criaturas são desdenhadas e, acima de tudo, mal compreendidas. Deveriam ser a *luz do mundo*, na expressão de Fichte e Carlyle, mas não o são: elas fracassam, e esse fracasso transforma-se em sua característica mais saliente. Assim, são personagens que possuem *a bela obscuridade*, tal como Gonzaga de Sá. Sua peculiar grandeza reside em sua impotência.[55] Gonzaga expressa esse fracasso, alegoricamente, na única obra que deixou quando morreu. A missão de Augusto Machado é dupla: primeiro, comunicar essa obra ao mundo; e, depois, oferecer como moldura para essa obrinha a biografia de Gonzaga, a qual servirá de contratexto – assemelhando-se, assim, às memórias de Isaías Caminha, mas delas se distanciando por empenhar-se em contradizer a

---

55 Brombert, *The Intellectual Hero:* Studies in the French Novel, 1880-1955, p.65-6. Um estudo recente contempla em Gonzaga e outros protagonistas barretianos os traços de um fenômeno denominado o "a-intelectual". É de notar que os traços descritos constituem ingredientes do herói intelectual formulado por Brombert. Assim sendo, o "a-intelectual" movimenta-se em um "a-lugar", que "acabaria configurando o espaço do isolamento, fruto sombrio de uma busca de autonomia a qualquer custo, que alcançaria o clímax em *Vida e morte de M.J. Gonzaga de Sá*". Ver Hidalgo, *Literatura da urgência: Lima Barreto no domínio da loucura,* p.130.

168 R.J. OAKLEY

convicção que Gonzaga tem de fracasso, por um lado, ao celebrar, por outro, a cidade do Rio de Janeiro, que sua família ajudou a fundar, glorificando a superioridade moral e intelectual do amigo idoso sobre aqueles que o rodeiam.

Vida e morte de M.J. Gonzaga de Sá é, então, um hino ao herói silencioso carlyleano. Dentre os quatro heróis silenciosos do romance, como autor, Machado é o único que sobrevive à redação do texto biográfico. Como tal, e por meio de seu engenho literário, ele transforma-se no artista tolstoiano, construindo esse romance, que quer fazer passar por biografia, criando seu próprio discurso pró-tolstoiano – o romance publicado em 1919 –, com o qual vai registrando e lamentando a desagregação e a extinção do Rio imperial, bem como a destruição e a alienação que as acompanham.

O DESTINO DA INTELIGÊNCIA (I)

Para Lima Barreto o preço das mudanças era muito alto: a influência estrangeira em seu país, segundo ele, não tinha trazido consigo nada inovador ou revitalizante, mas sim novas causas e formas de corrupção. A influência estrangeira era para ele uma forma autêntica de invasão, que estava intensificando o processo de alienação, do qual a transformação física da Capital Federal é, em sua obra, um poderoso indício. David Brookshaw chama devidamente a atenção para a ambivalência da atitude de Augusto Machado, o narrador-protagonista de *Vida e morte de M. J. Gonzaga de Sá*, para com a colonização intelectual e cultural estrangeira, principalmente a europeia.[1] O objetivo principal de nosso estudo é, no entanto, demonstrar o quão profundamente Lima Barreto seguia o discurso pró-tolstoiano vindo da Europa. Augusto Machado confessa claramente sua dívida para com Taine, Renan, Barrès, Anatole France, Swift e Flaubert; e lembra-se com gratidão de que alguns destes autores "me deram a sagrada sabedoria de me conhecer a mim mesmo, de poder assistir ao raro espetáculo das minhas emoções e dos

---

1 Brookshaw, *Race and Colour in Brazilian Literature* [Raça e cor na literatura brasileira], p.195-9.

meus pensamentos".[2] Em termos mais gerais, Lima Barreto, tal como seus mestres político sociais, mas sem o dogma do positivismo comteano, era positivista apenas no sentido de acreditar piamente no progresso científico. Infelizmente, a Nova República brasileira e a civilização ocidental do século XX estavam trazendo consigo o que, para Lima Barreto, era uma mera fachada de mudança, suficiente para matar o sentido de tradição e continuidade na vida brasileira, mas insuficiente para produzir uma mudança radical nas áreas sociopolítica e econômica, que poderia ter ajudado e melhorado a vida daquela massa miserável, subnutrida e de saúde precária que o cercava. O profundo desencanto, a desesperança e o pessimismo que o assaltaram durante o período em que escreveu "A nova Califórnia" e *Triste fim de Policarpo Quaresma* encontraram mais uma válvula de escape nas caricaturas e nas sátiras grotescas: "O homem que sabia javanês", *Os Bruzundangas, Numa e a Ninfa* e outras obras de ficção a partir de 1911-1912. Isso também se torna evidente através de sua incapacidade ou recusa em manter sua seletiva narrativa ficcional de eventos históricos seguindo o princípio central do realismo clássico, segundo o qual o artista literário deveria preocupar-se apenas com o comentário ficcional sobre a sociedade contemporânea, à medida que ela vai-se desenvolvendo e modificando. *Numa e a Ninfa* comenta a crise política de 1909-1910 e baseia-se nela; no entanto, até mesmo nesta obra os eventos contemporâneos servem como um mero gancho para uma meditação universalizada sobre o poder, a mediocridade e a derrota da inteligência e do discurso inteligente. Depois de *Numa e a Ninfa*, os eventos contemporâneos não oferecem sequer a matéria-prima para a prosa de ficção de Lima Barreto. Este é um fato interessante, mas geralmente negligenciado, dado que aproximadamente desde 1917 Lima Barreto intensificou sua atividade jornalística e dedicou-se à composição de uma série de artigos que faziam crítica tanto ao dia a dia da vida brasileira quanto aos grandes eventos que aconteciam

---

2 Lima Barreto, *Obras de Lima Barreto*, v.4, p.41.

LIMA BARRETO E O DESTINO DA LITERATURA **171**

no exterior. Essa intensificação evidencia-se de modo dramático ao consultarmos a recuperação massiva da colaboração jornalística de Lima Barreto, que integra os dois volumes pejados organizados e editados por Beatriz Resende e Rachel Valença, em que apenas os últimos quatro anos da produção jornalística de nosso autor são suficientes para preencher todo o segundo volume.[3]

Muitos desses textos polêmicos foram reunidos e republicados postumamente. Esses artigos, crônicas e outros trabalhos, a grande maioria escrita nos últimos seis ou sete anos de sua vida, constituem a maior parte dos volumes 8 a 13 das *Obras de Lima Barreto*. Segundo Astrojildo Pereira, nenhum outro autor da geração de Lima Barreto no Brasil conseguiu compreender com segurança o significado dos grandes eventos de 1914-1918 na Europa ou penetrar neste significado mais profundamente do que Lima Barreto, especialmente nos artigos contidos no volume 9 de *Obras*, intitulado *Bagatelas*.[4] Em uma série de artigos em 1918, Lima Barreto assinala a quebra com o passado representada pela revolução bolchevista e relata a necessidade de uma mudança igualmente profunda no Brasil, incitando também uma reforma agrária brasileira[5] – temática já tratada com uma poesia magistral em *Triste fim de Policarpo Quaresma*. Ele afirma que apenas uma revolução parecida pode trazer mudanças reais e uma esperança duradoura no futuro, por meio da riqueza energética e do talento dormente da massa brasileira, o qual seria libertado, em benefício de todos, após uma revolução genuína.

Lima Barreto atinge o clímax de um conjunto de amargos comentários sobre a Primeira Guerra Mundial na crônica "As lições da Grande Guerra", na qual discute a Conferência de Versalhes e prevê, lúcida e profeticamente, as sementes deixadas para a futura guerra na Europa. Para nosso autor, a Europa terá somente dez anos de paz; enquanto isso, declara que os grandes beneficiários, depois

---

3 Resende; Valença (Orgs.), *Toda crônica: Lima Barreto*.
4 Pereira, *Crítica impura*, p.38.
5 Lima Barreto, op. cit., v.9, p.90-6.

172 R.J. OAKLEY

de mortos e mutilados milhares de soldados, são os governantes, industrialistas, financiadores e especuladores que os empurraram para o campo de batalha como se fossem gado.[6] Em "Homem ou boi de carga", Lima Barreto medita, como Augusto Machado, sobre a resignação ou ignorância dos combatentes de ambos os lados da Grande Guerra, que nada sabiam sobre as razões pelas quais lutavam. Ele compara esse fato com a ignorância do soldado brasileiro na guerra civil brasileira de 1891-5.[7] Em "Da minha cela" e "Carta aberta", ambos escritos em seu leito no Hospital Central do Exército, no final de 1918, ele manifesta sua solidariedade para com os líderes da Greve Geral, que descorria na mesma altura em São Paulo. No primeiro, ele traça um paralelo entre a pobreza e a saúde precária do camponês russo em 1917 e do camponês brasileiro. Além disso, vários artigos deste período tratam do benefício financeiro obtido no Brasil pela participação na guerra europeia.

Porém, pouco ou nada desse discurso jornalístico militante se faz presente na prosa de ficção de *Histórias e sonhos* (1920), coletânea de contos que nosso autor estava então preparando para publicação, nem em *O cemitério dos vivos*, o romance autobiográfico que ele iniciou no começo daquele ano, mas nunca finalizou. O prefácio de *Histórias e sonhos* apresenta um contraste chocante com o caráter das muitas histórias ali contidas. Esse prólogo reitera o ataque barretiano à retórica e reafirma a lição que ele aprendera com Tolstoi e Carlyle: que apenas a sinceridade na arte pode sacudir a humanidade de forma suficientemente profunda para trazer mudanças benéficas à sociedade:

> Não desejamos mais uma literatura contemplativa, o que raramente ela foi; não é mais uma literatura plástica que queremos, a encontrar beleza em deuses para sempre mortos, manequins atualmente, pois a alma que os animava, já se evolou com a morte dos que os adoravam.

---

6 Ibid., v.9, p.263.
7 Ibid., v.9, p.272-5.

LIMA BARRETO E O DESTINO DA LITERATURA **173**

Não é isso que os nossos dias pedem; mas uma literatura militante para maior glória da nossa espécie na terra e mesmo no Céu.[8]

A dispariedade entre o tom claramente entusiasta e engajado deste novo apelo ao compromisso, escrito em 1916, e o melancólico mundo de sonhadores e reclusos que povoam as histórias dessa coletânea publicada apenas quatro anos depois, parece apoiar a opinião crítica de que a trajetória geral de Lima Barreto como escritor, em termos de engajamento ideológico, consiste na transformação da militância artística em marginalização resignada. É difícil discordar desta opinião em termos gerais; esta perspectiva comum dos últimos anos de nosso autor baseia-se na incidência crescente, em sua obra, de reafirmações leais a um ideal de arte que é militante, embora utópico, e segundo o qual a função sociológica da arte é promover uma compreensão cada vez mais aprofundada da existência humana e um melhor entendimento entre os indivíduos – ideias que muito atraíram Lima Barreto no Tolstoi de *O que é a arte?*, no Guyau de *L'art au point de vue sociologique* e no Carlyle de *Os heróis*, como nosso autor explica no texto do ensaio-palestra "O destino da literatura". Estas ideias também derivam da ideologia política da jovem esquerda da *Belle époque* brasileira, vinculadas ao anarquismo de Proudhon, Bakunin e Kropótkin, nos quais tanto Tolstoi como Guyau indubitavelmente se apoiavam. A meditação barretiana sobre o credo literário anarquista em "O destino de literatura" atinge uma conclusão severamente determinada:

Atualmente, nesta hora de tristes apreensões para o mundo inteiro, não devemos deixar de pregar, seja como for, o ideal de fraternidade e de justiça entre os homens e um sincero entendimento entre eles.[9]

Curta é a distância entre esta missão da arte e a mais superior visão filosófica do artista contestado, que enfrenta grandes desafios

---

8 Ibid., v.6, p.34.
9 Ibid., v.13, p.68.

como divulgador deste ideal militante. Carlyle, como já vimos, foi profundamente marcado pelo conceito de Fichte do "sacerdote das letras", exposto em *Bestimmung des Gelehrten* e *Über das Wesen des Gelehrten*, o qual fornece o modelo para sua série de figuras heroicas isoladas e apaixonadas – especialmente o herói a quem Carlyle chama de *homem de letras*. Lima Barreto, inspirado até o final de sua vida por esse conceito, cita no ensaio-palestra de 1921 esta passagem-chave de *Os heróis*:

> Fichte chama, portanto, ao homem de letras profeta, ou como ele prefere exprimir-se, sacerdote, revelando continuamente ao homem o que é divino: os homens de letras formam um sacerdócio perpétuo, de idade para idade, ensinando a todos os homens que um Deus está presente na sua vida...[10]

Se o homem das letras envolve-se em uma luta heroica, seu produto, o livro, há de ser um objeto milagroso: "Os livros já não alcançam mais milagres, da mesma forma que as lendárias Runas? Eles convencem os homens".[11] No ensaio-palestra, Lima Barreto adota o conceito carlyleano sobre o autor e seu livro:

> Conquanto não se saiba quando ele será vencedor; conquanto a opinião internada no contrário cubra-nos de ridículo, de chufas e baldões, o heroísmo dos homens de letras tendo diante dos olhos o exemplo de seus antecessores pede que todos os que manejam uma pena, não esmoreçam no propósito de pregar esse ideal. A literatura é um sacerdócio, dizia Carlyle.
>
> Que me importa o presente! No futuro é que está a existência dos verdadeiros homens...[12]

---

10 Carlyle, *Os heróis*, p.151.

11 Ibid., p.154.

12 Lima Barreto, op. cit., v.13, p.68.

LIMA BARRETO E O DESTINO DA LITERATURA 175

No prefácio de *Histórias e sonhos*, Lima Barreto prossegue em sua argumentação acerca do discurso militante com a ideia presente em *Os heróis* de Carlyle de que os fins justificam os meios: o fato de que as técnicas jornalísticas podem imiscuir-se na prosa de fícção é pouco relevante "desde que aquelas possam concorrer para diminuir os motivos de desinteligência entre os homens que me cercam".[13] Em sua carta, datada do mesmo ano, à jovem escritora Albertina Berta, ele cita o referido conceito de Carlyle sobre o sacerdócio das letras, acrescentando que "desde que li isso, eu não me sento na minha modesta mesa para escrever sem que pense não só em mim, mas também nos outros".[14] O sacerdote-escritor carlyleano possui, naturalmente, as qualidades de "sinceridade" ou "gênio" – quase sinônimas em Carlyle; trata-se de um poder visionário que não só lhe permite colocar o homem em contato com Deus, mas também mostrar que todas as coisas são

> uma espécie de vestimenta ou aparência sensível; que sob tudo isso jaz, como a essência delas,... a "Divina Ideia do Mundo", a realidade que "jaz no fundo de toda aparência". Os homens de letras são enviados para ser "a luz do mundo"; o sacerdote do mundo – guiando-o, como uma coluna de fogo sagrado, na sua escura peregrinação através do desgaste do tempo...[15]

A missão do escritor é, logicamente, uma luta para iluminar os outros, transmitir-lhes uma existência inteligível, esclarecê-los, revelar aos outros aquela divina ideia fichteana. Lima Barreto concluiu seu prefácio de *História e sonhos* declarando que

> assim como querem todos os mestres, eu tento também executar esse ideal numa língua inteligível a todos, para que todos possam chegar

---

13 Ibid., v.6, p.34.
14 Ibid., v.16, p.284.
15 Carlyle, op. cit., p.151.

176 R.J. OAKLEY

facilmente à compreensão daquilo a que cheguei através de tantas angústias.[16]

O sucesso desta missão árdua, portanto, depende, em grande escala, da inteligência.

No início desse estudo, notamos que, além da necessidade desesperada de comunicar-se com outros, aquele artista ideal que Lima Barreto foi buscar em *O que é a arte?* seria ineficaz sem uma inteligência considerável. Para Lima

a arte, especialmente a literatura, a que me dediquei e com que me casei; mais do que ela nenhum outro qualquer meio de comunicação entre os homens, em virtude mesmo do seu poder de contágio, teve, tem e terá um grande destino na nossa triste Humanidade. Os homens só dominam os outros animais e conseguem em seu proveito ir captando as forças naturais, porque são inteligentes. A sua verdadeira força é a inteligência; e o progresso e o desenvolvimento desta decorrem do fato de sermos nós animais sociáveis, dispondo de um meio quase perfeito de comunicação, que é a linguagem.[17]

Ao invés de nos concentrarmos negativamente na falta de realismo circunstancial e de eventos de uma natureza sociopolítica nesta fase final da carreira romanesca de nosso autor, é mais produtivo analisar e tentar conciliarmo-nos com aquilo que está dolorosamente presente nos escritos de Lima Barreto nesta época: uma série de ficções perseguidas pela derrota, e em última análise, pelo desaparecimento da própria inteligência, sem a qual morre toda esperança para a humanidade, bem como por uma concomitante alienação do indivíduo com relação à sociedade e uma falta de solidariedade na sociedade como um todo.

No desfecho de *Numa e a Ninfa*, a inteligência, o saber e a energia são vistos no contexto de uma temível aliança com a estupidez, a ig-

---

16 Lima Barreto, op. cit., v.6, p.35.
17 Ibid., v.13, p.66.

LIMA BARRETO E O DESTINO DA LITERATURA 177

norância e a indolência. A derrota da inteligência sofre uma transformação crucial por volta de 1914 e torna-se a pedra angular da cosmovisão trágica de Lima Barreto, porque esta derrota está vinculada ao tema da fragilidade humana que persegue sua prosa de ficção desde o começo. Já não se trata de uma questão de fragilidade no sentido de fracassar em superar os ideais que exigem a consciência moral e a inteligência, tal como é o caso de vários dos primeiros protagonistas de Lima Barreto. Aqui, fragilidade corresponde não só à fragilidade da mente humana, mas também às suas próprias limitações.

Pode-se ver claramente como o drama do ato da criação provoca consternação nos jovens escritores Isaías Caminha e Augusto Machado. A angústia de Floc, provocada por sua incapacidade de se expressar facilmente e por sua falta de imaginação criativa, acaba por levá-lo ao suicídio. Muito além dos problemas do escritor em particular, Lima Barreto foi perseguido em toda sua vida adulta por outras fraquezas da mente humana – as próprias limitações da inteligência humana preocupavam-no profundamente. Ele escreve sobre o seu próprio caso em seu diário de 1909:

> Mas de tudo isso, o que mais me amola é sentir que não sou inteligente. Mulato, desorganizado, incompreensível e incompreendido, era a única coisa que me encheria de satisfação, ser inteligente, muito e muito! A humanidade vive da inteligência, pela inteligência e para a inteligência, e eu, inteligente, entraria por força na humanidade, isto é, na grande Humanidade de que quero fazer parte.[18]

Nesse primeiro período, o complexo por sua cor leva-o a procurar em sua inteligência seu próprio autorrespeito. Está também aqui expressa sua profunda convicção de que o destino da humanidade depende profundamente do destino da inteligência. Assim, sustentamos a ideia de que o discurso sobre o destino da inteligência e, portanto, o destino da inteligência humana em si, é um tema funda-

---

18 Ibid., v.14, p.135.

178 R.J. OAKLEY

mental na prosa de ficção de Lima Barreto. Esta preocupação obsessiva combinou-se mais tarde com outros dois fatores em sua vida: o alcoolismo e a loucura.

Em 1914, ano de sua primeira internação no Hospício Municipal do Rio de Janeiro, ele escreve no *Diário íntimo* que está "mudando de gênio. Hoje tive um pavor burro. Estarei indo para a loucura?".[19] Sua segunda internação no Hospício, a instituição descrita nos primeiros capítulos de *Triste fim de Policarpo Quaresma*, começou na noite de Natal de 1919, quando Lima Barreto foi encontrado perambulando pelo subúrbio carioca, alcoolizado e delirando. Durante os trinta dias passados no Hospício, escreveu seu *Diário do Hospício*, um testemunho da vida em uma instituicão para doentes mentais. Nesse diário, Lima Barreto também medita sobre as possíveis causas de sua condição deplorável no começo de 1920. Pergunta-se se o vício da bebida teria sido gerado pelo trauma de 1903, quando seu pai mergulhou repentinamente na loucura, ou por sua própria incapacidade de realizar seus ideais

> que me levou a ela, só um outro bem forte, mas agradável, que abrisse outras perspectivas na vida, talvez me tirasse dessa imunda bebida que, além de me fazer porco, me faz burro.[20]

Ao longo dos anos, ele refere-se sem parar à sua obsessão e demonstra seu vivo interesse pela loucura e seu ataque implacável à inteligência humana. A loucura de seu pai levou-o a estudar, desde muito cedo, vários aspectos da doença mental. Lima Barreto leu um dos trabalhos pioneiros sobre o crime e a loucura, *Responsibility in Mental Disease* (1874) de Henry Maudsley (1835-1918), muito provavelmente em tradução francesa.[21] As ideias de Maudsley sobre o tratamento de pessoas insanas rapidamente adquiriram um prestígio extraordinário nas últimas duas décadas do século XIX.

---

19 Ibid., v.14, p.172.
20 Ibid., v.14, p.45.
21 Barbosa, *A vida de Lima Barreto*, p.113.

LIMA BARRETO E O DESTINO DA LITERATURA 179

As teorias de Maudsley sobre a loucura e a hereditariedade, por exemplo, não escaparam à atenção de Lima Barreto:

> O filho de uma pessoa insana carrega em seu sistema uma maior propensão a uma explosão de insanidade, sob condições normais da vida, do que o filho de pais sãos.[22]

Também são de importância considerável, no próprio caso de Lima Barreto, as observações deterministas do psiquiatra inglês sobre a relação entre a loucura e a dipsomania (ataques de delírio causados por intoxicação alcoólica). Segundo Maudsley, a dipsomania pode causar idiotice, tendência ao suicídio e loucura nos descendentes, porque

> exibe parentesco próximo com a insanidade não só porque quando ocorre numa geração pode ser razão de transtorno mental ou suicídio na próxima, mas também porque a insanidade nos pais pode causar dipsomania nos descendentes.[23]

No prefácio do *Diário do Hospício*, no qual comenta o livro de Maudsley, Lima Barreto não dá indicação nenhuma de que discorda do teor determinista das teorias maudsleyanas sobre desordens mentais, ainda que *Responsibility in Mental Disease* apresente de forma explícita a questão da hereditariedade na doença mental. Lima tinha encontrado, por sinal, essas ideias expressas nos escritos de Taine e na escola literária naturalista, mas a obra de Maudsley trazia a tudo isso um *imprimatur* profissional que ele, evidentemente, não podia ignorar. Acima de tudo e de forma extremamente relevante para o caso de Lima Barreto, Maudsley vê implicações especificamente sociais na possível herança daquilo que ele chama de uma "tara":

---

22 Maudsley, *Responsibility in Mental Disease* [Responsabilidade na doença mental], p.40-1.

23 Ibid., p.43.

180 R.J. OAKLEY

É quase desnecessário realçar que aqueles que herdam uma tendência ou predisposição para a insanidade são, sem discrepâncias a outros níveis, menos favorecidos na luta pela vida do que aqueles que estão livres desta tendência.[24]

As ideias de Maudsley sobre o aspecto sociológico e determinista da desordem mental ajudam a criar contradições e ambivalência na prosa de ficção barretiana – fato que tem sido notado, mas negligenciado. A ambivalência de Lima Barreto em relação ao destino da inteligência e da mente humana é brevemente sugerida, como vimos, em seu primeiro romance publicado, *Recordações de escrivão Isaías Caminha*. A arte é uma criação humana estritamente dependente do meio social, da raça e do momento, escreveu Lima Barreto em 1919, parafraseando o famoso ditado de Taine em *Introduction à l'histoire de la littérature anglaise* [Introdução à história da literatura inglesa].[25] Foi assim que, em termos ideais, Lima Barreto concebeu sua própria prosa de ficção. O determinismo de Taine, apesar de extremamente rigoroso, pode acomodar as próprias ideias de Lima Barreto sobre a raça. Quando Taine escreve na *Introduction* acerca das predisposições hereditárias e inatas que o homem traz consigo ao mundo, ele refere-se à matéria-prima da raça, a qual será trabalhada pelo meio ambiente e o momento.[26] O Lima Barreto engajado propôs-se, no esboço de *Clara dos Anjos*, de 1904, e posteriormente, em *Recordações do escrivão Isaías Caminha*, a mostrar como os preconceitos e as injustiças da sociedade brasileira prejudicavam inevitavelmente o homem negro. O outro romance inacabado de Lima Barreto, *O cemitério dos vivos*, volta a tocar, em 1920, neste desejo peregrino de protestar contra a hereditariedade, não em seu aspecto geral e racista, mas estritamente em termos pessoais, de personalidade e inteligência, de acordo com a hipótese de Maudsley de que os vícios humanos são taras que podem ser herdadas. O protagonista

---

24 Ibid., p.45.
25 Lima Barreto, op. cit., v.10, p.38.
26 Taine, *Histoire de la littéraire anglaise* [História da literatura inglesa], v.1, p.xii.

de *O cemitério dos vivos*, Vicente Mascarenhas, lembra-se de ter lido, ainda muito jovem, a defesa de um certo júri de um homem acusado, a qual ele cita, empregando um tom tipicamente maudsleyano:

> O réu, meus senhores, é um irresponsável. O peso da tara paterna dominou todos os seus atos, durante toda a sua vida, dos quais o crime de que é acusado, não é mais do que o resultado fatal. Seu pai era um alcoólico, rixento, mais de uma vez foi processado por ferimentos graves e leves. O povo diz: tal pai, tal filho; a ciência moderna também.[27]

Da mesma forma que Mascarenhas e Caminha, o autor reage violentamente contra essa teoria da hereditariedade da tara. A reação dele estava vinculada, como é óbvio, à sua cruzada contra a noção da inferioridade racial do negro; mas, logo no início de sua carreira artística, foi integrar uma reação oposta, nascida na angústia e na depressão que lhe causavam o espetáculo da loucura de seu pai e a leitura da teoria maudsleyana sobre a hereditariedade. O confronto violento de ideias que daqui resultou, criou uma ambivalência que haveria de ser constante, a qual se manifesta na incidência dos temas da loucura e do fardo mental em sua prosa de ficção.

Lima Barreto tenta, desde muito cedo, conformar-se com a doença de seu pai, descrevendo-a como "sofrimento misterioso".[28] Em *Triste fim de Policarpo Quaresma*, o hospício no qual Quaresma é internado depois de sua suspensão é descrito como se criasse na imaginação popular um "terror, uma espécie de pavor de coisa sobrenatural, espanto de inimigo invisível e omnipresente".[29] A calma e o silêncio exteriores sossegam até que o observador se dê conta de que o hospício está cheio de gente cuja inteligência tem sido derrotada ou minada; e assim o observador sente todo o "horror da loucura, o angustioso mistério que ela encerra, feito não sei de que inexplicável fuga da nossa própria natureza".[30] Em *Triste fim de Policarpo Quares-*

---

27 Lima Barreto, op. cit., v.15, p.126.
28 Ibid., v.14, p.85-6.
29 Ibid., v.2, p.95.
30 Ibid., v.2, p.96.

182 R.J. OAKLEY

ma, Lima Barreto retrata o espetáculo da loucura como sendo especialmente melancólico porque é como uma simples continuação do dia a dia normal, mas que se desenrola em outro planeta, onde uma força invisível aprisiona a vítima, "alguma coisa mais forte que nós, que nos guia, que nos impele e em cujas mãos somos simples joguetes".[31] Por outras palavras, a loucura é considerada num panorama de fragilidade intelectual e psicológica, a qual é disfarçada pela aparência banal e rotineira da realidade, de tal forma que a calma e a tranquilidade do hospício dá à pessoa de fora a ilusória impressão de uma normalidade. Uma década depois, em *O cemitério dos vivos*, Vicente Mascarenhas descreve um garoto que reage de forma calma e inocente em relação ao homicídio pelo qual ele foi internado. O mistério dessa inocência e indiferença aparentes revoluciona todas as noções pré-concebidas de Mascarenhas sobre a natureza da doença mental.[32]

A presença das teorias maudsleyanas paira ao longo de toda a carreira de Lima Barreto. Outro exemplo muito relevante nesse contexto é a observação de Maudsley sobre o fator da obsessão como desencadeador do desequilíbrio mental. Maudsley declara que

> então se algum erro seu, ou algum infortúnio para além de seu controle, despedaça suas esperanças, destrói o orgulho de suas conquistas anteriores, destrói o que vem construindo com toda a paixão e energia de um intenso egocentrismo, ele fica vulnerável e sem defesas contra suas aflições, afunda-se na melancolia, e da melancolia à loucura.[33]

Há uma série de personagens na prosa de ficção barretiana que caem exatamente nessa categoria: doutor Gomensoro, em *Clara dos Anjos*, de 1904; Floc e Lobo, em *Recordações do escrivão Isaías Caminha*; e especialmente, em *Triste fim de Policarpo Quaresma*, o herói epônimo e a desgraçada Ismênia, cuja obsessão com o casamento a deixa incapaz de suportar o choque de ser abandonada por

---

31 Ibid., v.2, p.116.
32 Ibid., v.15, p.161.
33 Maudsley, op. cit., p.296.

LIMA BARRETO E O DESTINO DA LITERATURA   183

Cavalcânti. É apenas em *Triste fim* que Lima Barreto, como criador de personagens, reage contra a noção da fragilidade da mente humana. É importante perceber que ele o faz precisamente de acordo com a teoria de Maudsley sobre o poder profético da loucura, na qual uma pessoa desequilibrada mentalmente e de inteligência excepcional é comparada ao revolucionário, que está à frente de seu tempo. A visão novíssima desse revolucionário sobre a vida ao redor pode ser "uma ideia intuitiva, um tipo de inspiração, [...]";[34] e é de notar que a gênese, tanto intelectual como psicológica, de Policarpo Quaresma pode ser encontrada na descrição maudsleyana de tais indivíduos:

> Os indivíduos que manifestam seus impulsos de desenvolvimento podem não ver suas verdadeiras relações, e até os podem levar, ridiculamente, ao extremo, mas, ainda assim, talvez sejam os órgãos inconscientes da *semente* de uma forma de pensar que se deverá plantar e transformar numa planta *muito frutífera* nas mentes de outros com maior capacidade filosófica, mas talvez incapazes de originar a inspiração.[35]

O significado muito comentado do nome "Policarpo" e da fertilidade como motivo estruturante do romance surgem fortemente sugeridos nesta hipótese de Maudsley. A análise do psiquiatra inglês no que diz respeito à salvação de tais pessoas da loucura irremediável é, além de tudo, muito semelhante à de Quaresma, porque se pode observar "a fé e a força com as quais ele trabalha para atingir seu objetivo, na realidade, salvando-o da loucura que o poderia ter acometido".[36]

---

34 Ibid., p.54.
35 Ibid. [grifo nosso]. A visão maudsleyana do louco sábio ecoa, obviamente, a parábola do semeador (Lucas, 8, v.5-15). O pessimismo barretiano faz com que as ideias frutíferas de Quaresma desvaneçam com ele; ou seja, em termos bíblicos, as sementes caíram "à beira do caminho", "no pedregulho", e "entre os espinhos", mas não "em terra boa".
36 Ibid., p.55.

184 R.J. OAKLEY

Há, de fato, nas ideias e na carreira de Henry Maudsley, uma ambivalência fulcral muito parecida com aquela que se verifica repetidas vezes em seu leitor carioca. Por um lado, Maudsley estava à frente de sua época por sua aversão à ideia de encarceramento dos doentes mentais. Em seu discurso presidencial dirigido à Associação Médico-Psicológica em Londres (1871), Maudsley declarou que o encarceramento conduz à negligência

> da individualidade do paciente [...] este torna-se parte de uma massa de cuja maioria não se esperam melhoras, e seu tratamento moral nada mais é do que a rotina do estabelecimento e a ditadura do médico assistente.[37]

Por outro lado, o biógrafo mais recente de Maudsley observa que desde os anos 1870 ele

> enfatizou cada vez mais insistentemente a falta de esperança perante a loucura, a degeneração dos loucos e das classes criminais e o horror do destino humano.[38]

A luta corajosa de Quaresma com a sociedade e consigo mesmo é apenas um lampejo no vasto espetáculo da fragilidade humana que, obscuramente, impregna a prosa de ficção de Lima Barreto. Além disso, o tema da tara em Maudsley e o da loucura em geral são frequente e inextricavelmente associados à visão trágica barretiana do destino da inteligência humana. Isaías Caminha faz parecer que desaprova a teoria da inferioridade racial do mulato, mas, no final, ele mesmo concede que sua covardia e sua fraqueza foram cruciais para as derrotas que sofreu na vida. O leitor deve recordar-se de que em um fragmento de *Clara dos Anjos* de 1904, Marco Aurélio Brandão atribui seu fracasso em parte à "covardia".[39] Outro projeto de roman-

---

37 Scull, *Masters of Bedlam. The Transformation of the Mad-doctoring Trade* [Mestres de Bedlam. A transformação do comércio de tratamento de loucos], p.240.
38 Ibid., p.253.
39 Lima Barreto, op. cit., v.14, p.66.

LIMA BARRETO E O DESTINO DA LITERATURA   185

ce ou de conto sobre um certo Major Tibau, geralmente tido como um primeiro rascunho daquele que haveria de tornar-se o enredo de *Triste fim de Policarpo Quaresma*, conta como ele fracassou em completar seus estudos de medicina devido a uma combinação de suas próprias fraquezas e de uma vida começada na pobreza.[40] A mesma ambiguidade com relação a possíveis causas de fracasso deixa aqui o leitor dividido entre os fatores hereditário e ambiental na infância de Tibau, tal como acontece, numa escala maior, em *Recordações do escrivão Isaías Caminha*. A mesma ambivalência e a mesma ambiguidade caracterizam o conto neonaturalista de 1906, *O filho da Gabriela*, no qual a patroa adota o filho de sua empregada, Gabriela, na ocasião da morte desta. A leitura feita por Lima Barreto das obras de Taine e Maudsley fica evidente através do fracasso do pequeno Horácio em dar continuidade a um início promissor na escola. Gabriela fora uma alcoólatra, e os primeiros anos da criança haviam-se passado em um terrível estado de pobreza e negligência. Depois de começar os estudos de forma promissora, Horácio é atacado por melancolia, acessos de raiva, uma febre inexplicável e a doença mental – condição que no final da história parece ser permanente.

Pode ver-se Lima Barreto, nos anos imediatamente após o fim da Primeira Guerra Mundial, esforçando-se por arrumar sua casa literária. Ao mesmo tempo que *Vida e morte de M. J. Gonzaga de Sá* era publicado em São Paulo, Lima Barreto reunia todos aqueles contos que ele evidentemente desejava preservar e que ainda não tinham aparecido ao lado de *Triste fim de Policarpo Quaresma*, no volume de 1915. A derrota da inteligência tratada de maneiras diferentes nas narrativas anteriores permeia, como veremos, as histórias restantes compostas nos últimos anos da vida do escritor. Essa temática é central em pelo menos três dos contos que integram essa coletânea, que ele publicou em 1920 sob o título geral de *Histórias e sonhos*. Em "Uma conversa vulgar", o empresário branco Castanhal e sua amante negra têm um filho cujo futuro também se adivinha brilhante, mas

---

40 Ibid., v.14, p.85-6.

186 R.J. OAKLEY

o rapaz acaba por tornar-se um bêbado. Sua biografia é contada ao narrador por um tal Florêncio, o qual apresenta quase explicitamente a ideia, comumente defendida no Brasil daquela época, de que o mulato, em geral, era psicológica e intelectualmente frágil. Era de se esperar que Lima Barreto tentasse refutar essa explicação para a desintegração intelectual do mulato Ernesto, mas isso não acontece. Noutro conto "Mágoa que rala", um jovem chamado Lourenço e com um passado de distúrbios mentais afirma ter cometido um assassinato enquanto todas as evidências levam as autoridades a convencerem-se de que tal não era possível. Mais uma vez, o potencial, que de início se verifica nos estudos, é seguido de uma recusa em continuar a estudar e, passados poucos anos, o jovem foge para São Paulo. Ao retornar, ele passa todo seu tempo livre lendo livros sobre religião e espiritualismo e chorando muito quando sozinho.

Um terceiro conto que explora o tema da derrota da inteligência é "A biblioteca". A maioria dos contos na coletânea foi escrita a partir de 1915; e mais do que qualquer outro, "A biblioteca" encaixa-se adequadamente na opinião que Lima Barreto tem sobre o Brasil e com a qual nos deixa no desfecho de *Numa e a Ninfa* (1917). Se o *ménage-à-trois* de Pompílio aponta para a profunda degradação moral à qual o uso inapropriado da inteligência e do saber podem conduzir, "A biblioteca" encarna e dramatiza a destruição da inteligência e do saber. Fausto Carregal, funcionário público aposentado, vive das lembranças da família de seu pai em dias melhores. Fernandes Carregal tinha sido um químico distinto, tenente-coronel e instrutor na Escola Militar Central do Rio de Janeiro, além de professor na Academia Militar Real e conselheiro do Império. Fausto formou-se como farmacêutico, mas, apesar de ter inclinação científica, desistiu da profissão quando foi recrutado para trabalhar no funcionalismo público, ocupando um cargo puramente administrativo. Entretanto, a família entrou em uma crise financeira, o que o obrigou a vender a mansão onde viviam; com ela, foram desaparecendo, pouco a pouco vendidos, dados ou perdidos, os móveis caros e as pratas da família, numa sucessão de mudanças. No entanto, mesmo passando por dificuldades, Fausto Carregal mantém a biblioteca do

LIMA BARRETO E O DESTINO DA LITERATURA 187

pai. A coleção de livros é grande e distinta, e muitos deles são primeiras edições valiosas: sobre matemática, física, química, além de poesia e prosa de ficção, incluindo até a primeira edição do *Principia* de Newton. Veremos que este último detalhe é muito significativo.

Por respeito a seu pai, e também por nostalgia, Fausto não só conserva a biblioteca do conselheiro, como também, como sinal de honra e de afeto, faz questão de ler os jornais todas as manhãs no escritório onde a biblioteca está. Ele vive com o amargo arrependimento de não ter prosseguido com os estudos e vê, com tristeza, o fracasso acadêmico de seus três filhos e sua filha. Um por um, eles mostram sua apatia ou incapacidade intelectual e saem de casa. Dentre os quatro, o mais fraco intelectualmente é o filho mais novo – Jaime –, que não consegue sequer aprender a ler e escrever de forma apropriada. Um dia, enquanto Fausto está na biblioteca, Jaime, agora com dezessete anos, entra e pede dinheiro para ir a uma partida de futebol. Fausto percebe, repentinamente, a estupidez do menino; ele dá-lhe, então, o dinheiro, pedindo em troca que diga à mãe para ir buscar uma lata de parafina antes de as lojas fecharem. Quando se encontra de novo sozinho, Fausto, penosa e sistematicamente, leva todos os livros para o quintal, joga parafina por cima deles e ateia-lhes fogo.

O conto retém, até o fim, uma ambiguidade essencial. Fausto Carregal pode estar expressando sua decepção em relação à incapacidade de sua prole em dar à biblioteca do conselheiro uma *raison d'être* [razão de ser]. Ele também pode estar admitindo seu próprio fracasso. Seu gesto pode, ainda, representar uma revolta contra os livros e o mundo da pesquisa científica e do conhecimento científico. Será que ele não se lembra de como já havia percebido que seu próprio pai, o distinto professor de química, nada mais era do que um teórico que se escondia da realidade empírica atrás do mundo da teoria científica? Ele se lembra de que na verdade nunca tinha visto seu pai trabalhar em um laboratório.[41] Em "A biblioteca" Lima Barreto aponta sem dúvida para a falência da inteligência, do saber e dos livros em

---

41 Ibid., v.6, p.145.

188 R.J. OAKLEY

relação àqueles que são incapazes de usá-los ou que não se dispõem a fazê-lo. Fausto Carregal demonstra seu respeito pelo saber quando lê os jornais todas as manhãs na presença dos livros do pai. Aqui, uma vez mais, Lima Barreto usa o fetichismo para demonstrar a capacidade do homem para autoiludir-se, ou seja, para confirmar seu bovarismo endêmico. A biblioteca do conselheiro emite uma força misteriosa que dá ao triste velhote uma razão para viver. Ele respira sem comprometimento aquela atmosfera de saber e erudição criada pela presença dos livros. As ambições que tem para os filhos correspondem a uma esperança de redenção de seus próprios fracassos. Enquanto isso, os livros continuam a ser um fetiche. Eles são inefáveis depósitos de saber, superficialmente reverenciados, mas nunca abertos por ele, que é quem os reverencia.

"A Biblioteca" não se preocupa, porém, com a doença mental nem mesmo com possíveis causas hereditárias da fragilidade ou da deficiência do intelecto. A verdade é que o fracasso da família Carregal não tem causa óbvia, a não ser que seja apenas uma falha humana; e somente Fausto parece ter desperdiçado suas inequívocas capacidades intelectuais. Lima Barreto resolveu traçar a decadência dessa família em relação às atitudes individuais de cada membro para com o mundo do intelecto. Apresenta-nos três gerações cuja linha gráfica representativa do respeito pelos livros e pelo saber no gráfico é sempre descendente. Esse gráfico começa, em seu ponto mais alto, com a história que o conselheiro relatara a Fausto quando menino, de como o grande químico francês, Lavoisier, trabalhou para a Monarquia para poder custear suas experiências. Na verdade, o gráfico começa em ponto ainda mais alto, visto que, se Lavoisier pode ser considerado o pai da química moderna, a presença da *princeps* do *Principia* de Newton faz-nos remontar a tempos homéricos, já que o livro de Newton é considerado a base fundamental e fundadora da física moderna. Quando veio a Revolução Francesa, Lavoisier pereceu no patíbulo por supostamente ser um colaborador; ou seja, morreu inteiramente em virtude da ciência. O conselheiro, por sua vez, não era um químico experimental como Newton ou Lavoisier, mas, a seu modo livresco, ele conseguiu dominar a matéria. Seu filho

LIMA BARRETO E O DESTINO DA LITERATURA 189

Fausto envereda pelo mesmo caminho, mas resolve percorrer apenas parte dele. O filho mais velho de Fausto consegue matricular-se no Colégio Pedro II, a escola superior mais prestigiada do Rio, mas às conquistas acadêmicas preferira casar se cedo. O segundo filho não chega sequer aqui; e o mais novo é retardado mental. Essa clara linha descendente de talento e conquista intelectuais partindo de Newton e Lavoisier e acabando em Jaime não é, contudo, inevitável. Podia-se esperar aqui outra obscura alusão barretiana a um determinismo mórbido e naturalista; mas não é assim, e Lima Barreto evita qualquer tentativa de traçado de uma relação causal fisiológica naturalista. A trajetória da decadência é narratologicamente arbitrária e não causal. Em suma, o que diferencia este conto dos outros enredos que se preocupam com fragilidades ou deficiências mentais é precisamente a falta da noção de "tara" hereditária maudsleyana. É nesse aspecto que reside a qualidade do pessimismo que caracteriza "A biblioteca". Lima Barreto abandona a teoria da hereditariedade para, como fez na prosa de ficção do início e do meio de sua carreira, meditar de novo sobre o destino problemático do esforço intelectual que o ideal fichteano pede. O impulso da narrativa é filosófico e poético. O perfil do declínio da família Carregal em "A biblioteca" não é nem fisiológico nem sociológico: é simbólico. A queda familiar é metafórica e, nos últimos parágrafos, psicológica. Ao longo da história, a sensação de solidão e isolamento de que Fausto sofre vai aumentando, pois o relacionamento que ele tem com os livros do pai é apenas afetivo. Se ele tivesse mantido um verdadeiro amor pelos livros e a sede de conhecimento, o desespero poderia ter sido banido. Infelizmente, o próprio laço afetivo entre Fausto Carregal e a biblioteca foi criado por uma ilusão bovarística da qual ele um dia dolorosamente se dá conta, como se tivesse acordado de um sonho. O bovarismo é, obviamente, uma forma de existência onírica e, na literatura, os personagens são suas vítimas e raramente despertam de seus sonhos. Vale a pena lembrar-se das peças de Chekov. Quando se dá o contrário, e os personagens, de fato, acordam, o resultado é muitas vezes aterrador. É só pensar em Ema Bovary ou em vários protagonistas de Ibsen. O *locus classicus* na obra de Lima Barreto é o

190 R.J. OAKLEY

suicídio de Floc em *Recordações do escrivão Isaías Caminha*. Em "A biblioteca", Lima Barreto, mestre supremo da narrativa bovarística na literatura brasileira, mostra mais uma vez o que acontece quando a vítima desperta de seu sonho.[42]

A escolha do título para a coletânea foi acertada. Vários dos protagonistas dessas histórias são sonhadores solitários. Em "Um músico extraordinário", outro fracassado persistente de Lima Barreto, Ezequiel Beiriz, retorna ao Rio vindo da Europa, tendo deitado a perder uma enorme herança. Apesar disso, ele continua a sonhar, convencido de que um dia será um grande músico. Em "Lívia", a heroína epônima não é nenhuma intelectual. É tratada como uma escrava pelo cunhado. Ela teve quinze encontros com namorados dos quais se lembra pouco ou quase nada e a noção que tem do amor surge como um fetiche. Sonha com um tal Godofredo, que é pobre, e também com viagens à Europa, onde o rosto de Godofredo se transforma imperceptivelmente no de um tal Siqueira, um estudante de potencial brilhante. Enquanto isso, o tempo passa, e ela acaba por desperdiçar dez anos de sua vida sonhando. A narrativa oscila incessantemente entre as fantasias de Lívia e sua realidade imediata e prosaica, constantemente insinuando o sorrateiro passar do tempo. O lirismo do conto tem origem em parte no constante deambular por entre presente, passado e futuro, essencial a seu tipo de bovarismo.

Em "Cló", o doutor Maximiliano, pobre musicólogo e professor de música, outro sonhador solitário, senta-se em um café numa segunda-feira de Carnaval no Rio, sem saber o que fazer para arranjar dinheiro para vestir sua mulher e sua bela filha, Clódia, para o baile de Carnaval no dia seguinte. O doutor André, um rico deputado que, apesar de casado, corteja Clódia de maneira flagrante, paga uma bebida para Maximiliano e dá-lhe uma quantia considerável em dinheiro – a qual é apenas um dos vários presentes que ele oferece ao

---

42 Ver Kahn, *O leitor deslocado e a biblioteca fora do lugar: figurações da insuficiência intelectual na ficção de Lima Barreto*, p.128-36. Sua tese oferece uma leitura muito nuançada deste conto maior.

LIMA BARRETO E O DESTINO DA LITERATURA 191

velho para quebrar sua resistência à atenção que ele dá à sua filha. O doutor André promete visitá-los em casa depois do jantar e sai do café. O velho mestre de música sai, então, do café e perambula pelas ruas no amanhecer mormacento de Carnaval, cujo rouco desfile de fantasias dança e passa por ele. O músico que acompanha o desfile incita Maximiliano a parar os foliões e a mostrar-lhes como uma melodia promissora, a qual eles haviam estragado ao cortá-la pela metade, poderia ser melhorada se estivesse completa. No entanto, ele não chega a fazê-lo e lembra-se de que se eles cantam daquela maneira é porque a música corresponde ao impulso emocional que a produziu. Em "A biblioteca", os livros e a atitude para com eles fornecem uma hierarquia que estrutura a narrativa. Em "Cló", a música tem uma função estruturante semelhante. Maximiliano desdenha e, ao mesmo tempo admira, os ritmos e melodias neo-africanas do Carnaval, reconhecendo que aquela música está de acordo com as alegrias e tristezas da população negra do Rio de Janeiro, cujos ancestrais vieram de África; no entanto, a questão de raça e de cor permanece secundária. Aproximando-se de sua própria casa, ele ouve, vindo dela, o som de um piano, tocado por sua mulher, e maravilha-se com a paixão com que ela toca a música carnavalesca, ao som da qual Cló dança:

> Por que caminho lhes tinha chegado ao sangue e à carne aquele gosto, aquele pendor por tais músicas? Como havia correlação entre elas e as almas daquelas duas mulheres?[43]

Cló e sua mãe, evidentemente, ocupam o meio-termo entre o Carnaval, em toda sua crueza anárquica, e o ideal musical acadêmico do doutor Maximiliano.

"Cló" pode ser lido como um conto sinistro ou cômico. A luxúria do doutor André, os problemas financeiros de Maximiliano, a vulgaridade do Carnaval e até a sensualidade descarada de Cló, que

---

43 Lima Barreto, op. cit., v.6, p.81.

192 R.J. OAKLEY

flerta abertamente com André, são retratados com humor indulgente e compaixão. Tudo isso apresenta uma ampla perspectiva sobre o passado, o presente e o futuro, colocando um ponto de interrogação sobre o futuro do Brasil. A música é, aqui, o veículo para articular todo o problema da integração étnica e cultural: Eponina, a cortesã, filha de imigrantes espanhóis e italianos ocupando a mesma mesa à qual Maximiliano se senta antes da chegada de André; a herança africana dos músicos do Carnaval e de seus dançarinos; as características ameríndias de André "com seu rosto de ídolo peruano";[44] o próprio Maximiliano, o europeu educado e tolerante tentando conformar-se com o fato de o Brasil ser uma mistura de raças e costumes e meditando vagamente sobre sua própria alienação cultural e intelectual. Tudo isso passa rapidamente diante de nós e, adicionalmente, tornamo-nos conscientes do passar do tempo. Esse tempo não é tanto o do protagonista, mas, como acontece em *Vida e morte de M. J. Gonzaga de Sá*, é o tempo do próprio Brasil. A população negra e pobre do Rio de Janeiro esquece suas misérias em três dias de festa rija durante o Carnaval. Essa cultura, porém, de acordo com o que sente Maximiliano, tem pouca relação com o passado remoto na África, antes da escravidão:

> Eram restos de danças guerreiras ou religiosas dos selvagens de onde a maioria deles provinha, que o tempo e outras influências tinham transformado em palhaçadas carnavalescas.[45]

O velho mestre de música lamenta o que entende ser uma quebra parcial numa longa tradição, que se estendia até um passado remoto e incognoscível. A decadência que daqui resulta é transcendida apenas pela forma na qual os cariocas pobres adaptaram esses restos à sua condição miserável nas favelas do Rio. Maximiliano vê a futilidade de "corrigir" a música que os consola, como ele ou seu saber

---

44 Ibid., v.6, p.74.
45 Ibid., v.6, p.79.

musical nunca poderiam consolar. Sua inteligência e seu conhecimento musicais não os podem alcançar, como também não alcançam o mundo devasso de André; e, mesmo que pudessem, ninguém está interessado na inteligência nem no saber de Maximiliano. O discurso inteligente e útil de Maximiliano, dedicado à coesão social e cultural, está a serviço da sociedade em geral, mas está, ao mesmo tempo, irremediavelmente alienado dela. Ele começa a duvidar da utilidade de seu sacerdócio musical: o "sacerdote" fichteano da música não é ouvido. Também não o é o *pater familias*. Maximiliano não tem nem esforço nem empenho suficientes para proteger sua filha:

> – Que tem você com André?
> – Nada, papai; mas ele é tão bom...
> Quis Maximiliano ser severo; quis apossar-se da sua respeitável autoridade de pai de família; quis exercer o velho sacerdócio de sacrificador aos deuses Penates; mas era cético demais, duvidava, não acreditava mais nem no seu sacerdócio nem no fundamento da sua autoridade.[46]

Evidentemente, "Cló" pode ser lido de diversas formas. Dada a tese que sustenta nosso estudo, é uma obra que, tal como "A biblioteca", deve ser vista como uma história que descreve a marginalização do saber e do esforço intelectual. Em ambos os contos, tanto a inteligência como o saber são inutilizados. O processo de alienação e marginalização não é semelhante, porque as histórias são muito diferentes entre si, mas em ambos os resultados surgem com inevitabilidade. O cometimento fichteano, aquela vocação sacerdotal que está na base da missão de Lima Barreto enquanto escritor, quer se sobrepor e se impor ao cotidiano, mas na prosa de ficção barretiana não é isso o que acontece.

---

46 Ibid., v.6, p.81.

O DESTINO DA INTELIGÊNCIA (II)

Na obra de Lima Barreto, fragmentação social, cultural e étnica, juntamente com o destino do discurso inteligente, devem ser vistos como temas inextricavelmente associados. O fracasso deste último faz com que a solidariedade tolstoiana pareça ser cada vez mais inatingível. Wilson Martins tentou explicar a persistência do uso do tema do fracasso intelectual na prosa de ficção barretiana apenas através da vida do escritor.[1] Tal interpretação não leva em conta a obsessão de Lima Barreto com esta questão, nem sua leitura dos escritores europeus do século XIX, que se sentiam confrontados exatamente com a mesma problemática. Em um ensaio mais recente, Ivan Teixeira levanta uma hipótese totalmente oposta: que

a biografia de Lima Barreto emana das páginas de seus escritos... e não o contrário. O escritor esforçou-se por imaginar e consolidar uma personalidade artística e cultural de si mesmo... o artista Lima Barreto é uma invenção de sua própria ficção, que foi se compondo paulatinamente a cada gesto que praticava ou a cada linha que escrevia.[2]

---

1 Martins, *História da Inteligência Brasileira*, v.6, p.154.
2 Teixeira, *Triste fim de Policarpo Quaresma*, p.35.

196 R.J. OAKLEY

Wilson Martins também parece não considerar a contribuição positiva que a preocupação de Lima Barreto com o destino da inteligência teve em sua obra. A derrota da inteligência compreende todos os aspectos da visão barretiana sobre a realidade do Brasil e, em última análise, sobre a condição humana. Em sua prosa de ficção há quem procure, generosamente, melhorar-se a si mesmo e à sociedade circundante por meio de sua inteligência e acabe por ser marginalizado (Gonzaga de Sá, Isaías Caminha, Policarpo Quaresma, Vicente Mascarenhas) ou explorado (Losque, um jornalista de *O Globo*, Ricardo Coração dos Outros, dr. Maximiliano, Meneses). Depois, há uma série de personagens que abandonam seus ideais, tanto por cinismo ou com o intuito de obter ganho material (Armando Borges, Genelício, Castelo, Edgarda, Benevenuto, Bogóloff) quanto por fraqueza (Major Tibau, Marco Aurélio Brandão, Caminha, Meneses, Fausto, Horácio, Lourenço). Finalmente, há aqueles que abandonam o mundo intelectual através de sua obsessão com determinado aspecto desse mesmo mundo, que, isolado do todo, cria uma sorrateira esterilidade, a qual, em última instância, traz consigo a morte do intelecto: dr. Gomensoro e seus estudos sobre a malária; Lobo, o gramático de *O Globo*; Policarpo e suas pesquisas linguísticas e folclóricas. Todos eles perdem a razão por causa de uma obsessão relativa pelo mundo do intelecto e do saber. São seu próprio trabalho, sua energia e até sua sinceridade – condição *sine qua non* para os mestres de Lima Barreto: Tolstoi, Carlyle, Spencer ou Renan – que os perdem; Borges, Castelo, Numa, Genelício e Bogóloff triunfam precisamente por seu calculado desapego e sua falta de compromisso com relação ao mundo livresco e intelectual. Todos, porém, de uma forma ou outra, são vítimas do fetiche do saber: Gomensoro, Lobo, Pelino, Borges, Numa e Castelo procuram sua *raison d'être* por meio do uso impróprio dos livros.

A ideia ética fundamental inscrita em *O que é a arte?* de Tolstoi inspira a reflexão de Lima Barreto sobre o destino dos livros, do saber e da própria inteligência humana. Em *Recordações do escrivão Isaías Caminha*, Floc, o crítico literário de *O Globo*, alimenta-se de seu amor próprio e de sua convicção de que sua fachada elegante e

LIMA BARRETO E O DESTINO DA LITERATURA 197

sofisticada é inexpugnável. Ele sabe que a adoração de um fetiche literário lhe assegura seu *status* no mundo das letras e do jornalismo no Rio. Ele acaba por cometer suicídio porque finalmente se apercebe de suas limitações, não só como jornalista, mas também como intelectual e escritor. Tendo enganado a si próprio ao longo de uma vida inteira de exploração de um tal fetiche literário, suas últimas horas são uma crise na qual ele luta com os problemas da integridade intelectual e dos próprios limites de sua inteligência e de seu talento como escritor criativo – problemas dos quais seu bovarismo o tinha protegido até então. A conclusão que Lima Barreto tira a partir da época em que escreveu *Triste fim de Policarpo Quaresma* e "O homem que sabia javanês" é que o mundo pertence àqueles que simplesmente exploram os aspectos exteriores e superficiais do saber e da inteligência, enquanto todos os outros são vítimas das limitações ou da fragilidade da inteligência.

Na noite de Natal de 1919, Lima Barreto entrou no Hospício Municipal do Rio de Janeiro pela segunda e última vez, sofrendo de delírios causados pelo abuso do álcool – foi ali que escreveu seu *Diário do Hospício*. Trata-se de um breve, porém pungente, registro da vida em uma instituição para doentes mentais – material que serviu também para seu projeto de romance, *O cemitério dos vivos*. Ele se vê numa situação paradoxal: cada vez mais, à medida que sua desilusão com a existência humana se aprofunda, ele se sente forçado a repudiar o que vê como a segunda colonização do Brasil por invasores estrangeiros. Esse repúdio tomou várias formas em sua obra: os Samoiedas de *Os Bruzundangas*, o bloco de arranha-céus,[3] as *cocottes*;[4] até o futebol.[5] Este último foi uma novidade introduzida no final do século XIX por engenheiros ingleses e fervorosamente adotada pela elite brasileira; ao mesmo tempo, a própria bagagem cultural de Lima Barreto é totalmente europeia. As humilhações pessoais decorren-

---

3 Lima Barreto, *Obras de Lima Barreto*, v.11, p.121-3, 170-1.
4 Ibid., v.4, p.103-6, 156; v.6, p.129-30.
5 Ibid., v.9, p. 115-21.

198 R.J. OAKLEY

tes da vida institucional no asilo fazem-no recordar-se da *Casa dos mortos* de Dostoievski. O nome que dá ao projeto de romance ecoa de forma inequívoca o registro autobiográfico de Dostoievski sobre seus anos de prisão na Sibéria. A crítica comentou muitas vezes que a própria introspecção de Lima Barreto – sua cultura, suas leituras e sua inteligência – desempenhou um papel importante quando ele entra no Hospício, o qual é, na verdade, um cemitério de seres vivos. Uma vez lá dentro, ele se sente dividido entre a pena que sente pelos loucos que vê à sua volta e um tipo de revolta:

> Na primeira vez que aqui estive, consegui não me intrometer muito na vida do hospício; agora não, sou a isso obrigado, pois todos me procuram e contam-me mexericos e novidades. Esse convívio obrigado, com indivíduos dos quais não gostamos, é para mim, hoje, insuportável.[6]

Contudo, aqui ele encontra material abundante para sua nova meditação sobre o destino da inteligência humana. Sua impotência perante seu próprio destino e o do resto da humanidade passa a fazer parte, nesse começo da década de 1920, do mistério da loucura, com o qual ele foi confrontado pela primeira vez quando seu pai, João Henriques de Lima Barreto, perdeu a razão. Esse mistério foi, depois, imortalizado, como já vimos, nas melancólicas páginas da segunda parte de *Triste fim de Policarpo Quaresma,* que descrevem a passagem de Quaresma pelo Hospício.

Para os críticos e comentaristas especialmente apaixonados pela abordagem biográfica na literatura ficcional, nenhuma obra barretiana desse gênero se aproxima tanto da existência real do autor do que o posterior *O cemitério dos vivos,* que se aproxima de *Diário do hospício.* O protagonista de *O cemitério dos vivos,* Vicente Mascarenhas, é um estudante fracassado, que tem dificuldades em ganhar a vida e sustentar de maneira miserável a mulher adoentada, a sogra demente e um filho pequeno, que tem uma deficiência men-

---

6 Ibid., v.15, p.110.

LIMA BARRETO E O DESTINO DA LITERATURA **199**

tal. Mascarenhas narra suas dificuldades como um escritor obscuro e com esses problemas domésticos. Ele procura consolo na bebida, e é este vício que o leva ao Hospício. A narrativa relata as memórias de seus anos de juventude, seus tempos de estudante, seus sonhos de sucesso literário, seu casamento e suas dificuldades em sustentar a família. Em *Triste fim de Policarpo Quaresma*, esse cenário também respondera à propensão de Lima Barreto para colocar seus protagonistas em espaços romanescos que os separam da sociedade a seu redor. O Hospício serve de refúgio para a personalidade ferida do major Quaresma; mas em *Triste fim de Policarpo Quaresma*, o asilo é uma mera estalagem de uma noite na cruzada quixotesca do major em busca do Brasil de seus sonhos. Em *O cemitério dos vivos*, porém, a mesma instituição serve de sinistro fim para a trajetória do herói alienado. A narrativa tal como está estruturada – são aproximadamente cem páginas de texto – é dominada pela esmagadora presença do asilo lunático, o qual é, ao mesmo tempo, um refúgio e uma prisão para Mascarenhas. Destarte, encontramos mais uma vez o estado de sítio barretiano para o herói intelectual; mas a trajetória peripatética dos primeiros romances já não está em evidência, e a narrativa do passado de Mascarenhas faz pouquíssimo esforço para evocá-la. O isolamento do protagonista é congelado em uma perfeita imobilidade, que pode ser interpretada como um *impasse* se nos recordamos de que, ao tornar-se uma mera testemunha da vida cotidiana em uma instituição mental, Vicente Mascarenhas está preenchendo o mesmo papel de Isaías Caminha na redação do jornal, mas sem sua liberdade de movimento nem seu potencial para a mudança.

Em todos os romances completos publicados durante a vida de Lima Barreto a inteligência é marginalizada: Isaías Caminha não prossegue com seus estudos; Gonzaga de Sá desiste, em desespero, de qualquer tentativa de solidariedade intelectual para com seus colegas, para tornar-se praticamente um recluso intelectual; Quaresma quase enlouquece graças à hostilidade com relação a seus esforços intelectuais; e o peculiar idealismo intelectual de Benevenuto é marginalizado pela lucidez com a qual ele decide que qualquer esforço para melhorar a sociedade é inútil. Na conclusão de *Vida e morte de M. J. Gonzaga de Sá*, vemos outro jovem no limiar da vida, Augusto Machado, chegar à mesma conclusão. É o mesmo fardo de conscientização que acaba com a resolução de Vicente Mascarenhas. Chegando ao fim da linha que vai do *Clara dos Anjos* de 1904 ao *Clara* de 1921-1922, esse cinismo e esse desespero niilistas são um culminar lógico de um processo que fomos acompanhando. Também Vicente Mascarenhas lê em seus manuais de filosofia: "O sábio é não agir",[7] e a conclusão amedronta-o. À semelhança de Policarpo Quaresma, ele se vê no mais cruel beco sem saída intelectual: o asilo lunático. Forçado a encarar o enigma da franqueza e a tranquilidade com as quais o jovem Narciso o informa, sem angústia alguma ou remorso de qualquer espécie, de que ele está ali porque cometeu um assassínio, Mascarenhas passa por uma crise moral que, de certa forma, é o clímax da carreira de Lima Barreto enquanto intelectual e escritor. Tal como Quaresma, Mascarenhas fica horrorizado diante do incompreensível e impenetrável enigma da mente desequilibrada que o encara. Ele sente terror e "um sentimento profundo da nossa incapacidade para compreender a vida e o universo".[8] Mascarenhas acaba por tornar-se um místico contemplativo

> penetrado de um profundo niilismo intelectual [...] e o grosso espetáculo doloroso da loucura mais arraigou no espírito essa concepção de um mundo brumoso, quase mergulhado nas trevas, sendo unicamente perceptível o sofrimento, a dor, o mistério, e a tristeza a envolver tudo, tristeza que nada pode espantar ou reduzir.[9]

Beatriz Resende observa que o *Diário do hospício* que forneceu a matéria-prima que Lima Barreto precisava para seu romance projetado é a

---

7 Ibid., v.15, p.162.
8 Ibid.
9 Ibid.

experiência de relato cotidiano e a confiança na palavra que lhe permitem a sobrevivência pela escritura nessa espécie de crônica de uma morte anunciada que é o diário do hospício.[10]

O *Diário do hospício* conta sua história de maneira corajosa e, apesar de sua natureza fragmentária, Beatriz Resende considera-o com justiça um trabalho acabado. O *cemitério dos vivos*, porém, ficção conscientemente assumida e tentativa de romance, não é, de maneira nenhuma, uma obra acabada. Lima Barreto previra a conclusão forçada que se avultava e impunha sobre o protagonista autobiográfico, conclusão essa que suas anteriores experiências com o gênero tinham, de alguma forma, conseguido evitar.

Ainda assim, era lógico que o pessimismo barretiano atingisse sua máxima intensidade em O *cemitério dos vivos*, dado o cenário do asilo. No quarto capítulo deste estudo sugerimos que o destino da inteligência parece ser extremamente problemático na última década da vida de Lima Barreto. Até certo ponto, isto também acontece com todos os principais gurus de Lima; ainda que com uns mais do que com outros – de Tolstoi a Guyau, de Schopenhauer a Renan, de Carlyle a Spencer, de Maudsley a Gaultier. Também talvez seja mais do que natural que a sombra de Maudsley, sobretudo, ronde tanto o romance de Lima Barreto sobre o asilo. No século XIX, os médicos reclamavam para si autoridade total sobre os doentes mentais e afirmavam cada vez com maior insistência que a doença mental tinha bases somáticas. Travara-se, assim, uma batalha entre a reivindicação do tratamento psicológico e moral, por um lado, e o tratamento orgânico ou a terapia médica, por outro. A mente era cada vez mais vista como uma função do cérebro e, desse modo, deixara de haver proteção para "a mente como entidade ontológica contra a destruição causada pela doença, deterioração e mutabilidade".[11] A loucura era

---

10 Resende, *Lima Barreto e o Rio de Janeiro em fragmentos*, p.161.

11 Bynum Jr., *Madhouses, Mad-doctors and Madman. The Social History of Psychiatry in the Victorian Era* [Sanatórios, psiquiatras e loucos. A história social da psiquiatria na era vitoriana], p.49.

202 R.J. OAKLEY

considerada uma desordem mental resultante de uma lesão no cérebro. O próprio Maudsley, progressista em sua postura com relação ao encarceramento dos doentes mentais, viria a tornar-se, no entanto, pessimista com relação à doença mental. Ele afirmava que os loucos eram variedades mórbidas e degeneradas de seres humanos – problemas enraizados em peculiaridades interiores invisíveis e incuráveis da organização cerebral. Maudsley declara em *Responsibility in Mental Disease* que há pouco que se possa fazer, a não ser observar os impulsos loucos dos doentes mentais "porque a mais fina análise psicológica é incompetente na explicação de suas origens".[12] Enquanto a interpretação psicológica da loucura estava de saída no final do século XIX, a psiquiatria dinâmica dos freudianos e junguianos ainda estava por vir.

Dado o impulso empenhado e a natureza essencialmente corajosa da cruzada pró-tolstoiana de Lima Barreto, devia haver, obviamente, um antídoto para o pessimismo de Maudsley, pois apesar de ser um leitor receptivo e atento de Schopenhauer como seu grande antecessor Machado de Assis e tantos outros intelectuais brasileiros das últimas décadas do século XIX, Lima Barreto consolava-se com o fato de que até o autor de *Die Welt als Wille und Vorstellung* tinha sido interpretado positivamente. O Schopenhauer de seu pensador francês mais admirado, Renan, era leibniziano: apesar da desolação da condição humana, tudo é pelo melhor; a marcha da ciência trará benefícios universais no final; nem tudo é só vaidade. O tema da loucura pode ser autobiográfico nas obras de Lima Barreto, mas a loucura em Lima não deixa de ser uma metáfora que veicula uma luta maniqueísta entre forças do bem e do mal. Nunca podemos nos esquecer de que o princípio ético é o fator organizador inerente ao processo artístico segundo *O que é a arte?*. Policarpo Quaresma pelo menos vence a luta pela sanidade, mesmo que tantos outros tenham ficado para trás, na penumbra da degeneração mental; e apesar de perder a batalha final, pró-tolstoiana, que é sua defesa da justiça e

---

12 Scull, *Masters of Bedlam. The Transformation of the Mad-doctoring Trade*, p.154.

LIMA BARRETO E O DESTINO DA LITERATURA **203**

da palavra da lei, o desfecho da narrativa sugere que outros carregarão a tocha que ele levou. Ou seja, o regime benevolente que é a oligarquia dos sábios renanista ainda poderá salvar a humanidade. Se Lima Barreto encontrou aqui seu primeiro consolo, o segundo foi descobri-lo em Dostoievski.

O interesse e a admiração de Lima Barreto por Dostoievski na fase final de sua carreira é coerente com a conclusão à qual Vicente chega a respeito de Mascarenhas. *O cemitério dos vivos* é, obviamente, *A casa dos mortos* de Lima Barreto no sentido em que, como já salientaram vários críticos, seu herói dá sentido à vida por meio do sofrimento vivido em solidariedade com outros, ainda que esses companheiros dele se afastem pela loucura que o domina.

> Entretanto, pareceu-me que ver a vida assim era vê-la bela, pois acreditei que só a tristeza, só o sofrimento, só a dor faziam com que nós nos comunicássemos com o Logos, com a Origem das coisas e de lá trouxéssemos alguma coisa transcendente e divina.[13]

Vimos que no ensaio-palestra composto no ano seguinte, "O destino da literatura", o máximo exemplo de uma obra literária cuja beleza se distingue claramente de qualquer noção de forma é, para Lima Barreto, *Crime e castigo*. Sônia Brayner enfatiza a importância desta escolha, observando que em Raskolnikov Lima Barreto viu, em primeiro lugar, a potencialidade do homem pensante e, em segundo, que o sofrimento podia ser, talvez, o único caminho para a tomada de consciência da condição humana e sua total compreensão.[14]

O argumento de Dostoievski diz respeito à natureza do crime e do castigo, e Lima Barreto enfatiza em "O destino da literatura" a forma como Raskolnikov é profundamente transformado depois de cometer seu crime, considerando que o argumento do romance é o sofrimento da personagem antes e após o crime. O enredo e a ação

---

13 Lima Barreto, op. cit., v.15, p.163.
14 Brayner, *Labirinto do espaço romanesco*, p.154.

204 R.J. OAKLEY

são, na opinião de Lima Barreto, um pouco pálidos. O importante é "que esse argumento transforme-se em sentimento".[15] Quando se alcança este fim, está-se atingindo o ideal pró-tolstoiano de Lima Barreto, o qual se encontra a dois passos da promoção do entendimento mútuo que, em última análise, conduz à solidariedade humana e a um mundo melhor. A decisão de Mascarenhas de continuar em busca da redenção por meio do sofrimento permanece em um futuro incerto e utópico. Arnoni Prado considera esse tipo de utopismo como uma força negativa que se traduz na "verdade marginalizada" e leva ao "estrangulamento da presença crítica".[16] Para Prado, pode-se o mesmo dizer do herói intelectual e silencioso da última obra de ficção de maior fôlego de Lima Barreto, a versão definitiva do romance *Clara dos Anjos*. De fato, o veredito conclusivo de Prado sobre o Lima Barreto da fase final parece ter sido feito para essa obra em particular. Seu julgamento declara Lima Barreto como um escritor militante cujo trabalho era um gesto heroico: "Entretanto, o gesto heroico não ultrapassa a dimensão do subúrbio";[17] mas vamos tentar demonstrar que, na realidade, essa apreciação apaga o fato de o cenário suburbano adequar-se na perfeição aos propósitos que o texto exibe.

Chamamos de Leonardo Flores o herói intelectual de *Clara dos Anjos*. Tal como destacamos no capítulo introdutório deste livro, a história de *Clara dos Anjos* relata fundamentalmente o mesmo drama simples narrado no conto homônimo de 1919 presente em *Histórias e sonhos*. Utilizando a medida dos melhores contos de Lima Barreto, este tem que ser considerado um mero relato, pobremente dramatizado e cujos personagens são fantoches, numa simples história de moral e bons costumes. Na reformulação mais extensa de 1921-1922, a heroína e seu sedutor ainda são criações um tanto primárias, mas a história deste *fait divers* é enriquecida pela forma como Lima Barreto

---

15 Lima Barreto, op. cit., v.13, p.61.
16 Prado, *Lima Barreto: o crítico e a crise*, p.69.
17 Ibid., p.115.

nos mergulha nos subúrbios pobres e humildes do Rio de Janeiro dos primeiros anos do século XX. O retrato do meio suburbano no romance póstumo encaixa perfeitamente os personagens menores que circundam a heroína patética, tal como vimos também no capítulo de abertura de nosso estudo. Todos esses personagens são obscuros, mesmo sendo simples pessoas da classe trabalhadora, como Clara e seus pais, ou fracassados, como Marramaque, o despachante do governo, o poeta Leonardo Flores, ou Meneses, o dentista clandestino, ou maus e perversos, como o sedutor Cassi Jones. Para Lima Barreto, o subúrbio carioca é o refúgio dos mansos e dos humildes. Esse é aquele outro Rio, o outro Brasil – o Brasil que Isaías Caminha encontra em Rio Comprido, e Quaresma e Olga, em Curuzu. Para Lima Barreto, trata-se do Brasil real, mas também mítico: um espaço mítico povoado pela massa dos marginalizados e ignorados – a própria essência da visão melancólica barretiana da América Latina.

Desde o início, tentamos demonstrar que a história de Clara tem uma inevitabilidade trágica, mas essa tragédia é narrada de uma maneira estranhamente velada. Na verdade, a história tem todos os ingredientes necessários para um romance pungente de protesto social: uma menina inocente e vulnerável oriunda de um meio pobre, sem educação nem influência, e um inimigo cruel apoiado e protegido pelo grupo social e étnico que concentra o poder, do qual ele faz parte – *Clara dos Anjos* sempre foi lido desta maneira. Os pais de Cassi recusam-se a admitir um casamento com um membro de uma família de mulatos, e se Lima Barreto tivesse sido um discípulo acérrimo de Zola teria seguido a trajetória de Clara, grávida, até seu destino lógico: o prostíbulo. Ao invés disso, a narrativa acaba de forma abrupta com o comentário que Clara faz para sua mãe logo após a rejeição da família do sedutor: "Não somos nada nesta vida",[18] pelo que fica evidente, Lima Barreto não estava interessado em analisar mais profundamente a degradação de Clara. Se a desigualdade racial subjacente à vida carioca era sua preocupação principal em *Clara*

---

18 Lima Barreto, op. cit., v.5, p.196.

dos Anjos, ela já é abordada, sem necessidade de maiores elaborações ou acréscimos. No entanto, mesmo aqui, a apresentação caricatural dos principais atores e de seus dramas, ostensivamente colocada no centro do romance, é relegada, se não para último plano, para um plano intermédio, em um espaço no qual se move uma série de outras figuras igualmente humildes e patéticas, cada uma das quais é iluminada à vez pelo autor. Analisado dessa maneira, o livro é menos uma triste história de sedução do que uma meditação panorâmica sobre o sofrimento e o fracasso individuais e também coletivos, os quais são meramente exacerbados quando um desses personagens se aventura ao centro da capital. Assim, até mesmo Cassi Jones, apesar de sua vantagem étnica, é um inevitável prisioneiro e vítima do subúrbio. A passagem já foi bastante citada e muitas vezes comentada pela crítica:

> No subúrbio tinha os seus ódios e os seus amores; no subúrbio, tinha os seus companheiros, e a sua fama de violeiro percorria todo ele, e, em qualquer parte, era apontado; no subúrbio, enfim, ele tinha personalidade, era bem Cassi Jones de Azevedo; mas, ali, sobretudo do Campo de Sant'Ana para baixo, o que era ele? Não era nada. Onde acabavam os trilhos da Central, acabava a sua fama e o seu valimento; a sua fanfarronice evaporava-se, e representava-se a si mesmo como esmagado por aqueles "caras" todos, que nem o olhavam.[19]

Cassi também tem seu lugar na mitologia urbana e suburbana de Lima Barreto, na qual o subúrbio da cidade é o território da miséria, do fracasso, da mediocridade, da obscuridade e do anonimato; mas o caso dele é duplamente expressivo porque ele próprio – à sua maneira, também é um artista. Tal como Ricardo Coração dos Outros, ele é um violeiro e modinheiro, que fornece a canção popular; porém, é a antítese de Ricardo, por tocar e cantar não por idealismo, para legitimar e elevar sua arte, mas com fins ignóbeis. Sua arte ajuda-o apenas em sua condição de Don Juan suburbano, enquanto

---

19 Ibid., v.5, p.169

LIMA BARRETO E O DESTINO DA LITERATURA **207**

Ricardo é retratado, acima de tudo, como um artista criativo e comprometido, um poeta popular autêntico e um criador musical. Nesse sentido, é muito significativo o fato de Cassi não conseguir criar; ele corrompe e usa o pobre dentista clandestino, Meneses, para obter, mediante ele, versos do poeta Leonardo Flores, o qual ele não se atreve a procurar diretamente. Meneses recebe dinheiro para comprar um poema de amor de Flores, e o fato de Flores recusar-se a vender os versos a Meneses é, como já vimos, altamente sintomático da mitologia inscrita na visão barretiana da arte e da vida:

> A saudade escreveu e eu translado, disse Camões; e eu transladei, nos meus versos, a dor, a mágoa, o sonho que as muitas gerações que resumo escreveram com sangue e lágrimas, no sangue que me corre nas veias. Quem sente isto, meu caro Meneses, pode vender versos? Dize, Meneses![20]

E assim completamos o círculo, voltando ao início, em que, no capítulo introdutório, nos ocupamos dessa obra-prima que é o último romance de Lima Barreto. Até *Clara dos Anjos*, uma história de sedução, preocupa-se essencialmente com o destino da arte e da inteligência, já que no esquecido poeta Leonardo Flores, Lima Barreto aponta para a alienação que o indivíduo pensante vive na sociedade. Em *Clara dos Anjos*, Lima Barreto também está apresentando, pela última vez em sua prosa de ficção, o espetáculo do sacerdote fichteano e carlyleano que sacrificou tudo pela *Idee*, neste caso, pela literatura, pelo mundo da arte e do intelecto, e cuja recompensa no mundo romanesco de Lima Barreto é o isolamento e a falta de compreensão por parte dos outros. Flores diz ao amigo Meneses:

> O fulgor do eu ideal me cegou [...] Pairei sempre no ideal; e se este me rebaixou aos olhos dos homens, por não compreender certos atos desarticulados da minha existência; entretanto, elevou-me aos meus

---

20 Ibid., v.5, p.136.

próprios, perante a minha consciência, porque cumpri o meu dever, executei a minha missão: fui poeta.[21]

A resposta de Flores à acusação de que ele era louco expressa de forma simples, nos termos quase infantis do alcoólatra, aquela fragilidade da inteligência humana que paira sobre o mundo romanesco de Lima Barreto:

Louco? Haverá cabeça cujo maquinismo impunemente possa resistir a tão inesperados embates, a tão fortes conflitos, a colisões com o meio tão bruscas e imprevistas? Haverá?[22]

E embora a essa pergunta o idealismo fichteano, carlyleano e tolstoiano possa oferecer uma resposta afirmativa, é na direção contrária que aponta o mundo romanesco de Lima Barreto em seus últimos anos de vida.

---

21 Ibid., v.5, p.135.
22 Ibid.

CONCLUSÃO

Há mais de trinta anos, Vincent Duggan observou que apesar de seu "compromisso, desde cedo, para com a criação do *negrismo* na literatura brasileira", Lima Barreto tinha-se restringido a uma descrição algo limitada do afro-brasileiro,[1] e poucos são os críticos hoje em dia que discordariam desta opinião. Tentamos, ao longo deste livro, levar essa linha de argumentação muito mais longe do que o estudioso norte-americano considerou ser necessário. Tentamos aqui defender a tese, mais radical, de que, apesar do impulso inicial de *Recordações do escrivão Isaías Caminha* e, dentre os contos, mais famosamente, o conto maior "Dentes negros, cabelos azuis", a cruzada barretiana em nome do afro-brasileiro foi seriamente relegada para segundo plano durante um longo período, em favor daquelas que ele veio a considerar serem preocupações ainda maiores e mais urgentes. A rude discriminação racial no Brasil, por exemplo, tornou-se para Lima Barreto um doloroso sintoma de problemas, a seu ver, mais transcendentais e ainda mais fundamentais. Sua cruzada pela harmonia racial tornou-se menos uma pergunta e mais uma res-

---

1 Duggan, *Social Themes and Political Satire in the Short Stories of Lima Barreto*, p.82.

posta àquela que ele via como a questão mais premente: a fragmentação e a alienação, em suas mais variadas formas, no Brasil de seu tempo. Embora tudo isso tenha já sido estudado por inúmeros críticos, raras têm sido as vezes em que foi considerado como explicação para a forma e sustância das maiores obras de prosa de ficção barretianas. Destaca-se, no entanto, Carlos Erivany Fantinati, que conseguiu demonstrar até que ponto a forma e o conteúdo proféticos de *Recordações do escrivão Isaías Caminha* eram o produto lógico da concepção que o autor tinha de si próprio enquanto escritor com a missão de revelar e denunciar.[2] A análise de Fantinati confirmou nossa própria crescente convicção de que o engajamento literário de Lima Barreto tinha, desde os primeiros tempos, sofrido uma transformação radical. Nenhuma de suas cruzadas por justiça social, econômica ou política poderia ser bem-sucedida se o discurso, que funcionava como seu veículo, não tinha capacidade para prevalecer. Lima Barreto viu, principalmente em Tolstoi e Carlyle, o mundo, seu mundo, o Brasil da *Belle époque*, como uma arena onde os discursos pró e antitolstoianos, boa arte e má arte, se debatiam pela supremacia. O *Clara dos Anjos* póstumo oferece a última arena ficcional para essa luta.

No capítulo introdutório, referimo-nos às categorizações actanciais na narrativa tal como concebidas por Greimas, no sentido de sublinhar a causação implacável que está por trás do drama central do *Clara dos Anjos* póstumo. Nesse contexto, é útil comparar dois esquemas actanciais, um para este romance e outro para *Triste fim de Policarpo Quaresma*, a obra que discutivelmente marca o zênite da maniqueísta luta de discursos em Lima Barreto.[3] Os colegas de Policarpo Quaresma no Ministério da Guerra, o doutor Campos, o tenente Antônio Dutra e o marechal Floriano, todos eles atuan-

---

2 Fantinati, *O profeta e o escrivão*, p.39-142.

3 Greimas, *Sémantique structurale*, p.174-86. Ver também Schleifer, *A. J. Greimas and the Nature of Meaning: Linguistics, Semiotics and Discourse Theory* [A. J. Greimas e a natureza do significado: linguística, semiótica e teoria do discurso], p.87-129.

LIMA BARRETO E O DESTINO DA LITERATURA 211

tes ou atores do conflito na narrativa, são os oponentes de Quaresma em termos greimasianos. Todos usam o discurso oral ou escrito para ajudar ou obstruir a demanda de Policarpo. Vimos, assim, a cruzada antitolstoiana triunfando, tal como acontecera em *Recordações do escrivão Isaías Caminha*, e como novamente se verificaria nas demais obras ficcionais de grande fôlego, até, e incluindo, o inacabado *O cemitério dos vivos*. Na época em que o escreveu, em 1920, Lima Barreto ainda não tinha composto o texto da palestra, "O destino da literatura", que acabaria por não apresentar em São José do Rio Preto no ano seguinte e que se caracterizava por uma clara reafirmação do ideal tolstoiano.

Não podemos fazer mais do que especular acerca do estado de espírito de Lima Barreto quando, no final desse ano, começou a compor a versão definitiva de *Clara dos Anjos*, ainda que sua visão de mundo esteja prefigurada em "A biblioteca", essa pequena obra-prima que, à primeira vista, parece ser tão diferente daquele romance. As duas obras têm, no entanto, algo de vital em comum: a marginalização total do discurso escrito substancial e inteligente. Em "A biblioteca", o discurso pró-tolstoiano é literalmente aniquilado no incêndio da biblioteca do conselheiro Carregal. Em *Clara dos Anjos*, apenas se alude ao discurso pró-tolstoiano; sua presença na narrativa é, na verdade, uma ausência, equivalente a um enterro. Leonardo Flores é descrito pelo narrador como um

> poeta, um verdadeiro poeta, que tivera o seu momento de celebridade no Brasil inteiro e cuja influência havia sido grande na geração de poetas que se lhe seguiram. Naquela época, porém, devido ao álcool e desgostos íntimos, nos quais predominava a loucura irremediável de um irmão, não era mais que uma triste ruína de homem, amnésico, semi-imbecilizado, a ponto de não poder seguir o fio da mais simples conversa.[4]

Acreditamos que este retrato biográfico é responsável pela frequente incapacidade para se compreender o significado de Leonar-

---

4 Lima Barreto, *Obras de Lima Barreto*, v.5, p.93.

do Flores. A passagem, uma das mais comentadas do romance, é invariavelmente citada para realçar o quanto a prosa ficcional barretiana é autobiográfica. A introdução crítica de Sérgio Buarque de Holanda ao quinto volume das *Obras de Lima Barreto* servirá como exemplo ilustrativo desse tipo de abordagem ao romance.[5] Dificilmente se pode duvidar que nessa passagem Lima Barreto esteja aludindo a si mesmo na época da composição do *Clara dos Anjos* póstumo, mas a maioria dos críticos satisfaz-se com tal observação e não vai além. Para nós, o esboço biográfico de Leonardo Flores tem uma função na narrativa mais rica e mais profunda: por um lado, somos convidados a inferir que Flores é, até certo ponto, e obviamente, o arquiteto de seu próprio declínio e decadência; mas, por outro lado, o narrador não tenta impugnar o poder de Flores enquanto artista. Ele é um "verdadeiro poeta" e a força de seu talento e sucesso, segundo nos é dito, toca profundamente aqueles que o seguem. É de assinalar que a qualidade reconhecidamente contagiante da arte de Flores não é autobiográfica; ela fala do ideal fichteano, carlyleano e tolstoiano que Lima Barreto abraçou, mas não de sua experiência vivida. O esboço termina dando-nos detalhes adicionais, os quais ecoam, com certeza, mas de forma superficial, a carreira de Lima Barreto:

> Havia publicado cerca de dez volumes, dez sucessos, com os quais todos ganharam dinheiro, menos ele, tanto assim que, muito pobremente, ele, mulher e filhos agora viviam com o produto de uma mesquinha aposentadoria sua, do governo federal.[6]

Não há dúvida de que a segunda parte dessa descrição se aproxima da situação doméstica de Lima Barreto, assim como de sua principal fonte de rendimento, mas as referências ao sucesso e aos lucros financeiros pouco têm a ver com sua carreira literária. O impulso

---

5 Ibid., v.5, p.14-5.
6 Ibid., v.5, p.93.

para todos esses pormenores é estrutural: eles lembram-nos de que a arte pode ser transformada em um bem de consumo e reportam-se, em última análise, ao idealismo fichteano com que começamos. Flores já teve seu momento de fama; esse momento já passou, e, com ele, seu poder enquanto artista dentro da narrativa do romance. É de Marramaque o destino que se vai opor a Cassi Jones – tentativa que o conduz a uma morte inútil.

Na obscura luta pela vida nos arredores pobres do Rio de Janeiro, o artista tolstoiano torna-se uma irrelevância que já tinha surgido em "A biblioteca", naquele mundo desesperado e desolador de Fausto Carregal, cujo próprio nome é uma ironia terrível. "Carregal" tem a mesma raíz que "carregar": seu destino não lhe permitirá jamais ler o monte de saber e erudição que ele carrega de casa em casa. Ele é também "Fausto", mas este Fausto é a antítese do lendário homem da ciência germânico, cuja curiosidade intelectual é insaciável. Seu último gesto de desespero é de fato o reconhecimento de que ele não é digno do nome que tem, e a imolação dos livros é um suicídio mental simbólico. Quanto a Leonardo Flores, seja o que for que ele tenha sido antes, agora ele já não é um "Leonardo", o irrequieto intelectual e artista da Renascença, o homem infinitamente criativo, sempre a pensar no futuro; e, enquanto "Flores", as "flores" poéticas que produziu no passado já não florescem, no sentido de que, mesmo que ele ainda fosse capaz de cultivá-las, o mundo já desviou sua atenção. Por fim, qualquer que seja a causalidade que estrutura essas duas obras, ela não se firma no resultado das lutas individuais de Carregal ou Flores. Ambos estão perto do fim de suas vidas, bem como do fim da linha. No início deste estudo afirmamos, não sem ousadia, que a luta dos discursos, pró e antitolstoianos, devia acionar o princípio de causalidade que é inseparável do realismo clássico. A dimensão da intensidade do pessimismo de Lima Barreto, todavia, pode ser vista na ausência gritante, no texto de *Clara dos Anjos*, do discurso pró-tolstoiano. O *suzhet* do romance é a luta entre Cassi Jones e a integridade dos amigos de Clara. Flores, o autêntico artista tolstoiano, é totalmente excluído desta luta, fato que acrescenta mais uma dimensão à causalidade aristotélica que está

214   R.J. OAKLEY

por trás da *fabula* deste romance. E assim, Flores não pode desempenhar papel algum em um esquema actancial greimasiano. Se ele tivesse fornecido os poemas a Cassi Jones, teria se colocado simplesmente junto a Meneses como outro ajudante de Cassi, em oposição a Marramaque e ao pai de Clara. O discurso antitolstoiano de Meneses, os versos tremendos que ele mesmo inventa, é o que basta para dar ao sujeito (Cassi) acesso ao objeto (Clara). Assim, para Lima Barreto, uma das maiores formas de promoção da solidariedade humana, o discurso pró-tolstoiano – que nesta obra toma a forma de poesia lírica – não tem lugar na cadeia de causa e efeito. A posição do discurso pró-tolstoiano no texto romanesco, banido do esquema actancial, apenas reforça o *pathos* do destino de Clara e da morte de Marramaque.

Procuramos demonstrar que quase todas as obras ficcionais mais extensas de Lima Barreto, bem como uma porção de seus melhores contos, veiculam essa luta de discursos. Mais do que isso, elas fazem-no com uma intensidade tal que, em certo sentido, forma e conteúdo são indissociáveis, e assim até chegarmos à última obra-prima de Lima Barreto, o *Clara dos Anjos* póstumo. A intensidade do pessimismo de Lima Barreto em seus últimos meses de vida – ele morreu em novembro de 1922 – é revelada pelo fato demonstrável de que essa luta de discursos já não sustenta o enredo e a história de seu último romance. Ela tornou-se, nas figuras de Meneses, Flores e Marramaque, mais ausência do que presença, assombrando a história do romance, mas sem poder para modelar ou alterar sua causalidade. Não queremos com isso dizer que a marginalização de Flores signifique sua derrota enquanto portador da chama pró-tolstoiana nesses últimos meses da carreira de Lima Barreto como artista tolstoiano. Flores não é um atuante no esquema greimasiano, mas é, em contrapartida, um padrão pró-tolstoiano pelo qual os outros são medidos e avaliados. Contagiou positivamente seus sucessores, e isso basta. Sendo caso único entre os cinco romances barretianos acabados, *Clara dos Anjos* não contém um protagonista pró-tolstoiano, nem sequer um que seja potencial, à semelhança de Benevenuto em *Numa e a Ninfa*; aqui, o discurso antitolstoiano é rei e senhor.

Marramaque é seu principal oponente, mas ele é significativamente descrito como *"poète raté"* [poeta fracassado], pelo que, tal como Fausto Carregal, ele simboliza as limitações fundamentais do ser humano bom, mas comum.

Contudo, permanecer na constante derrota ou marginalização do ideal artístico tolstoiano que se encontra na prosa de ficção de Lima Barreto é, realmente, não a compreender. Um enorme mérito artístico do próprio Lima Barreto assenta no retrato que faz desta luta através de uma variedade admirável de meios e com uma espantosa ingenuidade. O espetáculo constante dessa luta – espetáculo cuja intensidade é talvez única em toda a prosa de ficção latino-americana – é o que faz de Lima Barreto um autor da maior importância.

Referências

Específica

LIMA BARRETO, A. H. de. *Obras de Lima Barreto*. Organizadas sob a direção de Francisco de Assis Barbosa, com a colaboração de Antônio Houaiss e M. Cavalcanti Proença. 17v. São Paulo: Brasiliense, 1956

Estudos consultados sobre Lima Barreto

ATAÍDE, Tristão de. Lima Barreto, *Vida e morte de M. J. Gonzaga de Sá*. In: *O Jornal*, 18 jun. 1919.

ATHANÁSIO, Enéas. Perfil de Lucrécio. In: *Suplemento Literário de Minas Gerais*, 28 jul. 1979.

BARBOSA, Francisco de Assis. *A vida de Lima Barreto* (1881-1922). 3.ed. Rio de Janeiro/Brasília: José Olympio/INL, 1964.

BEIGUELMAN, Paula. *Por que Lima Barreto*. São Paulo: Brasiliense, 1981.

BOSI, Alfredo. *O Pré-Modernismo*. São Paulo: Cultrix, 1967. p.93-104.

BRAYNER, Sônia. A mitologia urbana de Lima Barreto. In: *Tempo Brasileiro*, v.33-4, 1973. p.66-82.

_____. *Labirinto do espaço romanesco*. Rio de Janeiro: Civilização Brasileira, 1979. p.145-76.

218   R.J. OAKLEY

CÂNDIDO, Antônio. Os olhos, o barco e o espelho. In: *A educação pela noite e outros ensaios*. São Paulo: Ática, 1987. p.39-50.

COELHO, Haydée Ribeiro. *Retórica da ficção e do nacionalismo em "Triste fim de Policarpo Quaresma"*: a construção narrativa de Lima Barreto. Belo Horizonte. 1981. Dissertação (Mestrado) – UFMG.

COUTINHO, Carlos Nelson. O significado de Lima Barreto na literatura brasileira. In: COUTINHO, Carlos Nelson et al. (Eds.) *Realismo e anti-realismo na literatura brasileira*. Rio de Janeiro: Paz e Terra, 1974. p.1-56.

DUGGAN, Vincent Paul. *Social themes and political satire in the short stories of Lima Barreto*. Ann Arbor: University Microfilms International, 1976.

FANTINATI, Carlos Erivany. *O profeta e o escrivão*: estudo sobre Lima Barreto. Assis, SP: ILHPA-HUCITEC, 1978.

_____. Vida e morte de M. J. Gonzaga de Sá. In: *Cadernos de Pesquisa*, Faculdade de Ciências e Letras, Assis, São Paulo, v.2, 1990. p.31-41.

FIGUEIREDO, Carmem Lúcia Negreiros de. *Lima Barreto e o fim do sonho republicano*. Rio de Janeiro: Tempo Brasileiro, 1995.

_____. Cotidiano e ficção: escrita de vida e de morte. In: HOUAISS, Antônio; FIGUEIREDO, Carmem Lúcia Negreiros de. (Eds.) *Triste de fim de Policarpo Quaresma*. Colección Archivos. Paris: ALLCA XX, 1997. p.275-85.

_____. Lima Barreto: a ousadia de sonhar. In: *Triste de fim de Policarpo Quaresma*. Colección Archivos. Paris: ALLCA XX, 1997. p.371- 401.

_____. *Trincheiras de sonho*: ficção e cultura em Lima Barreto. Rio de Janeiro: Tempo Brasileiro, 1998.

FILHO, João Antônio Ferreira. *Calvário e porres do pingente Afonso Henriques de Lima Barreto*. Rio de Janeiro: Civilização Brasileira, 1977.

FONTES, Hermes. Letras. In: *Diário de Notícias*, 23 jan. 1910.

GERMANO, Idilva Maria Pires. *Alegorias do Brasil*. Imagens de Brasilidade em "Triste fim de Policarpo Quaresma" e "Viva o povo brasileiro". São Paulo: Annablume, 2000.

HERRON, Robert. Lima Barreto's *Isaías Caminha* as a Psychological Novel. In: *Luso-Brazilian Review*, v.8, 1971. p. 26-38.

HIDALGO, Luciana. *Literatura da urgência*: Lima Barreto no domínio da loucura. São Paulo: Annablume, 2008.

HOLANDA, Sérgio Buarque de. "Prefácio de 'Clara dos Anjos'". In: LIMA BARRETO, A. H. *Obras de Lima Barreto*. v.5.. São Paulo: Brasiliense, 1956. p.9-19.

HOUAISS, Antônio. "Prefácio de 'Vida urbana'". In: LIMA BARRETO, A. H. *Obras de Lima Barreto*. v.9. São Paulo: Brasiliense, 1956. p.9-41.

_____. *Crítica avulsa*. Salvador: Progresso, 1960.

KAHN, Daniela Mercedes. *O leitor deslocado e a biblioteca fora do lugar*: figurações da insuficiência intelectual na ficção de Lima Barreto. São Paulo. 2005. Tese (Doutorado). USP.

KINNEAR, J. C. The "Sad End" of Lima Barreto's Policarpo Quaresma. In: *Bulletin of Hispanic Studies*, v.51, 1974. p.60-75.

LINS, Osman. *Lima Barreto e o espaço romanesco*. São Paulo: Ática, 1976.

LINS, Ronaldo Lima. O "destino errado" de Lima Barreto. In: *Triste fim de Policarpo Quaresma*. Colección Archivos. Paris: ALLCA XX, 1997. p.295-317.

MACHADO, Maria Cristina Teixeira. *Lima Barreto*: um pensador social na Primeira República. Goiânia: Editora UFG, 2002.

MARTHA, Alice Áurea Penteado. *A tessitura satírica em "Numa e a Ninfa"*. São Paulo. 1987. Dissertação (Mestrado). ILHPA--HUCITEC.

_____. O avesso do mito em *Numa e a Ninfa*. In: *Revista de Letras*, Assis, v.29, 1989, p.103-15.

MEDEIROS, Gutemberg Araújo de. *Urbanidade e metajornalismo nas matrizes da Modernidade*: memória textual nas produções de Lima Barreto e João do Rio no início do século XX. São Paulo. 2009. Tese (Doutorado). USP.

MEDEIROS E ALBUQUERQUE, José. Crônica literária: Isaías Caminha. In: *A Notícia*, 15 dez. 1909.

MIGUEL-PEREIRA, Lúcia. *Prosa de ficção* – 1870 a 1920. Rio de Janeiro: José Olympio, 1973. p.285-317.

MONTENEGRO, Olívio. *O romance brasileiro*. Rio de Janeiro: José Olympio, 1953. p.143-58.

OAKLEY, R. J. *Triste fim de Policarpo Quaresma* and the New California. In: *Modern Language Review*, v. 78, 1983. p.838-49.

_____. Lima Barreto e o destino da inteligência: uma leitura de "A biblioteca". In: *Suplemento Literário de Minas Gerais*, 15 out. 1983.

————. *Vida e morte de M. J. Gonzaga de Sá:* a Carlylean View of Brazilian History. In: *Bulletin of Hispanic Studies*, v.63, 1986. p.339-53.

————. The Reader and the Writer in *Recordações do escrivão Isaías Caminha*. In: *Portuguese Studies*, v.3, 1987. p.126-48.

————. Alfa e ômega: *Clara dos Anjos*, um romance revisitado. In: *Suplemento Literário de Minas Gerais*, 7 set. 1991.

————. *Triste fim de Policarpo Quaresma* and the Shadow of Spencerism. In: DADSON, Trevor J.; OAKLEY, R. J.; BAUBETA, P.A. Odber de. (Orgs.) *New Frontiers in Hispanic & Luso-Brazilian Scholarship*. Como se fue el maestro: for Derek W. Lomax in Memoriam. Lewiston, Queenston & Lampeter: Edwin Mellen, 1994. p.255-74.

————. Ilusões perdidas na *Belle époque* carioca. In: *Matraga*, v. 17, 2005, p. 81-8.

PEREIRA, Astrojildo. *Crítica impura*. Rio de Janeiro: Civilizacão Brasileira, 1963. p.34-54.

PRADO, Antônio Arnoni. *Lima Barreto:* o crítico e a crise. Brasília: Cátedra, 1976.

QUINTELLA, Ary. "Ficção brasileira urbana". In: *Suplemento Literário de Minas Gerais*, 14 mar. 1978.

RABASSA, Gregory. *O negro na ficção brasileira*. Rio de Janeiro: Tempo Brasileiro, 1965. p.363-401.

REIS, Campos Zenir. "Lima Barreto: a utopia e o navegante". In: *Boletim Bibliográfica Mário de Andrade*, v.42, 1981. p.75-82.

RESENDE, Beatriz. *Lima Barreto e o Rio de Janeiro em fragmentos*. Rio de Janeiro: Editoras UFRJ e UNICAMP, 1993.

RIEDEL, Dirce Côrtes. "*Vida e morte de M. J. Gonzaga de Sá*, tangências literárias ou o 'peixe medíocre'". In: *Triste fim de Policarpo Quaresma*. Colección Archivos. Paris: ALLCA XX, 1997. p.351-70.

RÓNAI, Paulo. *Encontros com o Brasil*. Rio de Janeiro: Instituto Nacional do Livro, 1958. p.35-44.

SANTIAGO, Silviano. Uma ferroada no peito do pé (dupla leitura de *Triste fim de Policarpo Quaresma*). In: *Presença*. São Paulo: Editora da USP, 1973. p.163-81. Republicado in *Vale quanto pesa*. Rio de Janeiro: Paz e Terra, 1982. p.163-81; e in *Revista Iberoamericana*, v.50, 1984. p.31-46.

LIMA BARRETO E O DESTINO DA LITERATURA **221**

SEVCENKO, Nicolau. *Literatura como missão*: tensões e criação cultural na Primeira República. 2.ed. rev. e amp. São Paulo: Companhia das Letras, 2003.

_____. Lima Barreto, a consciência sob assédio. In: *Triste fim de Policarpo Quaresma*. Edición Archivos. Paris: ALLCA XX, 1997. p.318-50.

TEIXEIRA, Ivan. Policarpo Quaresma como caricatura de uma ideia de Brasil. In: TEIXEIRA, Ivan; MARTINS, Gustavo B. (Eds.) *Triste fim de Policarpo Quaresma*. São Paulo: Ateliê Editorial, 2004. p.9-38.

TEIXEIRA, Vera Regina. *Clara dos Anjos* de Lima Barreto: biópsia de uma sociedade. In: *Luso-Brazilian Review*, v.17, 1980. p.41-9.

VASCONCELLOS, Eliane. *Entre a agulha e a caneta*: uma leitura da obra de Lima Barreto. Rio de Janeiro: Editora UFRJ, 1999.

WASSERMAN, Renata R. Mautner. "Lima Barreto, the Text and the Margin: on *Policarpo Quaresma*. In: *Modern Language Studies*, v.22, 1992. p.53-69.

Bibliografia geral

AMADO, Gilberto. *Mocidade no Rio e primeira viagem à Europa*. Rio de Janeiro: José Olympio, 1956.

AMPARO, Padre João Manuel. *Reminiscências sobre vultos e o factor do Império e da República*. Rio de Janeiro: [s.n], 1894.

ARISTÓTELES, et al. *The Poetics*. On the Sublime. On Style. 2.ed. Londres: Heinemann, 1965.

BARRETO, Paulo. *Vida vertiginosa*. Rio de Janeiro: H. Garnier, 1911.

BARTHES, Roland. *Critique et vérité*. Paris: Éditions du Seuil, 1966.

_____. *Le degré zério de l'écriture*. Paris: Éditions du Seuil, 1972.

BELLO, José Maria. *Panorama do Brasil*: ensaio de interpretação da vida brasileira. Rio de Janeiro: José Olympio, 1936.

BETHELL, Leslie. *Brazil*: Empire and Republic, 1822-1930 (Ed. Bethell). Cambridge: CUP, 1989.

BOSI, Alfredo. *História concisa da literatura brasileira*. 3.ed. São Paulo: Cultrix, 1970.

BROCA, Brito. *A vida literária no Brasil* – 1900. Rio de Janeiro: MEC, 1956.

222 R.J. OAKLEY

BROMBERT, Victor. *The Intellectual Hero:* Studies in the French Novel, 1880-1955. Filadélfia: J.B. Lippincott, 1961.

BROOKSHAW, David. *Race and Color in Brazilian Literature.* Metuchen N.J./Londres: The Scarecrow Press, 1986.

BRUNETIÈRE, Ferdinand. *Honoré de Balzac.* Paris: Calmann-Lévy, 1906.

BURNS, E. Bradford. *The Unwritten Alliance.* Nova Iorque/Londres: Columbia University Press, 1966.

BYNUM Jr., William F. Rationales for Therapy in British Psychiatry, 1780-1835. In: SCULL, Andrew, et al. (Orgs.) *Madhouses, Maddoctors and Madman.* The Social History of Psychiatry in the Victorian Era. Londres: Athlone Press, 1981. p.35-57.

CARLYLE, Thomas. *The Works of Thomas Carlyle.* 30v. Londres: Chapman and Hall, 1896-1899

_____. *Os heróis.* 3.ed. São Paulo: Melhoramentos, 1963.

CARRETER, F. Lázaro. *'Lazarrillo de Tormes' en la picaresca.* Barcelona: Ariel, 1972.

CARTER, April. *The Political Theory of Anarchism.* Londres: Routledge & Kegan Paul, 1971.

CARVALHO, Afonso de. *Rio Branco.* Rio de Janeiro: Biblioteca Militar, 1945.

CARVALHO, Elysio de. *As modernas correntes estéticas na literatura brasileira.* Rio de Janeiro: H. Garnier, 1907.

CARVALHO, José Murilo de. *Os bestializados:* o Rio de Janeiro e a república que não foi. São Paulo: Companhia das Letras, 1987.

CASTRO, Frei José Pedreira de, O.F.M. et al. (Eds.) *Bíblia sagrada.* 160.ed. São Paulo: Ave-Maria, 2004.

CASTRO, Sertório de. *A república que a revolução destruiu.* Rio de Janeiro: F. Bastos, 1932.

CELSO, Afonso. *Porque me ufano do meu país.* 12.ed. Rio de Janeiro: F. Briguiet, 1943.

CIDADE, Coronel F. de Paula. *Barão do Rio Branco.* Rio de Janeiro: Departamento de imprensa e Propaganda, 1941.

CORRÊA, Ariovaldo. A penúltima viagem de Lima Barreto. In: *Homens e coisas de Mirassol.* Mirassol: Comissão Organizadora do Cinquentenário, 1960. p. 58-65.

COSTA, Luís Edmundo da. *O Rio de Janeiro do meu tempo.* Rio de Janeiro: Imprensa Nacional, 1938.

LIMA BARRETO E O DESTINO DA LITERATURA **223**

COUTINHO, Afrânio (Org.). *A literatura no Brasil*. 6v. Rio de Janeiro: Livraria São José, 1969.

DUFOUR, Philippe. *Le réalisme*. Paris: Presses Universitaires de France, 1998.

DUQUE-Estrada, Luis Gonzaga. "Até que um dia!". In: GUIMARÃES, Júlio Castañon; LINS, Vera (Orgs.) *Impressões de um amador*: textos esparsos de crítica (1882-1909). Belo Horizonte/Rio de Janeiro: Editora UFMG/Fundação Casa de Rui Barbosa, 2001. p.353-7.

EUVRARD, Michel. *Émile Zola*. Paris: Éditions Universitaires, 1967.

FAORO, Raymundo. *Machado de Assis*: a pirâmide e o trapézio. São Paulo: Companhia Editora Nacional, 1976.

FERNANDES, Florestan. *A integração do negro na sociedade de classes*. 2.v. São Paulo: Dominus, 1965.

FICHTE, J.G. *Sämmtliche Werke* (ed. J.H. Fichte). 8v. Berlim: von Veit, 1845-1846.

FONSECA, Gondin da. *Santos Dumont*. Rio de Janeiro: Livraria São José, 1956.

FRANCE, Anatole. *Œuvres* (ed. Marie-Claire Bancquart). 4v. Paris: Gallimard, 1987.

FRANCO, Afonso Arinos de Melo. *Rodrigues Alves*. Apogeu e declínio do presidencialismo. 2v. Rio de Janeiro: Editora da USP, 1973.

GAULTIER, Jules de. *Le bovarysme*. Paris: Mercure de la France, 1902.

GREIMAS, A. J. *Sémantique structurale*. Paris: Larousse, 1966.

GUYAU, J-M. *L'art au point de vue sociologique*. Paris: Félix Alcan, 1914.

HARROLD, C.F. *Carlyle and German Thought*. New Haven/Londres/Oxford: Yale University Press, 1934.

JAMESON, Frederick. *The Prison-House of Language*. Princeton: The University Press, 1974.

JOLL, James. *The Anarchists*. 2.ed. Londres: Methuen, 1979.

KAYSER, Wolfgang. *Interpretación y análisis de la obra literaria*. Madrid: Gredos, 1970.

KROPÓTKINE, Petr. *Mutual Aid*: a Factor of Evolution. Boston: Porter Sargent, [s.d.].

LEQUESNE, A.L. *Carlyle*. Oxford/Melbourne/Toronto: OUP, 1982.

224 R.J. OAKLEY

LEVAILLANT, Jean. *Essai sur l'évolution intellectuelle d'Anatole France*. Paris: Armand Colin, 1965.

LINS, Álvaro. *Rio-Branco*. Rio de Janeiro: José Olympio, 1945.

LINS, Ivan. *História do positivismo no Brasil*. São Paulo: Companhia Editora Nacional, 1964.

LUKÁCS, Georg. *The Historical Novel*. Londres: The Merlin Press, 1962.

_____. *Studies in European Realism*. Londres: The Merlin Press, 1972.

MACHEREY, Pierre. *Pour une théorie de la production littéraire*. Paris: Maspero, 1978.

MARSHALL, Peter. *Demanding the Impossible: a History of Anarchism*. Londres: Fontana Press, 1993.

MARTINS, Wilson. *História da inteligência brasileira*. 6v. São Paulo: Cultrix, 1978.

MATEJKA, L.; POMORSKA, K. *Readings in Russian Poetics*. Cambridge, Massachusetts: University of Michigan, 1978.

MAUDSLEY, Henry. *Responsibility in Mental Disease*. 2.ed. Londres: Henry S. King, 1874.

MENESES, Raimundo de. *Bastos Tigre e "la Belle Époque"*. São Paulo: Edart, 1966.

MOREL, Armand. *Le héros balzacien en quête de son espace de vie*. Yarmouth: Les Éditons Lescorbot, 1985.

NABUCO, Joaquim. *Abolitionism*: the Brazilian Antislavery Struggle. Tradução de Robert Conrad, editor. Urbana/Chicago/Londres: University of Illinois Press, 1977.

_____. *Balmaceda*. São Paulo: Instituto Progresso Editorial, [s.d.].

NAPOLEÃO, Aluízio. *Rio-Branco e as relações entre o Brasil e os Estados Unidos*. Rio de Janeiro: Ministério das Relações Exteriores, 1947.

NETO, Henrique Maximiano Coelho. *Obra seleta*. Rio de Janeiro: José Aguilar, 1958.

NETO, Paulo Coelho. *Coelho Neto*. Rio de Janeiro: Zélio Valverde, 1942.

NIESS, R.J. *Zola, Cézanne and Monet*. Ann Arbor: University of Michigan Press, 1968.

NUNES, Maria Luísa (Org.). *Lima Barreto*: Bibliography and Translations. Boston: G.K. Hall, 1979.

OTÁVIO, Rodrigo. *Festas nacionais*. Rio de Janeiro: F. Briguiet, 1893.

PEIXOTO, Afrânio. *Panorama da literatura brasileira*. São Paulo: Companhia Editora Nacional, 1940.

PORTO, José da Costa. *Pinheiro Machado e seu tempo*. Rio de Janeiro: José Olympio, 1951.

PRADO JÚNIOR, Caio. *História econômica do Brasil*. 11.ed. Sao Paulo: Brasiliense, 1969.

RENAN, Ernest. *Œuvres complètes* (ed. Henriette Psichari). 10v. Paris: Calmann-Lévy, 1947-1951.

_____. *Dialogues philosophiques*. Paris: CNRS, 1992.

RESENDE, Beatriz; VALENÇA, Rachel (Orgs.) *Toda crônica*: Lima Barreto. 2v. Rio de Janeiro: Agir, 2004.

RIBEIRO, João. *Páginas de estética*. Rio de Janeiro: Livraria São José, 1963.

RICO, Francisco. *La novela picaresca y el punto de vista*. Barcelona: Seix Barral, 1987.

SCHLEIFER, Ronald. *A. J. Greimas and the Nature of Meaning*: Linguistics, Semiotics and Discourse Theory. Londres/Sydney: Croom Helm, 1987.

SCHOLES, Robert. *Structuralism in Literature*: An Introduction. New Haven/Londres: Yale University Press, 1974.

SCHOPENHAUER, Arthur. *The world as will and Representation*. New York: Dover Publicatoins, 1969.

SCHWARZ, Roberto. *Ao vencedor as batatas*: forma literária e processo social nos inícios do romance brasileiro. São Paulo: Duas Cidades, 1977.

SCULL, Andrew. Degeneration and Despair: Henry Maudsley (1835-1918). In: SCULL, Andrew; MACKENZIE, Charlotte; HERVEY, Nicholas. (Orgs.) *Masters of Bedlam*. The Transformation of the Mad-doctoring Trade. Princeton: Princeton University Press, 1996. p.226-7.

SCHATZ, Marshal (Org.). *The Essential Works of Anarchism*. Toronto, Nova Iorque/Londres: Bantam Books, 1971.

SEVCENKO, Nicolau. *A revolta da vacina, mentes insanas em corpos rebeldes*. São Paulo: Scipione, 1993.

SILVA, Cyro. *Pinheiro Machado*. Rio de Janeiro: Livraria Tupã, 1951.

_____. *Floriano Peixoto*: o consolidador da República. São Paulo: Edaglit, 1963.

226   R.J. OAKLEY

SODRÉ, Nelson Werneck. *Formação histórica do Brasil*. 3.ed. São Paulo: Brasiliense, 1964.

_____. *História da imprensa no Brasil*. Rio de Janeiro: Civilização Brasileira, 1966.

_____. *O naturalismo no Brasil*. Rio de Janeiro: Civilização Brasileira, 1965.

SPENCER, Herbert. *First Principles*. 3.ed. Londres: Williams & Norgate, 1862.

_____. *The Principles of Ethics*. 2v. Londres: Williams & Norgate, 1893.

_____. *Principles of Sociology*. 3v. Williams & Norgate, 1902.

TAINE, Hippolyte. *Histoire de la littéraire anglaise*. 13.ed. Paris: Hachette, 1911.

TERDIMAN, Richard. *The dialectics of Isolation*. New Haven/Londres: Yale University Press, 1976.

TERNOIS, René. *Zola et son temps*. Paris: Dijon Université-Publications, 1961.

TODOROV, Tzvetan. *Littérature et signification*. Paris: Larousse, 1967.

_____. *Poétique de la prose*. Paris: Éditions du Seuil, 1971.

TOLSTOI, Leo. *What is Art? and Essays on Art*. Londres: OUP, 1975.

TORRES, João Camilo de Oliveira. *O positivismo no Brasil*. Rio de Janeiro: Vozes, 1943.

VERÍSSIMO, José. *Estudos de literatura brasileira*. Rio de Janeiro: H. Garnier, 1910.

VIANA FILHO, Luís. *A vida do barão do Rio Branco*. Rio de Janeiro: José Olympio, 1959.

VIANNA, Francisco José de Oliveira. *O ocaso do Império*. 2.ed. São Paulo: Melhoramentos, 1933.

VIANNA, Hélio. *História de Brasil*. São Paulo: Melhoramentos, 1970.

VIEIRA, Celso. *Joaquim Nabuco*. São Paulo: Coleção Pantheon Brasileira, [s.d.].

SOBRE O LIVRO

Formato: 14 x 21 cm
Mancha: 23,7 x 42,5 paicas
Tipologia: Horley Old Style 10,5/14
Papel: Offset 75 g/m² (miolo)
Cartão Supremo 250 g/m² (capa)
1ª edição: 2011
240 páginas

EQUIPE DE REALIZAÇÃO

Edição de Texto
Cícero Oliveira (Copidesque)
Renata Gonçalves (Preparação de original)
Mariana Vitale (Revisão)

Assistente editorial
Olivia Frade Zambone

Capa
Estúdio Bogari

Editoração Eletrônica
Studio Lume